후계자

후계자

발행일	2025년 12월 26일
지은이	김진석
펴낸이	손형국
펴낸곳	(주)북랩
출판등록	2004. 12. 1(제2012-000051호)
주소	서울특별시 금천구 가산디지털 1로 168, 우림라이온스밸리 B동 B111호, B113~115호
홈페이지	www.book.co.kr
전화번호	(02)2026-5777 팩스 (02)3159-9637
ISBN	979-11-7598-022-8 03230(종이책) 979-11-7598-023-5 05230 (전자책)

잘못된 책은 구입한 곳에서 교환해드립니다.
이 책은 저작권법에 따라 보호받는 저작물이므로 무단 전재와 복제를 금합니다.
본 도서는 (주)북랩이 보유한 리코 인쇄 장비 등 자체 생산 인프라를 통해 제작되었습니다.

작가 연락처 문의 ▶ ask.book.co.kr
전용 게시판에 문의를 남기시면 저자에게 직접 전달됩니다.

(주)북랩 성공출판의 파트너
북랩 홈페이지와 SNS에서 다양한 출판 솔루션을 만나 보세요!
홈페이지 book.co.kr   •   블로그 blog.naver.com/essaybook   •   출판문의 text@book.co.kr
카톡채널 북랩

김진석 지음

후계자

구름이 아니라 걸어서 오셨다,
그리고 나는 그를 보았다

도서소개

...

　드디어 예수가 재림했다. 예수는 예언을 통해 세상에 다시 오리라며 재림을 약속했는데 실제로 그가 재림했다. 그러나 일반인은 예수를 직접 보지 못하고 오직 예수가 보내기로 약속한 보혜사라는 사람을 통해 예수의 모습을 볼 수 있다. 예수는 보혜사에게 그의 모습과 음성을 통해 말씀을 주며 그의 재림 사실을 알렸다. 그런데 보혜사는 이것이 재림인지 알 수 없었는데 그는 예수에 대해 무지했고 자신이 보혜사인 걸 모르고 그냥 신기한 일이라고만 생각했다.
　그러나 수년 뒤 그는 사회생활을 하던 중 역경에 처해 자신이 왜 살아가는가 하는 문제로 방황하다 존재원리라는 자연법칙을 발견하게 되며 이를 통해 자신에게도 무엇인지 모르지만, 주어진 역할이 있다는 사실을 알게 되고 역할을 찾던 중 예수가 자신에게 한 말이 무슨 뜻인가 하고 주위 사람에게 문의하면서 자신의 역할과 정체성을 알기 시작한다.
　예수의 재림 사실을 인지하는 데 걸린 50년의 전 과정을 기록하여 일반인이 예수의 재림을 알기 쉽게 쓴 내용이다. 일반인이 아는 예수의 재림이란 예수가 구름을 타고 모든 사람이 볼 수 있게 재림하는 것으로 알고 있는데 이는 실제와 다르다. 이는 사도 바울이라는 거짓 선지자가 주장한 것으로, 상식적으로 사람이 구름을 타고 날아다닐 수는 없다. 이는 모두 사도 바울이 유포한 허구에 지나지 않는다.

예수는 처형을 받기 전 장래 일어날 네 가지 예언을 했다. 부활과 성전의 붕괴와 재림과 보혜사 파송이다. 부활은 사망했던 예수가 제자들에게 나타나 실현되었고 성전의 붕괴는 예수 처형 후 40년이 지나 유대에서 폭동이 일어나 로마군과 교전 중에 화염에 휩싸여 붕괴하고 만다. 그리고 이천 년이 지나 한국에서 보혜사의 파송이 실현되고 이 보혜사라는 사람에 의해 예수 재림도 성취되었다.

본서는 보혜사의 파송에 관한 실제 이야기로 그가 세상에 와서 그의 할 일을 추진하는 과정을 기술한 내용이다. 보혜사란 예수가 보내기로 약속한 사람으로 예수는 그가 세상에 와서 할 일을 상세하게 예언하였다. 이에는 장래 일어난 일을 알리리라, 모든 진리로 사람을 인도하리라, 오직 들은 것을 말하리라, 예수의 영광을 나타내리라 등이 있다.

주인공은 어려서 예수의 방문을 받고 말씀을 듣지만, 아무리 해도 이 말의 뜻을 알 수가 없다. 또한 자신이 누구인지 모르고 자신의 할 일이 무엇인지 모르나 예수가 한 말의 뜻을 알려고 노력하는 과정에서 자신의 정체성과 예수 재림을 비롯하여 부여된 사명을 알게 되고 이를 실천하게 된다.

자신의 정체와 사명을 알기까지 여러 사건을 경험하게 되는데, 이에는 종말론 교회와 휴거 사태, 뉴욕 9·11테러, 세월호 참사와 구원파, 코로나19 사태와 신천지, 아베 전 일본 총리 피습과 통일교 등이 있다.

주인공은 현대중공업에 입사해 근무하던 중 인사고과 최하를 받고 차별 대우를 받아 자신이 '왜 살아가는가?' 하는 문제로 방황한다. 그리고 존재원리라는 자연법칙을 발견해 방황을 극복하고 정상적인 직장생활을 하게 된다. 그러나 외환위기 사태에 빠져 방황하는 노숙자를 보고 고난에 빠진 사람들을 돕겠다는 마음으로 20여 년 근속했던 직장을 나와 실직자와 같은 처지가 되어 세파에 시달리며 존재원리를 실험하게 된다.

프롤로그

...

    나는 세상 모든 사람에게 예수가 한국에 재림했음을 알리고자 한다. 그가 사망한 지 이천 년이 지나 한국에 재림했다면 이를 신뢰할 수 있는 사람이 얼마나 될까? 당연히 믿을 수 없는 일이라고 단정하기 쉽다. 왜냐하면 나 자신도 재림 사실을 받아들이기가 어려웠기 때문이다. 그러나 나는 분명히 예수의 모습을 보았고 음성을 들었으며 말씀을 받아 세상 모든 사람에게 전하고 있다. 그러나 내가 예수의 모습을 보고 바로 재림을 인식한 것은 아니다. '내가 무언가 잘못 보지 않았는가?' 하는 의심은 수십 년간 계속되었다.
    세상 사람이 예상하는 예수의 재림이란 예수가 구름을 타고 오고 죽은 사람이 부활해 산 사람과 같이 하늘로 휴거 되어 공중에서 예수를 상봉하는 것이다.
    그러나 예수는 재림 시 그의 모습을 세상 사람은 볼 수 없고 오직 그가 보내는 사람만 볼 수 있다고 했다.

    예수는 그가 재림 시 어떤 방법으로 어떻게 재림할 것인지 성경을 통해 자세히 기록해 두었는데 이를 이해하면 재림 사실과 예수에 관한 여러 의문 사항을 이해하기가 쉽다. 예수는 그가 와서 나를 증거할 것이라고 표현해 그가 보내는 사람이 예수의 재림 사실을 알릴 것을 분명히 하고 있다.

또한 일반인들이 생각하는 예수에 대한 의문은 많다.

우선 예수는 어떻게 부활하고 이천 년이 지나 한국에 재림했느냐 하는 문제이다.

이는 예수가 부활 시 육신으로 소생한 것이 아니라, 육체가 아닌 영신으로 부활했기에 얼마든지 가능한 일이었다. 이는 부활한 예수의 모습을 제자만 볼 수 있고 일반인은 볼 수 없다는 예수의 발언에서 알 수가 있다. 육신으로 부활하고 재림했다면 세상 모든 사람이 그의 부활과 재림을 목격할 수 있어야 하는데 예수는 특정인에게만 자신의 모습을 볼 수 있게 하였다. 즉 부활 때는 예수의 제자만이 예수를 볼 수 있었고 재림 때는 그가 보내는 사람만이 예수를 볼 수 있었다는 사실에서 예수가 영신으로 재림한 사실을 알 수가 있다. 또한 예수는 영신으로 부활하였기에 이천 년이 지나 한국에 재림할 수 있었고 앞으로도 생을 이어나가 영생하는 사실을 우리에게 보여주고 있다.

예수가 재림한 사실에서 인간의 삶이 사후에도 계속될 수 있고 영원한 삶을 누릴 수 있는 천국이 있음을 알 수가 있다.

또한 예수가 인간이냐? 신이냐? 하는 문제가 있는데 예수는 분명 인간이었는데 그의 죽음과 부활 그리고 이천 년이 지나 한국에 재림함으로 그와 같이 영생할 수 있다는 사실을 알 수가 있다. 예수는 신의 선지자로서 그에게 부여된 사명은 인간에게 영생을 가르치고 영생을 증거하는 것이라고 밝힌 바 있다. 그는 영생을 증거하기 위해 부활했고 재림도 했다.

더불어 나는 사도 바울의 거짓을 규명하고자 한다. 그는 다메섹 노상에서 예수를 만났다며 자칭 사도임을 주장하며 기독교에 유대교의 온갖 패악을 이식시킨 사람이다. 예수는 민중에게 유대교를 가르치지 않았으며 오히려 정통 유대교인인 바리새파 교인을 비난하고 그들과 충돌했던 사람으로 결국 그들에게 체포되어 처형을 받아 사망한 사람이다. 스승인 예수는 유대교에 항거하다 사망했는데 그를 믿고 따르는 신도들은 유대교 교훈을 따르고 있다. 기독교에 유대교를 이식한 사람이 바로 사도 바울이라고 할 수 있다. 부활한 예수의 모습을 세상 사람은 볼 수 없고 오직 제자만이 볼 수 있다고 말했는데 사도 바울은 자신이 다메섹 노상에서 예수를 만났고 일시에 500여 신도에게 예수가 모습을 보였다고 하기도 하고 재림 시 예수가 구름을 타고 올 것이란 말도 안 되는 주장을 편 사람이다.

나는 예수가 세상에 보내기로 약속한 사람이다. 그러나 예수는 그의 약속에 대해 절대 언급하지 않아 나는 예수의 말을 듣고 무슨 말인지 몰라 당황한 적이 있었다. 그러나 나중 가만히 생각해 보니 나같이 무지한 사람을 택해 재림을 알게 하는 과정을 통해 세상 사람을 가르치고 진리로 인도하려는 예수의 의도를 알 수가 있다.

이 글은 예수의 재림 사실과 왜? 나는 재림 사실을 알리기 위해 노력하는지에 대한 50년에 걸친 나의 경험과 기록이다. 재림 사실을 인지한다는 것은 어느 날 갑자기 깨달은 것이 아니라 수십 년에 걸친 경험과 노력의 결과임을 밝히며 예수는 재림이 끝났기에 이제 다시 우리 앞에 모습을 나타내지 않는다. 이번 그의 재림으로 인해 그와 관련된 많은 문제가 해소되기를 기대한다.

2025년 12월
김진석

목차

도서소개 ··· 4
프롤로그 ··· 7

I 개요 ··· 13

II 재림사실 인지 경위

1. 존재원리 ··· 34
2. 사명의 발견 ··· 55
3. 사명의 확인 ··· 90
4. 푸른 파도 ··· 110
5. 다미선교회 휴거사태 ··· 131
6. 선비와 소녀 ··· 166
7. 사명의 검증 ··· 185
8. 뉴욕 9.11테러 ··· 205
9. 낙원의 그림자 ··· 236
10. 신학연구원 ··· 246

11. 예수재림의 실현 ··· 267
12. 존재원리 검증 ··· 277
13. 세월호 참사와 구원파 ··· 283
14. 존재원리와 예수의 진리 ··· 289
15. 제이 보혜사 ··· 292
16. 코로나19 사태와 신천지 ··· 306
17. 아베 전 총리 사건과 통일교 ··· 313
18. 장래 일을 알리시리라 ··· 318

Ⅲ 종결 ··· 347

Ⅳ 사건 연대 ··· 355

I

개요

드디어 예수가 재림했다. 나는 예수가 세상에 보내기로 약속한 사람으로 예수의 재림을 목격했고 재림 사실을 세상에 알리고 있다. 재림은 한국에서 실현되었다.

그러나 세인들은 아무도 이러한 사실을 인지한 사람이 없었는데 이에는 사정이 있다. 예수는 예언을 통해 또 다른 보혜사를 보낸다고 했고 이 사람을 통해 자신의 재림을 실현할 것이라 했다.

그러니 예수가 재림했다고 해서 재림이 성취되는 것이 아니라, 예수가 보내는 또 다른 보혜사가 재림 사실을 인지하고 재림을 알릴 때 비로소 예수의 재림이 성취되는 것이다.

이를 확인하기 위해서는 예수의 예언을 보면 가능하다. 이에 따르면 예수는 그가 보내는 또 다른 보혜사에게 그의 모습을 보이고 이를 본 보혜사가 그의 재림을 세상에 알린다고 했다. 예수는 처형을 받기 전 보혜사 문장을 통해 이러한 사실을 미리 준비해 두었다.

일반인이 예수의 재림을 알기 위해서는 예수가 말한 보혜사 문장을 바르게 이해해야 한다. 그러나 예수는 제자에게 말하기를 지금은 너희가 내가 지금 말한 것을 감당할 수 없으나 보혜사가 오면 진리로 인도할 것이라며, 보혜사가 문장을 해석하고 진실을 밝힐 것임을 나타내고 있다.

이 문장은 모두 네 구절로 구성되어 있는데

첫째 문장은 보혜사를 보내는데 그는 인간임을 나타냈고

둘째 문장은 세상 사람은 예수를 볼 수 없지만 너희는 볼 것이라며 예수의 부활을 예언했고

셋째 문장에서는 보혜사가 예수의 재림 사실을 세상에 알린다고 했고

넷째 문장에서는 보혜사가 세상을 책망하리라는 등 보혜사의 할 일에 대해 언급했다.

이에 따르면 예수는 재림 시 보혜사에게만 그의 모습을 보이고 이를 본 보혜사가 예수의 재림 사실을 세상에 알린다고 했다.

이를 검증하려면 제자의 행적을 고찰해 보면 가능하다. 예수는 보혜사뿐만이 아니라 제자에게도 예수인 자신을 증거할 것이라고 했는데 이에 따라 제자들은 부활한 예수를 보고 부활 사실을 세상에 알렸다. 재림 때도 똑같다. 부활한 예수를 제자들이 증명하고 세상에 알렸듯이 재림 때도 보혜사가 예수의 모습을 보고 재림 사실을 세상에 증명하고 알리는 것이다.

예수는 부활과 재림의 방법에 대해 구체적으로 언급해 예언으로 남겨 두었는데 예수의 말씀을 일반인들은 바르게 해석할 수 없었다. 이는 예수의 발언은 관계자 본인이 아니면 예수의 말씀을 이해하기 어렵기 때문이다. 예수의 예언에 따르자면 지금은 너희가 감당할 수 없으나 보혜사가 오면 모든 진리로 인도할 것이라며, 보혜사가 와야 예언 문장을 바르게 이해하고 해석할 것이라고 했다. 실제로

예수 사후 이천 년 동안 인류는 이 문장을 해석할 수 없었는데 보혜사인 내가 이 문장을 해석하고 풀이를 할 수 있었다.

나는 예수의 재림을 보았고 음성을 들었으며 말씀도 받았다. 모습뿐만이 아니라 성안도 보았는데 이때 나는 이것이 예수의 재림인지 알 수가 없었고 심지어 예수가 말한 내용도 무슨 말인지 이해를 할 수 없었는데 예수는 이상한 말 한마디만 하고 간다는 말도 없이 나를 방문하고는 어디론가 갔다.

이 경험을 하고 내가 느낀 것은 신비감과 혼란이었다. 어떻게 죽은 사람이 나를 찾아왔나? 하는 의문과 함께 예수께서 말할 때 들은 음성이 너무도 맑고 깨끗해 신비감에 심취되었고, 성안을 보다 눈이 멀었는데 나는 당황할 수밖에 없었다.

이때 나는 공고를 졸업하고 공장에 취업이 되어 근무하고 있었고 교회를 나가지 않았으며 종교에 관심이 많은 사람도 아니었다. 어떻게 보면 종교에 대한 무지한이었다. 예수의 말씀을 기억하는 이유는 음성을 들었을 때 음성 자체가 너무 신비롭고 아름다워 음성에 도취했던 기억 때문이다. 나는 예수가 말한 말씀의 내용을 이해하려고 애를 썼지만 아무리 해도 알 수 없자 포기하고 말았다.

예수에 대해 모르고 교회에 다니지 않고 종교에 대해 모르면 나 같은 사람이 될 수밖에 없다.

재림에 대해서도 마찬가지다. 예수를 증명하고 알리는 보혜사에 대해 모른다면 아무리 재림을 기다려도 알 수가 없고 재림이 실현되었어도 이를 인지할 수가 없다. 또한 내가 아무리 예수의 재림을 목격하고 예수의 재림을 언급해도 신뢰할 수가 없다.

실제로 나는 『예수 재림의 실현』이란 책을 펴내 세상에 예수의 재림 사실을 알렸으나 사람들은 무관심했고 아무도 신뢰하지 않았다.

나는 예수가 세상에 보내기로 약속했던 사람으로 예수는 오직 이 사람만이 보혜사에 관한 예언의 문장 내용을 올바르게 이해하고 해석해 진리로 사람들을 인도할 것이라고 했다.

내가 예수의 재림 사실을 알게 된 것은, 예수 재림을 보고 30년이 지나서였다. 그렇다면 내가 어떤 과정을 통해 무엇을 했고 왜 인생에 대해 방황하게 되었으며 어떻게 예수에 대해 알게 되었으며 무슨 방법으로 보혜사라는 사실을 인지했는지 어떤 과정으로 재림을 주장하게 되었는지 그 과정을 소상히 밝혀야 한다. 내가 글을 쓰는 이유는 내가 경험한 모든 내용을 기록으로 전할 수 있기 때문이다.

세상 사람들이 기대하는 예수의 재림이란 구름을 타고 와야 하고 모든 사람이 예수의 재림 장면을 목격할 수 있어야 한다. 마태복음, 마가복음, 누가복음, 데살로니가전서, 요한계시록을 보면 예수가 구름을 타고 하늘에서 강림하고 온 세상 사람들이 볼 수 있게 올 것이라고 한다.

그러나 이는 사도 바울이 지은 데살로니가전서에서 시작되어 왜곡된 것으로, 예수는 처형을 받기 전 예언을 통해 분명히 그의 입장을 명백하게 밝혀두었는데 장차 세상 사람은 자신을 볼 수 없지만 너희는 볼 수 있다며 제자만 그를 볼 수 있다고 했다. 이에 따르면 제자 이외에는 예수의 모습을 볼 수 없다는 의미다. 세상 모든 사람에게 모습을 보이는 것이 아니라 부활 때는 제자에게 재림 때는 보혜사에게만 모습을 보인다는 뜻이다.

심지어 예수의 제자는 예수에게 우리뿐만이 아니라 세상 사람에게도 모습을 보이라며 강한 요구를 했는데 예수는 이에 대해 보혜사가 오면 다시 이에 대해 언급할 것이라고 했다. 예수는 거짓 선지자의 출현을 염두에 두고 이러한 약속을 한 것인데 이런 사정을 모르는 제자는 세상 사람에게 모습을 보이라며 무리한 요구를 했다.

그런데 실제 예수의 예상대로 거짓 선지자인 사도 바울이 나타나 예수를 만나 회개했다며 예수의 신자들에게 접근해 온갖 거짓을 퍼뜨리며 신자들을 미혹했는데 사도행전에 나오는 사도 바울의 예수 상봉은 거짓이라고 할 수 있겠다.

사도행전 책에 보면 사도 바울이 예수를 만나 보고 눈이 멀었는데 예수가 다시 아나니아라는 신자 앞에 나타나 바울에게 가 안수하라고 한다. 이에 아나니아가 바울에게 가 안수하니 바울의 눈에서 비늘 같은 것이 떨어져 멀었던 눈이 다시 회복되었다고 했다.

그리고 사도 바울은 데살로니가전서를 통해 예수가 구름을 타고 천사들과 함께 하늘에서 강림하리라고 했고 온 세상 사람이 이 모습을 목격할 것이라고 했다. 데살로니가전서는 사도 바울이 쓴 서신서로 이는 복음서가 나오기 20년 전에 작성된 문서이다.

사도 바울은 예수의 상봉부터 예수의 재림까지 온갖 거짓을 유포하며 예수의 재림을 왜곡 날조했던 사람이다. 이런 내용이 복음서에까지 영향을 미쳐 예수가 재림 시 구름을 타고 오리라고 한 것으로 추정된다.

   예수는 영생을 주장했고 자신의 죽음을 통해 직접 영생을 증명하려 했던 사람이다. 부활과 재림을 통해 그가 보이려고 했던 것은 영원한 삶이고 영생의 모습이다. 영생의 모습은 평소와 같은 일상의 모습을 통해 생존을 나타내는 것이지 구름을 타고 하늘을 나는 행동으로 세상 사람을 미혹하며 황당하게 만드는 것이 아니다. 상식적으로 사람이 구름을 타고 하늘을 날아다닐 수는 없다. 사도 바울은 이런 거짓된 발언을 하며 세상 사람을 온갖 미혹으로 유인했다.

   만일 예수의 예언이 없었고 이를 바르게 해석하지 못했다면 사도 바울의 날조를 반박할 수는 없다. 예수는 이러한 사도 바울의 왜곡 날조를 미리 내다보고 예언을 통해 사실을 밝혀두었다. 이를 검증하기 위해 예수가 예언한 보혜사에 관한 문장을 해석해 보겠다.

   예수가 제자를 통해 남긴 보혜사에 대한 예언은 다음과 같다. 모두 네 문장인데 세 문장만 기재한 것은 넷째 문장은 보혜사의 할 일이기 때문이다. 결국에는 모든 문장을 해석하겠지만 지금은 전체 내용을 간략히 정리하여 독자의 이해를 돕기 위함이다.

   1) 내가 아버지께 구하겠으니 그가 또 다른 보혜사를 너희에게 주사 영원토록 너희와 함께 있게 하시리니 저는 진리의 영이라 세상은 능히 저를 받지 못하나니 이는 저를 보지도 못하고 알지도 못함이라 그러나 너희는 저를 아나니 저는 너희와 함께 거하심이요 또 너희 속에 계시겠음이

라 (요14:16~17)

보혜사는 사람이고 인간이라는 내용이다. 예수는 또 다른 보혜사라는 표현을 통해 보혜사가 예수와 같은 사람임을 분명히 밝히고 있다. 기독교에서는 보혜사가 성령이고 성령은 곧 하나님이라고 주장하고 있다. 심지어 삼위일체이신 성령 하나님이라고 표현하고 있다.

2) 보혜사 곧 아버지께서 내 이름으로 보내실 성령 그가 너희에게 모든 것을 가르치시고 내가 너희에게 말한 모든 것을 생각나게 하시리라 (요14:26)

내가 너희에게 말한 모든 것이란 예수께서 세상 사람은 볼 수 없지만 제자에게만 모습을 보이겠다고 하자 가룟인 아닌 유다가 나서 "왜 우리에게만 모습을 보이고 세상에는 아니 하십니까?" 하고 항의를 한다. 예수는 이에 대한 답변을 하며 보혜사가 오면 다시 생각나게 하리라고 언급한 내용이다.

이 문장만 놓고 보면 이해하기 어려우나 문장의 전후 문맥을 이어 파악하면 이해가 가능하다. 또한 영어 성경의 문장으로 보면 이해가 훨씬 빠르고 명확할 수 있다. 이 문장을 통해 예수가 전하고자 하는 바는 장래 모든 세상 사람은 자신의 모습을 볼 수 없지만 오직 제자만이 자실을 볼 수 있다고 주장한 약속이다.

그러나 마태, 마가, 누가, 데살로니가전서, 요한계시록에는 모든 사람이 예수가 구름을 타고 재림하는 모습을 볼 것이라고 허위 사실을 주장하고 있다. 이는 예수의 예언과 배치되는 잘못된 주장임을 알 수가 있다.

3) 내가 아버지께로서 너희에게 보낼 보혜사 곧 아버지께로서 나오시는 진리의 성령이 오실 때에 그가 나를 증거하실 것이요 너희도 처음부터 나와 함께 있었으므로 증거하느니라 (요15:26~27)

보혜사가 예수의 재림을 증명하리라는 예언이다. 이를 이해하기 위해서는 부활 때는 제자들이 예수의 모습을 보고 부활을 세상에 알렸듯이 재림 때는 보혜사가 예수의 재림을 보고 재림 사실을 세상에 알린다는 의미다.

그러나 먼저 언급했듯이 마태복음을 위시한 복음서에는 예수가 구름을 타고 오고 세상 모든 사람이 이를 목격할 것이라고 했다.

보혜사 문장을 요약하면 예수는 세상에 보혜사를 보내고 보혜사가 와서 예수의 재림 모습을 보고 예수의 재림 사실을 세상에 알린다는 것이다. 따라서 예수의 재림은 예수가 재림했을 때 실현되는 것이 아니고, 보혜사가 와서 예수의 재림을 보고 재림 사실을 인지한 후 세상에 알릴 때 비로소 일반인들이 인지함으로 예수의 재림이 성취된다는 의미다.

이런 식으로 예수는 미리 보혜사 문장을 통해 자신의 재림 방법에 대해 언급해 두었다. 그러나 이를 모르고 재림을 기다리면 예수의 재림을 목격해도 이것이 재림인지 알 수가 없다.

나는 30년이란 긴 세월을 통해 보혜사 문장을 이해해야만 예수의 재림을 알 수 있다는 사실을 알았다. 이런 사실을 알게 되기까지 많은 의문과 사건의 경험이 있었고 이 사건의 전개를 정리한 글이 바로 이 책이다.

이 책의 내용은 예수에 대해 전혀 모르던 내가 예수의 재림을 목격하고도 이것이 재림인지 모르고 생활하던 중 이것이 재림이고 재림이 실현되었다는 사실을 알게 되기까지의 모든 과정을 기록한 내용이다.

따라서 이 책의 내용을 모른다면 예수의 재림을 알 수 없다. 오직 나의 경험을 통해서만 예수의 재림을 인식할 수 있다는 의미다.

일반인이 예수의 재림을 이해하기 위해서는 세 가지 지식이 필요하다. 예수의 재림, 예수의 재림 예언, 그리고 재림을 증거할 보혜사다. 만약, 이 세 가지 중 어느 하나라도 빠진다면 일반인은 재림 사실을 알 수가 없다. 예를 들어 예수의 예언을 모른다면 재림해도 그냥 '신기하구나' 하는 정도로 생각하고 그 가치와 의미를 잘 모를 수 있다. 왜냐하면, 본인의 실제 경험이기 때문이다.

예수의 재림 시 나는 예수를 상면했어도 그냥 '이상한 일이구나'라고만 생각했지, 특별한 의미를 두지 않았었다.

또한, 보혜사를 보내 예수를 증거하고 세상을 책망하고 장래 일을 알릴 것이라고 예언으로 준비해 두었는데 이를 모른다면 아무리 재림을 파악하려고 해도 알 수가 없다. 예수의 재림은 보혜사를 통해 실현되고 이를 본 보혜사가 재림을 증명하고 세상 사람들에게 사실을 알리기 때문이다.

그렇다면, 예수의 재림 사실을 확인하기 위해 본인이 보혜사라는 사실을 입증해야 하고 증거를 제시해야 한다. 이에는

첫째, 보혜사가 오면 예수 자신을 증거할 것이라는 예언이 있고
둘째, 예수의 말씀을 갖고 왔으며
셋째, 오직 들은 것을 말하리라는 예언에 따라 세상 사람들에게 그의 말씀을 전하고 있다.

예수의 재림이란 어떻게 보면 단순하다. 오랜 세월이 지나 그가 생존해 있고 수천 년이 지났어도 세상에 출현해 생존 사실을 보여 영생 사실을 증명하는 것이다. 나는 예수의 모습을 보았고 음성을 들었으며 말씀을 받았다. 그리고 이 말씀은 세상 모든 사람에게 전하라는 전갈임을 알았다. 이에 나는 개인별로 그의 말씀을 전하고 있다.

성경에 보면 예수께서 재림 시에 모든 사람이 볼 수 있게 온다는 내용이 있다. 그러나, 예수의 예언에 따른다면 예수는 절대 대중에게 자신을 직접 나타내지 않을 것이라고 했다. 심지어 이 문제로 예수 생전에 제자와 심한 갈등도 있었다. 예수가 말하기를 장차 세상은 자신을 볼 수 없지만, 너희는 보나니 이는 나도 살았고 너희도 살았기 때문이라고 하자, 가룟인 아닌 유다가 감히 앞에 나서 예수께 따지듯이 요구했다.

"주여! 어찌하여, 우리에게는 자신을 나타내시고 세상에는 아니하려 하시나이까?"

여기서 예수께서 장차 세상은 나를 볼 수 없지만 이란 의미는 장래 세상 사람은 예수를 직접 볼 수 없다는 뜻이다. 그러자 제자가 반박하며 스승에게 세상 사람 앞에 모습을 보이라며 항의하고 있다. 제발, 제자들에게만 모습을 보이지 말고 대중 앞에 또는 세상 사람에게 모습을 보이고 자신을 널리 알리라는 요구다.

유다의 요구는 모든 사람이 바라는 희망이요 바램일 수 있다. 예수가 모든 사람 앞에 나타나 그의 부활과 재림을 통해 영생을 과시하며 사람들을 인도한다면 영생에 대해 확실한 증거가 되기 때문이다.

그러나 예수는 이에 대한 이유는 설명하지 않고 이상한 답변을 했다. 보혜사가 오면 모든 것을 너희에게 가르치고 너희에게 말한 모든 것을 생각나게 하리라고 말했다.

본인은 예수의 사자로서 그의 재림 사실을 천명하며 모든 사람에게 전하는 그의 말씀을 가지고 왔다. 신자라면 그의 음성을 듣는다든가 말씀을 받는 것은 생애에 두 번 다시 있을 수 없는 영광된 일이 될 것이다. 대상은 남녀노소, 인종과 국적, 종교를 구분하지 않고 모든 사람에게 적용된다. 본인은 예수가 약속한 사람으로 그의 말씀에 따라 전언을 전할 뿐이다.

성경에는 예수가 구름을 타고 오리라는 구절이 있는데 이는 명백한 오류라고 할 수 있다. 혼란한 시기에 성경을 기재하며 오류가 발생한 것으로 추정된다. 예수는 재림 시 구름을 타고 오지 않았다. 재림이란 예수가 수천 년이 지나 세상에 출현하여 평소대로 그의 생전 모습을 보여 영생함을 보이는 것이지 평소와 다른 이상행동을 한다는 것은 저자의 오류거나 왜곡되었다는 의미다.

상식적으로 사람이 구름을 타고 올 수는 없다. 큰 영광과 함께한 것은 맞다. 그러나 분명 예수는 구름을 타고 오지 않았으며 올 때 걸어서 왔다.

예수의 재림이란 특별하게 생각할 수 있는데 부활 시와 비교하면 유사하다고 할 수 있다. 부활 시에는 제자들 앞에 나타나 대화도 나누고 갓 잡은 생선으로 구이를 만들어 음식도 드셨다. 이런 일상의 모습을 통해 부활을 나타냈다.

재림 때도 마찬가지다. 나는 예수가 걸어서 나에게 다가오는 모습을 보았고 말씀하실 때 음성을 듣고 감격하였으며 예수의 얼굴을 자세히 보려다 섬광을 보고 이상하게 눈이 감겨 혼돈을 경험하기도 했다. 이런 일상의 모습이 부활이고 재림이지 사람으로서 할 수 없는 언행을 하는 것은 재림이 아니다. 예수께서 구름을 타고 오리라는 표현은 잘못되었고, 실제 있을 수 없는 일이다. 예수께서 생시에 없었던 일은 부활이나 재림 때도, 없다고 보면 틀림이 없다.

예수는 재림 전에 보혜사를 보내 자신의 재림을 증거할 것이라고 분명히 말했다. 만약, 내가 이런 예언이나 보혜사의 책무를 몰랐다면 예수의 재림을 보았어도 재림인지 여부를 알 수 없었을 것이다. 그러나 나는 예수의 재림을 경험하고 예언을 읽고 보혜사의 책무를 파악하고 난 후 예수의 재림이라고 말할 수 있고 주장할 수 있게 되었다.

예수의 재림 시 이것이 재림이라고 예수께서 말씀을 했다면 나는 쉽게 사실을 알고 나의 역할을 빨리 파악하여, 신속하게 나의 임무를 위한 노력을 다했을 것이다.

그러나 예수는 절대 그렇게 하지 않았다. 예수의 재림을 목격했을 때 나는 성경에 대해 무지했었고 예수도 나에게 재림인지 여부를 말해 주지 않았다. 예수의 재림을 알기 위해서는 재림, 예수의 예언, 보혜사의 책무에 대해 알아야만 한다. 재림에 대해서는 본서의 재림 실제를 참고하고 예언에 대해서는 예수의 예언을 보혜사에 관해서는 보혜사의 책무를 중심으로 파악하면 재림을 이해하는 데 크게 도움이 될 수 있다.

나는 보혜사라고 해서 예수처럼 특별한 능력이 있거나 기적과 이사를 일으키는 사람이 아니다. 성경 지식이 해박하거나 뛰어난 것도 아니다. 살다 보니 이런 일을 맡아 감당하는 것이지 절대 평범한 범인과 다르다고 생각하면 큰 오산이다. 단지, 예수께 받은 말을 모든 사람에게 전하고 있을 뿐이다. 예수는 또 다른 보혜사라는 표현을 써 예수도 보혜사임을 나타냈는데 보혜사란 신과 인간의 사이에서 중계 역할을 하는 사람을 의미한다. 선지자, 무당이란 표현도 있다.

기독교 신자라면 영생을 주장하고 교훈했던 교주가 실제로 이천 년이 지나, 다시 생전의 모습으로 생존을 과시하며 나타나 악수를 청하며 인사를 하지는 않았지만, 사자를 통해 그의 전갈을 듣는다면 이는 예수를 상면한 것과 같은 효과를 기대할 수 있으리라 본다. 이는 당연히 모든 신자에게 신앙생활에 절대적인 도움이 되리라 예상한다. 이천 년이란 세월을 초월해 예수께서 그의 생존 모습을 노출했기 때문이다. 내가 예수께서 받은 말씀은

"세상은 너무도 험악하여 구할 수 없으니 쓰러지기 전에 알라"

이다. 나는 이 말씀을 해석했는데 세상이란 말은 세상 사람이란 뜻이므로 세상 모든 사람을 대상으로 개인별로 말씀을 전하라는 말이구나 하고 해석했다. 당연히 이때는 세상이 주어가 아니라 사람 이름이 주어로 들어간다. 예를 들어 홍길동의 경우에는

"홍길동은 너무도 험악하여 구할 수 없으니 쓰러지기 전에 알라"

가 된다. 또한, 나는 예수의 예언에 따라 다음의 사실을 증명하고 세상에 사실을 알린다.

첫째, 예수를 증거하리라는 예언에 따라 예수의 재림과 그의 영생 사실을 목격했고 이를 세상에 알린다.
둘째, 자의로 말하지 않고 오직 들은 것을 말하리라는 예언에 따라 그의 말씀을 개인별로 전갈한다.
셋째, 너희를 모든 진리로 인도하리라는 예언에 따라 보혜사 문장을 바르게 해석하고 세상에 알린다.
넷째, 장래 일을 알리시라는 예언에 따라 장차 세상에 닥칠 일을 알린다.

내가 예수의 말씀을 해석하고 뜻을 파악하는 데 30여 년이 걸렸고 다시 예수께서 구름을 타고 오리라는 말씀의 모순점을 파악하고 사도 바울의 거짓 행위를 인지하는 데 10여 년이 걸려 모두 50년이

걸렸다.

성경에 보면 많은 선지자가 나온다. 이들은 하나님의 말씀을 받아와 인간에게 전하는 중개 역할을 하였는데 전달 과정에서 기적과 이사를 실현하기도 해 사람으로부터 신뢰를 얻을 수 있었고 일을 충실히 실천할 수 있었다. 이집트에서 가나안으로 유대민족을 인도한 모세는 수많은 기적과 이사를 일으키며 그의 민족을 목적지까지 인도할 수 있었는데 그는 하나님의 계시를 받아 가며 일을 했다.

계시란 신이 인간에게 지시한다든지 언행을 함으로 인간에게 하나님의 의지를 나타내는 행위다. 모세의 경우는 하나님의 사자가 꺼지지 않는 덤불 속 불로 나타나 그가 이행해야 할 일을 상세히 지시한다. 그러나 모세가 다른 사람을 시키라며 임무를 사양하려 하자 사자는 모세에게 겁을 주기도 한다. 또한, 모세에게 능력을 주기도 하는데 지팡이를 던지면 뱀으로 변하기도 했다. 대부분 사람이 이와 유사하게 구체적으로 지시를 받아 하나님의 일을 했다.

그러나 나의 경우는 완전히 예외였는데 예수의 방문을 받아 그의 음성을 듣고 말씀을 받았지만, 말씀의 뜻을 알 수가 없었고 어떤 지시나 언행도 없었다. 간다 온다 말도 없이 헤어졌는데 이때 나는 교회에 다니는 신자도 아니고 종교에 관심이 있는 사람도 아니었다. 단지 신기하다고만 생각했고 아무리 해도 말의 뜻을 알지 못하자 계속 마음에 두지 않고 잊고 있었다.

그러나 10년 뒤 나는 이 말의 뜻을 알려고 주위 사람에게 물어도 보고 사전을 찾아보기도 하며 갖은 노력을 다하는데 나름대로 사정이 있었다. 이때 나는 '존재원리'라는 자연법칙을 발견했고 이를 실천하고자 하였는데 이 원리에 따른다면 모든 사람에게는 무엇인지 모르지만, 부여된 사명이 있고 이를 찾아 실행하는 것이 이상적인 삶이었다. 그런데 나는 내 사명이 무엇인지 알 수가 없었다.

그러던 중 우연히 예수 관련 종교영화를 보고 이분에 대해 많은 생각을 하다 이때 이분이 내게 하신 말씀을 기억해 내고 이것이 무슨 뜻인가 하고 알고자 했다. 혹시 나에게 부여된 사명과 관련된 것인가 해서였다. 교인들을 포함한 주변 사람들에게 문의해 보았는데 그들 역시 아무도 아는 사람이 없었고 어떤 사람은 나에게 절대 다른 사람에게 내가 들은 말을 하지 말라며 당부했고 영어 성경을 읽으라고 일러주었다.

그래서 나는 이 말의 뜻을 알고자 혼자 노력하였고 이 과정에서 나에게 부여된 사명을 알게 되었다. 예수께서 보낸다고 약속한 또 다른 보혜사라는 사람의 역할이었다.

그러나 어떻게 나의 일을 해야 하는지 구체적으로 알 수 없었고 30년이 지나 우연히 성경책을 읽다가 말씀의 뜻을 알게 되었다.

이를 통해 나는 세상을 진멸시키겠다는 하나님의 의지를 확인하였고 장래 닥칠 무서운 세계 재앙을 알게 되었다. 이에 나는 이러한 사실을 글로 써 책자를 만들어 재앙을 막을 방법과 예수 재림 사실을 함께 시중에 출판하여 진실을 알렸다.

이러한 경험에서 우리는 중요한 사실을 알 수가 있다. 예수는 의사표시를 할 때 절대 상대방이 알기 쉽게 말을 안 한다. 일반인이 모르는 사정이 있어, 그렇게 했겠지만, 예수의 말을 이해하고 뜻을 안다는 것은 쉬운 일이 아니다.

이런 이유로 사도 바울이 예수의 주변을 파고들어 선지자 행세를 하며 온갖 거짓과 비행을 저지를 수 있었다. 바울의 교훈은 구체적이고 선정적이며 감동적이다. 어느 경우에는 문장이 감미롭기까지 하다. 일반인들이 이해하기 쉽고, 어렵지 않다. 이러다 보니 일반인들은 어려운 예수의 교훈보다 쉬운 바울의 주장을 더 선호하고 신뢰하고 의지하게 되었다.

이런 상황에서 본인이 아무리 증거를 들이대고 사실을 알리고 무섭고 두려운 재앙을 말해도 소용이 없었다. 사람들은 신뢰할 수 없었고 관심조차 없었다. 그러나 중요한 것은 이러한 사건의 흐름이 예수의 예언에 이미 나타나 있다는 사실이다. 쉽게 말해 사람들이 나의 주장을 받아들이지 않을 것이란 사실을 미리 알고 예언을 하였다. 죄에 대하여라 함은 나를 믿지 아니함이라며 세상 책망의 원인을 지적하고 있다.

II

재림사실 인지 경위

예수의 재림이란 어느 날 갑자기 알게 된 것이 아니다. 수십 년에 걸친 의문과 자문 그리고 확인의 과정이 있었고 전체적인 과정을 모르는 상태에서 진행 과정을 기록하여 글을 썼기 때문에, 예수의 재림 사실을 인식할 수 있었고 세상에 재림을 주장할 수 있게 되었다.

　이를 수용하는 사람도 마찬가지다. 재림 사실에 대한 명확한 증거와 근거를 통해 재림을 확인하는 것이지 내가 만약 일방적으로 어떤 사실을 주장한다면 아무도 사실을 신뢰할 수는 없다.

　먼저도 기술했지만, 나는 종교에는 관심이 없는 사람이었다. 그러나 사회생활을 하며 시련을 겪게 되자 나는 왜 살아가는가라는 문제로 방황을 시작한다. 그리고 존재원리라는 자연법칙을 발견해 이를 극복하는데 존재원리의 핵심은 자신에게 부여된 역할이고 사명이다. 이러한 사실에 근거해서 나는 나의 역할을 찾게 되고 결국 찾았는데 종교 관련 일이었다. 그러나 나는 이에 실망하고 검증한다며 수년을 허비하고 나서 결국에는 검증이 되자 나의 일을 하기로 작정하고 나의 일에 전념하게 된다. 나의 경험을 정리하여 책을 펴내는 등 나에게 부여된 일을 하지만 주위에서 관심을 받지는 못한다.

　그러나 이는 그럴 수밖에 없는 사정이 있다. 나는 전체적인 사건과 정황을 모르는 채 내가 경험한 사실을 위주로 글을 쓰고 사실을 알리다 보니 전체가 아닌 부분적인 사건이고 사실이었다. 그러니 독자 입장에서는 무언가 부족했고 불완전했다. 그래도 나는 좌절하지 않고 노력하다 보니 전체적인 흐름을 알게 되었고 재림의 진실에 대해 주장할 수 있게 되었다.

1
존재원리

현대그룹은 고 아산 정주영 회장이 일군 기업군이다. 건설 회사를 비롯하여 자동차, 산업개발, 엘리베이터, 상선, 증권 등 많은 회사가 있는데 그중 큰 회사가 조선이다. 이 회사는 성장하며 주요 기자재를 국산화하는데 그중 한 가지가 선박용 엔진이다. 나는 1978년 그룹 공채에 응시하여 고졸 사원으로 채용되었는데 입사 시에는 중공업 사업부로 소속되어 있다가 얼마 뒤 독립하여 개별회사로 존립하였는데 이것이 현대엔진이다. 후에 노사분규가 자주 발생하자 중공업에 합병되어 다시 사업부로 있게 되는데 이곳에서 주로 생산되는 것은 선박용 대형엔진이며 부수적으로 산업기계 부품을 제작 생산하였다.

나는 기계공장에 배속되어 공정관리를 담당하였는데 공정이란 공사추진에 대한 공사 관리를 의미한다. 즉 납기 이내로 부품을 가공해 납품처로 인계하는 일이다. 당시 공장 장비는 거의 독일 또는 프랑스, 영국, 이태리에서 수입된 고가의 공작기계였는데 수치제어 가공이 가능한 컴퓨터 장비가 대부분이었다. 독일 발드리지겐사에서 제작된 초대형 플라노-밀러 같은 경우에는 지금도 외부 사람들이 모르는 경우가 많다. 회사 설립 초기에는 엔진 부품 중 대형물을 위주로 가공하였는데 이에는 시린다-라이나, 시린다-자켓, 엔진베드, 칼람 등이 있다. 이러한 장비들을 보고 나는 그 거대함에 놀라기도 했지만, 신기하기도 해서 호기심을 갖고 열심히 일했다. 하다 보니 요령도 늘고 업무에 빠르게 적응되어 갔다. 또 회사 환경은 바다와 경계하고 있었는데 경관이 빼어나고 수려했다. 당연히 도시 생활만 하던 나는 모든 것이 신기하고 좋을 수밖에 없었다.

그러나, 이때 회사에는 이상한 제도가 시행되고 있었는데 이것이 바로 인사고과 제도다. 전 직원을 대상으로 평가하여 강제 구분하는데 이는 누군가 아무리 근무를 성실하게 했다고 해도 조직 내 5% 인원은 최하 평가를 받아야 했다. 문제는 이를 기준으로 연말 상여금을 지급했는데 보통 기준이 200%에서 최하인 사람은 50%를 받았으니 이런 대우를 받은 사람들이 가만히 있을 리 없었다. 당연히 팀원을 평가했던 팀장들은 조직원에게 심한 욕설과 질타의 대상이 되곤 하였다.

국내외에서 근로자 폭동이 발생하기도 하였는데 사우디아라비아 주베일항 항만공사 현장에서, 울산 현대조선 공장에서 일어났다. 회사에서는 많은 사람을 통솔하기 위한 하나의 방편이었는데 문제사원의 몫을 떼어 우수 사원에게 줌으로 관리자의 권위를 높이고 쉽게 조직을 관리하기 위함이었다. 결국, 이 제도로 인해 노동조합이 설립되고 이후 이 제도는 폐기되었다.

1979년 12월 상여금 명세표를 받아 본 나는 깜짝 놀랐다. 회사에서 지급된 상여금은 200%인데 명세서에는 50%가 계산되어 있었다.
 '무언가 잘못되었구나! 담당자와 통화해 확인해 봐야겠다.'
 속으로 생각하며 전화기를 들었을 때 이상한 광경이 눈에 들어왔다. 같은 공정과에서 일하는 박 기사가 흥분하여 과장의 철제책상을 발로 차며 뭐라고 혼자 말을 하고 있었다. 책상은 발로 차는 바람에 전면 하단부가 페인트에 홈이 생기고 부분적으로 철판이 꺼져 있었다. 나는 무슨 일인가? 급히 물었다.
 "박 기사, 무슨 일 있어요?"
 "음, 상여금이 백오십 프로밖에 안 나왔잖아. 이 사람은 이래도 괜찮아."
 또 책상을 발로 치자 쾅 하는 굉음이 다시 울렸는데 나는 잠시 멍하니 서 있었다. 같이 근무하는 김 기사를 통해 들은 이야기로는 상여금을 줄 때 누구나 평등하게 주는 것이 아니라, 인사고과 결과에 따라 지급액을 책정하는데 고과 '하'는 150%를 '최하'는 50%를 지급했다는 것이다. 나는 갑자기 얼마 전 호통을 치던 부서장의 얼굴이 떠올랐다.
 "당신! 공정관리 담당자는 특별한 일이 없는 이상 매일 밤 아홉 시까지 근무하고 퇴근해야 해."
 나는 할 말이 없었다. 사무실은 현장에 있어 기계 가공 소리로 시끄러웠지만 잠시 아무 소리도 들리지 않았다. 멍하니 허공을 쳐다보던 나의 가슴 속에서 욱하고 치밀어 오르는 무엇이 느껴졌다. 얼마 뒤에 현장 사무실로 부서장의 방문이 있었고 호명에 따라 박 기사와 내가 부서장 앞에 불려 나가자, 특별 당부가 있었다.
 "두 사람 다 이번 일은 안됐는데, 다음부터는 일을 더 열심히 해야 돼."

박 기사와 나는 아무 말도 못 하고 고개만 숙이고 있었다.

회사 근무시간은 오전 7시부터 오후 6시까지였으나, 정시에 퇴근하는 경우는 거의 없었다. 사내에서 저녁 식사를 하고 잔업을 하다 오후 8시 이후에 퇴근해야 하였다. 초창기이다 보니 회사의 업무가 많았다. 소재 공장에서 시작된 주물 또는 단조품을 받아 기계 가공한 후에 대차에 실어 조립공장으로 인계하고 단품인 경우는 가공 후 차에 실어 의뢰업체로 송품하는 것이었다.

하루는 호출이 있어 부서장 앞에 가자, 간단한 질문이 있었다.

"당신, 320 선반 옆에 있는 프로펠라 샤프트 선급검사가 끝났는지 알 수 있나?"

"네, 끝났습니다. 현재 황삭 후 정삭 대기 중입니다."

"그래? 그런데, 당신 요즘 퇴근 시간이 왜 이렇게 일러?"

갑자기 말의 방향이 바뀌어 나는 당황했고 아무 말도 못 하자 훈계가 이어졌다.

"당신! 공정관리 담당자는 특별한 일이 없는 이상 매일 밤 아홉 시까지 근무하고 퇴근해야 해."

내가 퇴근 시간 때문에 말을 들은 것은, 순전히 식사 문제 때문이었다. 사내 식당보다 숙소에서 주는 저녁 식사가 훨씬 맛있어서 숙소에서 식사하고 들어와 잔업을 했는데 이것이 문제된 것 같았다. 이후에도 숙소에 가 식사하고 들어온 적이 있었는데 이것이 부서장의 눈에 뜨인 것 같다.

상여금 수령일 이후 나의 업무 자세와 생활 태도가 바뀌었다. 말이 없어지고 혼자 있기를 좋아하며 사람과 어울리지 않으면서 무언가 생각을 깊이 하였다. 나는 깊은 열등의식에 사로잡혀 있었고 자신을 부정적인 시각으로 바라보게 되었다.

사무실에는 30여 명의 근무자가 있었는데 대부분 학력도 좋고 직급도 높아 급여도 많이 받았다. 물론 나와 같은 고졸 사원도 있었는데 전문대만 졸업했어도 좋은 대우를 받았다. 그러나 나는 나의 장점을 보지 않고 단점만 보며 신세를 한탄했다. 내 판단으로 인사고과 최하를 받았다는 것은, 조직의 문제가 아니라 자신에게 큰 결함이 있거나 문제가 있는 것이 틀림없다. 무엇이 문제일까? 나에게 무슨 큰 결함이 있는 것이 아닌가? 이래서 앞으로 어떻게 살아가지? 그러나 이를 쉽게 찾아낼 수는 없었다. 그러면서 자신을 뒤돌아보았는데 뭐 하나 잘한 것이 없었다. 고교를 졸업하고 직장을 두 번이나 옮겼는데 일을 잘했으면 옮길 이유가 없다. 내가 문제가 없으면 굳이 서울에서 이곳 벽지까지 내려올 이유도 없지 않은가? 이러면서 나는 나도 모르게 차츰 절망의 늪으로 빠져들어 갔다. 그리고 내게 가장 절실한 것은 나 같이 부족하고 무언가 결함이 있는 사람이 왜 살아가느냐? 하는 의문이었다.

'나 같이 문제 있는 사람이 세상을 바르게 살아갈 수 있을까?'
'나는 왜 세상에 태어나 이 고생을 하고 있지?'
'나 같은 사람이 살아서 무엇하나?'
사람이 지치다 보니 절망하고 자기 부정적 자세를 갖게 되는 모양이었다.
'과연 나와 같은 사람이 살아야 할 필요가 있을까?'

다른 방법이라곤 현실이 추호도 허락하지 않았다. 내가 재산이 많은 것도 학벌이 좋은 것도, 특별한 재능이나 기술이 있는 것도 아니었다.

'나름대로 열심히 해보았지만, 이제는 정말로 싫다. 지쳤다. 나 같은 사람이 살아 무엇하나?'

부모 생각이 났다. 원망스러웠다.

'왜? 남들처럼 잘 가르치지 않고 이 고생하게 키우셨는가?'

나는 자포자기 심정이 되어 모든 것이 귀찮았다. 밥을 먹어도 맛을 모르겠고 누구와 어울리기도 싫고 혼자 멍하니 있곤 했다.

결국, 나는 나의 존재 문제에 대해 깊이 생각해봐도 알 수 없자 주위 사람들에게 자신의 문제를 상담하기로 했다. 우선 가까이 있는 조찬호 기사에게 문의하였다. 조 기사는 서울에서 한양공대를 졸업하고 군대 제대 후 입사한 사람으로 고향이 수원이고 현대중공업 플랜트 사업부에 근무하며 포항제철 산업기계 제작 공사를 담당하고 있었는데 내가 소속된 기계공장에서 부품을 가공하며 나와는 업무적으로 협조를 하는 사이였다. 그는 나보다 두 살 연배였고 성격은 원만했다. 하루는 같이 퇴근했는데 내가 제안하여 가까운 음식점으로 가 음료를 권하며 이야기를 하다 사람의 존재 문제에 대해 문의하였다.

"조형, 제가 요즘 객지에 나온 지 오래돼서 그런지 자꾸 집 생각이 나고 사람 사는 것이 허무하게 느껴지는데 사람이 왜 살아가는지 모르겠습니다. 어떻게 사람이 왜 살아가는지 알 수가 있습니까? 조형 생각에는 사람이 왜 살아가는 것 같습니까?"

"김 씨, 지금 나이가 몇인데 그런 말을 하는 거요? 그런 생각은 사춘기 때나 하는 것이고 그런 문제는 답이 없고 끝이 없는 거요. 지금 당장은 결혼하고 집 장만해야 하고 남들처럼 살아야 할 것 아니요? 내가 당신이라 얘기하는데, 다시는 쓸데없는 생각하지 마시오."

그날 밤이 늦어 조 기사와 헤어진 후 숙소로 돌아온 나는 조 기사가 한 말을 다시 곰곰이 생각해 보았다. 당연한 말이었다. 사람이 왜 살아가느냐? 하는 문제는 대개 명확한 답을 구하기 어렵다. 또 이를 알면 어떻고 모르면 어떠냐? 이런 문제는 몰라도 생활하는 데 아무런 문제가 되지 않는다. 보통 사춘기 또는 진로를 결정할 때 자신에 대해 질문을 던지는 경우가 많다. 나의 소질과 적성은 무엇인가? 인생이란 무엇인가? 나는 왜 살아가는가? 나는 왜 존재하는가? 그러나 실제로는 산에서 흐르는 물이 강을 거쳐 넓은 바다로 나가듯이 보통 사람들은 성장 과정에 따라 정해진 과정을 수행하며 살아가고 있다. 출생하고 초등학교 입학에 중학교 고등학교 대학 또는 직장으로 군대 제대 후 직장을 찾아 취업하고 결혼에, 첫아기에 내 집 마련하고 둘째 아기에 애들 키우고 애들이 성장하면 결혼시키고 그렇게 살아가고 있다. 이렇게 성장 과정에 따라 쉽게 살면 되지, 무슨 이유로 지금 나이에 답이 없는 문제를 꺼내느냐? 그래 내가 왜 이렇게 된 거지? 보통 사람들은 희망을 안고 산다. 가족에 대하여 사업에 대하여 노력하면 무언가 될 수 있다는 희망 그러나 그 희망이 없고 장래에 대한 절망만 있다면 사람은 어떻게 되겠는가? 희망이 있기 때문에 힘들어도 참고 일을 할 수 있으며 장래에 대한 계획을 세울 수가 있는 것이다. 희망은 어디에서 연유될까? 우선은 자기 자신에서 시작되어야 한다. 자신을 믿고 할 수 있다는 신념을 갖고 있을 때 무슨 일이든지 추진이 가능하지 않은가? 그런데 이러한 자신감이 없으면 자신을 부정하게 되고 자포자기하는 인생이 될 수밖에 없다. 스스로 자신의 삶을 포기하는 인생이 되는 것이다. 이러한 경우에 자신에 대해 자문하는 것은 물에 빠진 사람이 지푸라기라도 잡는 심정으로 자신이 처해있는 절망의 늪에서 벗어나려고 하는 몸부림인 것이다. 나의 물음은 단 한 가지였다.

'나 같은 사람이 살아갈 필요가 있을까? 없는 게 더 낫지 않을까?'

그런데 조 기사는 이러한 물음 자체를 반박하고 거부한 것이다. 나는 조 기사가 한 말은 당연히 맞는다고 생각했다. 나도 조 기사가 생각하는 것처럼 세상을 살아왔지만, 행로가 순탄하지 않은 것이다. 물이 흐르듯이 평탄하게 흘러가야 하는데 흐르다 막히는 데가 있는 것이다. 막힌 곳을 풀기 위해서는 현상 파악도 해야 하고 원인 규명도 해야 문제해결을 위한 대안 제시가 가능할 것 아니냐? 조 기사와 나는 서로 입장이 달랐다. 조 기사는 명문대 졸업의 잘 나가는 사람이고 나는 공고를 졸업하고 나가다 자꾸 막히는 사람이다. 나는 막힌 것을 풀어보려고 애쓰는 입장인데 조 기사는 나의 처지가 이해 안 될 수밖에 없었다. 조 기사는 당연히 나에게 왜 그런 생각을 갖게 되었느냐고 물어본 후 답변했어야 했다.

얼마 후 조 기사는 결혼했는데 신부는 같은 고향 사람이라고 들었다.

두 번째 상담자는 고민호 기사였다. 이분은 기계공장 사무실에서 같이 근무하던 분인데 서울에서 홍익대를 졸업하고 고향이 전남 광주였다. 나보다 두 살 연배이고 성격이 밝고 쾌활하며 낙천적인 생활 자세를 갖고 있었다. 취미가 다양했는데 대표적인 것이 아마추어

무선사였다. 무전기를 통해 세계 각국 사람들과 통화하다 보니 견문이 넓고 영어, 일본어 등 외국어에 능했다. 내가 애로사항을 얘기하자 고 기사는 바로 쉽게 답변해 주었다.

"인생은 즐기는 것이야, 낙이 없으면 세상을 어떻게 살아 재미가 없잖아! 김 씨 복잡하게 생각하지 말고 단순하게 생각을 해."

나는 이 말이 쉽게 수긍이 갔다. 언젠가 고 기사 숙소를 방문한 적이 있었는데 '목마와 숙녀'라는 시를 음악과 함께 낭송하는 소리를 들었다. 이때 나는 이 소리가 그렇게 멋있을 수가 없었다. 시의 의미는 잘 이해가 안 됐지만 배경 음악이 뛰어나서인지 멋있게 느껴졌다. 또 고 기사가 만든 작품 사진도 보았는데 이것도 그렇게 멋있었다. 석양이란 제목의 사진인데 어느 해변에 낙조를 배경으로 한 젊은 사내가 외투 깃을 올리고 고개를 숙인 채 과거를 회상하듯 걷는 모습이다. 내가 작품 속의 주인공이 된 듯한 착각을 일으킬 정도였다.

'그래 인생은 짧고 인생은 길다는 말도 있는데 한번 멋있게 살아보자 좋다.'

그러나 곰곰이 생각해 본 결과 이 경우도 마찬가지였다. 나와 고 기사는 입장이 달랐다. 지금 나는 물에 빠져 발버둥을 치며 살려달라고 고함을 치는데 나의 상황을 파악해서 얘기하는 것이 아니라, 고 기사는 자신을 기준으로 자신의 얘기를 한 것이었다. 어느 먼 훗날에는 필요한 경우가 있겠지만 당장 필요한 내용은 아니었다.

세 번째 상담자는 최성곤 기사였다. 산업기계부에 근무하는데 서울에서 중앙대를 졸업하고 고향은 경북 경주였다. 이분은 얼굴 모습이 깨끗하고 표정이 항상 밝고 근심 걱정이 없어 보였다. 회사 생활을 하다 보면 어려움도 있을 텐데 항상 웃음을 머금은 밝은 모습이었다. 그래서 이분에게 문의한 모양이다.

"김 기사 이렇게 합시다. 사람이 살아가는 문제는 한 마디로 쉽게 얘기할 수 있는 것이 아니고 마침 사내에서 성경 공부를 하는 모임이 있는데 제가 소개할 테니 여기 참석하여 같이 공부를 해봅시다."

가만히 생각해 보니 이것도 맞는 말이었다. 나름대로 얼마나 노력했던가? 고민하고 상담도 하고 책도 찾아보고 갖은 노력을 다했지만, 시원한 답을 찾을 수는 없었다. 세상일이 쉬운 게 없구나, 그래 닥치는 대로 해보자. 나는 물에 빠진 사람이 지푸라기라도 잡는 심정으로 말했다.

"알겠습니다. 모임에 참석해서 교육을 받겠습니다."

수일 후 최 기사로부터 연락을 받고 모임에 참석했다. 모임의 이름은 현대엔진 기독신우회였고 현장 작업자를 위주로 매주 수요일 점심시간에 30분간 교육을 받고 식사했다. 모임 장소로는 예비군대대 회의실이나 식당의 구석 공간을 이용하기도 했다. 참석자는 기계공장 정광문 씨를 비롯하여 모두 6명이었다. 교재로는 신약 성서와 CCC 성경교재를 이용했다. CCC 교재는 초보자도 쉽게 배울 수 있게 과정별로 구분하고 이를 과정별 교재로 만들었는데 부피도 작고 부담이 없었다. 주요 내용은 예수라는 종교 지도자에 대한 출생, 업적, 사망 등에 관한 설명과 의미의 이해였다. 교육 방법은 교재를 읽고 질문과 답변하고 교육자의 설명이 있곤 하였는데 교육지도는 조립공장 이남헌 반장이 했다.

교육을 받으며 나는 여러 가지 사실을 알게 되었다. 성서에는 신약 성서와 구약 성서가 있다. 이의 구분은 예수를 기준으로 한다. 기원후라는 말은 예수 탄생 이후라는 의미이다가 있다. 그리고 또 내가 느낀 이상한 점이 있었는데 종교인은 너무 쉽게 믿음을 갖는 것이 아닌가 하는 느낌이었다.

하루는 동정녀 마리아에 대한 내용에 대하여 상식을 기준해서 내가 계속 질문을 하자 교육 진도가 안 나가게 되었고 이때 최종적으로 교육자가 결론을 내려 설명했다.

"성서 내용은 믿음의 가부를 초월하는 믿음에서 시작되는 연유로 우선 믿어야 합니다."

즉 쉽게 설명하자면 성경에 기록된 사실에 대해 시비를 가리는 것은 옳지 않고 우선 옳다는 전제하에 교육이 시작되기 때문에 믿음을 갖고 교육을 받아야 한다는 것이었다. 나는 피교육자로서 할 말이 없었다.

"일단, 알겠습니다."

나는 너무 쉽게 판단하는 것이 아닌가 하는 생각이 들었다. 왜냐하면, 기초 판단은 상식적으로 설명해야지 이를 초월해 무시한다면 심리적으로 의심을 갖게 되고 결과적으로 믿음의 정도를 떨어뜨릴 수 있어 역효과가 날 수 있다. 그러나 나는 피교육자의 입장에서 본인의 판단 사고를 언급할 수 없었다. 일단 배우고 보자! 나는 계속 교육을 받았다.

또, 교육을 받으며 알게 된 사실인데 나를 제외한 이곳 모임에 참석하는 사람들은 모두 기존 교회에 나가는 신도였으며 그것도 아주 독실한 신자였다. 예를 들어 공무부 이왕우 반장은 장로, 기계공장 정광문 씨는 집사의 직책을 갖고 있었다. 결과적으로 나만 교육을 받게 되고 다른 사람은 교육하는 모임 형태가 되었다. 그래도 이 모임은 계속 유지되었다.

1980년 4월 7일 나는 부서 전출 명령을 받았다. 기계공장에서 생산관리부로 부서가 변경되었으니 당장 오늘 책상을 옮기라는 것이었다. 담당인 김정필 과장의 말씀으로는 사내 원가팀이 신설되면서 각 공장 사정에 밝은 요원을 모아 원가 업무를 개시한다고 했다. 당분간은 생산관리부에서 근무하고 최종적으로는 원가팀에서 업무를 한다는 설명이었다. 나는 어떻게 해야 할지 몰랐다. 공고를 졸업하고 생산공장 경험밖에 없는 사람이 원가 일을 할 수 있을까? 나의 특기를 포기해야 하는 불이익이 있지 않을까? 그러나 당장 다른 방법이 없지 않은가? 이때는 빨리 현실에 적응하고 따르는 것이 최선의 길이다. 나는 마음을 편하게 갖기로 했다. 즉시 책상을 정리하고 면 테이프를 구해 책상 서랍에 부착했는데 이렇게 해야 운반 시 서랍이 빠지지 않아 운반이 용이하기 때문이다. 변화에 대한 두려움이 느껴졌지만 달리 다른 방법이 없었다.

책상을 신규부서로 옮기고 공정과 전원이 참석한 가운데 방어진 근교 생선 횟집에서 저녁 식사를 하며 전출식을 가졌는데 나는 몹시 서운함을 느꼈다. 부서 전출 시 본인의 경력이나 학력 등을 고려한 사전협의나 면담 절차가 필요했으나 이때 이런 절차는 무시되었다. 어느 날 갑자기 본인도 모르게 부서 간 전출 명령이 가능했고 이에 불만이 있고 승복이 불가한 사람은 자진 퇴사를 하곤 했다.

다음 날부터 생산관리부로 출근해 업무를 시작했다. 생산관리부는 전공장 생산 물량을 관리하는 부서로 주로 납기와 공수관리였는데 내가 담당하는 일은 기계공장의 작업일보 내용을 확인하는 것이었다. 개인별 주요 장비별 시간 관리를 목적으로 작업 및 장비일보를 작성하게 되는데 이의 내용을 다시 정확하게 확인하는 것이었다. 확인 후 전산실로 인계하면 담당자가 전산기에 입력하여 데이터베이스가 구축되면 전산기 사용자가 필요한 내용을 공사별, 공장별, 기간별 등 필요에 따라 자료를 출력하여 사용하였다. 기계공장 공정업무를 담당했던 나로서는 부여된 임무가 어려운 것은 아니었다. 부서 분위기도 먼저 부서와는 많이 달랐다. 기계공장에서의 업무는 책상에 앉아 있을 시간이 별로 없고 상시 현장으로 걸어 다녀야 했다. 그리고 항상 정신없이 바빴다. 그러나 신규부서는 책상에 앉아 근무하는 시간이 많았으며 필요하면 현장에 내려가곤 했는데 전에 비하면 상당히 수월한 편이었다. 새로운 부서 환경에 적응하며 나는 계속하여 주변인과의 면담 또는 사내 도서관을 통해 독서를 하며 자신의 존재 문제에 대해 알고자 노력했다. 특히 휴일이 되면 숙소 근교 야산을 배회하며 사색했는데 주요 내용은 자문과 자탄이었다.

'내가 왜 이 세상에 태어나 어렵게 생활하고 있지? 왜 나 같은 사람이 살아야 하는가?'

서점에 들러 책을 찾아봐도 '인생을 어떻게 살아야 하는가?'라는 내용의 책은 많이 있었다. 그러나 사람이 왜 살아야 하는가? 하는 내용의 책은 구할 수가 없었다. 나는 식사를 하면서도 업무 도중에도 상시 떠나지 않는 것이 자신이 존재하는 문제였는데 이상하게 이를 알 수 없었다. 나는 몰골이 초췌해지며 몸집이 말라 갔다.

하루는 땅 차가 지나간 자리에 수북하게 올라온 잡초를 보고 한탄을 했다.

'잡초가 뜨거운 햇볕에도 자세를 바로 하고 꿋꿋하게 자라고 있구

나. 무언지 모르지만, 잡초도 저렇게 당당하게 자신의 역할을 하고 있는데 내가 사람으로서 살아가는 이유를 모르고 살고 있으니, 잡초보다 못한 인생이 아닌가?'

 자신이 살아가는 이유를 알기 위해 애쓰다 보니 주변 사물을 봐도 무심하게 그냥 지나치는 것이 아니라 삶의 이유와 결부시켜 생각하는 것이었다. 나는 몰골이 초췌해지며 소극적이고 부정적인 사람으로 변해 갔다.

 그러던 어느 날이었다. 휴일이 되도 나는 외출을 안 하고 숙소에 누워 멍하니 있었다. 사람이 지치다 보니 만사가 귀찮았다. 아침 늦잠을 자고 천장만 바라보다 나는 갑자기 기발한 생각을 하게 되었다.

 '나 자신만을 보며 존재 이유를 찾으려고 할 것이 아니라 주위에 있는 사물에 대한 존재 이유를 파악해 보자. 사람이나 사물이나 원리적으로는 똑같지 않겠는가?'

 수개월간 애를 썼지만, 이유를 찾지 못하자 나는 자포자기 심정이 되어 큰 기대 없이 다른 방법으로 문제해결에 접근을 시도해 보려 한 것이었다.

 '여기 있는 책상, 의자, 침대는 왜 있는 거지?'

 나는 나도 모르게 자문자답했는데 큰 의미를 갖고 한 것이 아니라 무심코 한 것이었다.

 '그 이유야 무언지 모르지만 일단 필요하니까 있는 것 아니냐!'

 '그러면 어떤 사물이 존재한다는 것은 필요해서 있다는 의미인데 이것이 맞나?'

가만히 관찰해 보니 주변의 사물은 모두 필요해서 있는 것이지 불필요한 것은 없었다.

'그렇다면 사물이 필요해서 있듯이 나도 무언가 필요해서 존재한다는 의미인데 이 말이 맞나?'

아무리 생각해도 나는 이 결론을 부정할 수가 없었다. 당장 내가 필요한 이유는 알 수 없지만 나는 무엇인가 꼭 필요한 사람이고 무엇인지 모르지만, 꼭 있어야 하는 사람이었다.

그동안 내가 알고 있기로는 자신이란 수많은 사람 중의 한 사람이고 있으나 마나 한 사람이었고 없어도 되는 사람 인생 낙오자였는데 알고 보니 그렇지 않았다.

무엇인지 모르지만 나는 꼭 필요한 사람이었다. 실력이 없고 다른 사람이 볼 때는 부족하고 인사고과 최하이고 찬밥인지 모르지만, 나는 불필요한 사람이 아니라 꼭 있어야만 하는 필요한 사람이었다.

나도 모르게 자리에서 벌떡 일어나 정신을 바로 하고 몇 번이고 확인해 보았는데 틀림이 없었다. 주위 사물이 필요해서 있듯이 무엇인지는 모르지만 분명 나도 필요하므로 존재하는 사람이었다.

이때 정신이 번쩍 났는데 죽은 사람이 소생하듯 기운을 차리며 기력을 되찾을 수 있었다.

이후 주변 사물을 관찰하며 주변 사물의 구체적인 필요에 대해 알고자 노력하였는데 하루는 이런 생각을 했다.

'여기 있는 책상과 의자, 작업복이 필요해서 있는 것은 틀림없이 맞는데 그렇다면 구체적으로 그 필요한 이유가 무엇이냐?'

그 까닭은 사물마다 고유 역할이 있었다. 책상은 책상대로 의자는 의자대로 옷은 옷대로 옷이 책상의 역할을 할 수 없듯이 각자 사물만이 갖고 있는 고유 역할이 있었다. 이에 나도 무엇인지 모르지만 나도 역할이 있다는 판단을 하였다. 주위 사물이 필요한 이유는 고유기능 때문인데 사물이 그렇듯이 나에게도 분명 고유 역할이 있다는 사실을 알게 되었다. 주위 모든 사물은 나름대로 필요한 기능을 갖고 있었다. 책상, 의자, 침대, 책, 작업복, 유리창 등 모든 사물이 필요한 고유기능을 가지고 있었다. 주위 사물이 신기했다.

'당연한 내용인데 내가 왜 이것을 몰랐을까?'

이런 식으로 나는 사물의 존재 이유를 관찰하며 여기서 얻어진 결론을 자신과 연계해 가며 자신의 구체적인 존재 이유를 찾고자 노력했다. 내가 주위 사물을 관찰하며 느낀 것은 주위 사물이 우연히 존재하는 것이 아니고 무언가 정확하고 정밀한 필연적인 존재법칙이 있다는 느낌이었다.

수일이 지난 후 이번에는 기존내용에 변화를 시도해 보았다.

'책상은 독서의 기능을 갖고 있는데 만약 의자의 기능을 하려고 한다면 어떻게 될까?'

'책상이 의자의 기능을 한다는 것은 불가한 일이다. 왜냐하면 사람이 억지로 일시적으로 앉을 수도 있겠지만 계속적인 기능을 한다는 것은 의자보다 효율이 떨어지기 때문에 당연히 의자로 대체되기 때문이다. 그렇다면 책상으로서는 주어진 책상의 기능을 하는 것이 가장 효율적인 존재 방법이 된다. 다른 사물도 같은 원리 적용이 가능한가?'

관찰 결과 원리 적용이 가능했다. 즉 사물의 고유기능을 모르고 다른 기능을 하게 한다면 실행이 안 되기 때문에 부여된 고유기능을 수행하는 것이 사물로서는 가장 효율적인 존재 방법이 되는 것이다.

수일 후 나는 또 중요한 사실을 발견하게 되었다.
'모든 사물이 대체 불가한 고유기능이 있는데 이 기능은 어떻게 부여받았을까?'
'그것은 사물이 제조될 때 이미 용도를 정해놓고 기능이 가능토록 제조자가 능력을 부여하지 않는가?'
책상, 의자, 침대 이 모든 것이 사람에 의해서 제조됐고 제조 시에 기능도 부여되었다. 나는 또 이것을 반대로 생각해 보았다. 책상이 스스로 창조됐고 스스로 기능을 만든다? 이것은 말이 안 되었다. 스스로 만들어진 사물은 없다. 다 사람이 만든 것이다. 기능도 사람에 의하여 부여된 것이지 이들 스스로 기능을 부여할 수는 없다. 그렇다면 사람은 어떻게 되나? 누가 사람을 만들었는지 내막은 알 수 없지만 확실한 것은 사람도 분명 스스로 출생한 사람은 없는 것이다. 내가 스스로 출생했다? 이것은 말이 안 된다. 나는 스스로 출생하지 않았다. 그러면 무엇이냐? 사람은 어떻게 출생했나? 무언지 모르지만 인간을 창조한 무엇이 있구나. 그것이 뭐냐? 무엇인지 모르지만 분명히 있다. 일단 인간을 만든 세계라는 의미로 원인 세계라고 정의하고 다음 사항을 파악해 나가자.
이런 식으로 수개월에 걸쳐 나는 자신의 존재 문제에 대해 다음과 같은 결론을 내려 이를 정리했다.

첫째, 주변 모든 사물은 필요하기 때문에 존재한다. 불필요한 것은 존재하지 않는다. 사람도 필요하기 때문에 존재한다.

둘째, 주위 사물이 필요한 이유는 고유기능 또는 역할이 있기 때문이다. 이 역할은 제조 시에 제조자에 의해 사물에 부여된다. 사람도 고유 역할이 있다. 그렇다면 사람을 창조하고 역할 부여는 누가 하는가? 사람을 창조하고 역할을 부여하는 그 무엇이 확실히 있다. 그것을 원인 세계라고 정의하고 관련 문제를 풀어보자.

셋째, 사물이 가장 경제적이고 용이하게 존재할 수 있는 방법은 주어진 고유기능 또는 역할을 수행하는 것이다. 역할수행이 계속되는 한 필요한 경우 사용자인 사람에 의해서 수리도 될 것이고 사용가치가 있는 한 계속 존재 유지가 가능할 것이다. 그렇다면 사람은 어떤가? 사람도 기본원리는 동일하다. 사람도 주어진 역할을 다할 때 존재 유지가 가능하다.

넷째, 사물의 역할수행은 제조될 때 이미 기능이 부여되어 있어 부여된 기능대로 따라 하면 된다. 그렇다면 사람은 어떤가? 동일하다. 나에게는 어떤 능력이 부여되어 있을까?

다섯째, 사물이 주어진 역할을 안 한다면 사용자 또는 제조자에 의해서 당연히 폐품처리 될 것이다. 사람이 역할을 안 한다면 어떻게 될까? 원인 세계에 의해서 사물과 같은 원리의 결과가 주어질 것이다.

여섯째, 사물은 사람에게 소용이 되고 사물 간에 해가 없다. 사람도 마찬가지로 원인 세계나 사람에게 소용이 되고 도움이 되어야 한다. 해가 없어야 한다. 존재를 위한 존재 이것은 불가하고 잘못된 것이다.

이런 내용으로 나는 나름대로 생존전략을 갖게 되는데 자신의 가치를 가장 극대화할 수 있는 길은 원인 세계로부터 자신에게 부여된 역할을 알고 이의 역할수행을 다 하는 것이다. 이것이 곧 나의 살 길이라는 최종 결론을 갖게 되었다.

이후 나는 여기서 정리된 내용을 숙지하고 이를 존재원리라 부르며 여기서 얻은 내용을 생활에 적용하는데 이 원리에서 가장 중요한 것은 자신에게 부여된 역할이다.

'그런데, 나에게 주어진 구체적인 역할은 무엇일까? 이 원리에 따른다면 분명 나에게 주어진 역할이 있는데 그것이 무엇이지? 지금은 모르지만 언젠가는 알게 되겠지.'

1980년 11월 나는 다시 근무 부서가 변경되었는데 당초 계획대로 생산관리부에서 경리부 원가팀으로 전출하게 됐다. 원가팀의 목적은 제조원가 및 매출원가 산출에 있었으며 부수적으로 각종 비용예산과 실적 대비 분석 등의 자료작성을 하였다. 나를 비롯한 현장 부서 전출 요원들은 공장별 원가 계산을 목적으로 생산 부서에 파견되어 근무하게 되었는데 나는 기계공장에 파견되었다. 주요 업무는 자재 공구전표 통제 등 주로 관리업무와 기계공장 월간 직접비 자료를 작성했는데 크게 어려울 것이 없었다. 퇴근도 오후 7시경에 한다고 눈치 보일 것도 없고 누구 하나 말하는 사람이 없었다.

　이때, 나는 사내 도서관을 이용하여 많은 책을 빌려 독서를 했다. 왜냐하면 구체적인 나의 역할을 찾는 데 도움이 될까 하고 한 것이었다. 책을 읽으며 알게 된 중요한 사실은 부모 세대에 대한 충분한 이해였다. 부모 세대에는 생존해 있는 것만 해도 훌륭하다고 판단했다. 왜냐하면, 일제 식민지하에서 징용 또는 징병으로 끌려가 귀향 못 한 사람이 많았다는 사실, 6·25전쟁이 나며 많은 사람이 학살당했다는 사실, 기타 국민방위군 사건, 거창 사건, 4·19학생 의거, 5·16 군사 혁명 등의 근대 역사서를 읽으며 부모 세대에서 정말 고생이 많았구나 하는 것을 알았다. 일제 치하의 생활에 대해서는 '항일첩보전'이란 책을 읽으며 알게 되었는데 731세균부대의 참상은 너무도 끔찍했다. 다행히 나는 부모를 잘 만났다는 생각이 들며 모친에게 잘해야겠다는 각오와 함께 그동안 모르고 부모 원망한 것을 깊이 후회했다.

　또 나는 책을 읽으며 운 적이 있었는데 왕경숙이라는 여학생이 4·19학생 데모에 나가며 모친 앞으로 써놓고 나간 편지를 읽으면서였다. 왕경숙 여학생은 경무대에서 발포된 총탄에 의해 시위 현장에서 사망했고 시장에서 행상을 하던 학생의 모친은 무남독녀 외동딸을 졸지에 잃었다. 중학교 2학년인 어린 소녀였다. 여기까지는 그때 상황으로 흔히 있을 수 있는 일이었다. 그러나 그 편지 내용이 문제였다.

　"어머니, 저는 민주주의가 무엇인지 잘 모릅니다. 그러나 저는 친구들과 함께 나가야만 하는 것을 압니다."

　이 문구를 읽으며 나는 순간적으로 판단했다.

'아니, 어린 여학생이 무엇을 안다고?'

정치를 모르는 어린 여학생이 목숨을 잃고 희생된 것이다. 무엇을 위해, 누구를 위해, 나는 나도 모르게 가슴이 뭉클해지며 눈물이 흘렀다.

'사회를 위해 우리를 위해 희생된 사람들이 많이 있었구나. 내가 사회와 나라를 위하는 방법은 무엇인가? 그 길은 오직 나에게 주어진 역할을 충실하게 수행하는 것이다.'

나의 생활과 업무 자세가 바뀌어 갔다. 아침에 일찍 일어나 운동도 하고 성격도 쾌활하게 되었는데 이의 중심에는 나에게 주어진 역할을 다한다는 각오가 있었다.

2
사명의 발견

 1981년 7월 벤허 영화를 만든 윌리엄 와일러 영화감독의 사망 소식과 함께 레이건 미국 대통령의 조문이 있었다는 기사가 신문에 났는데 이를 보던 나는 이해가 안 되었다.
 '무슨 영화감독 신분인 사람이 사망했다고 미국의 대통령이 조문을 하지?'
 나는 이상하게 생각했다. 우리나라 현실과는 먼 얘기였다. 며칠 후 벤허 영화프로가 신문에 나온 것을 보던 나는 영화감독의 인용 문구가 눈에 띄었다.
 "오! 하나님, 정말 이 영화를 제가 만들었습니까?"
 '아니 이 영화가 이렇게 잘 됐나?'
 나는 선전 프로를 보니 기괴한 모습의 신상과 경주 마차 그리고 영화상을 받았다는 의미의 수상 컵이 여러 개 나와 있었다. 상영극장을 보니 서울을 비롯해 전국 주요 도시가 나왔는데 울산은 시내 태화극장에서 상영했다. 나는 언젠가 벤허 영화가 세계에서 제일 잘

된 영화라는 얘기를 들은 적이 있었다. 또 먼저 사내 교육 모임에서 벤허 소설을 쓴 작가가 기독교 불신자였는데 기독교에 반하는 책을 쓰려고 자료를 수집하다 기독교의 진실함을 알아 신자가 되어 벤허 소설을 썼다고 했다. 그리고 영화를 제작한 영화감독이 완성된 영화를 보며 너무도 잘 된 나머지 본인도 모르게 한 말이 영화프로에 기재된 인용 문구란 것을 나는 주위 사람에게 들어서 알고 있었다.

내가 어렸을 때 중, 고교 시절 벤허 영화 선전 프로를 여러 번 보았다. 명화 상영 시에는 학교에서 단체로 관람하곤 했는데 이때 전교생이 충무로에 있는 대한극장에서 영화를 보았다. 단체 관람 영화로는 '벤허', '콰이강의 다리', '닥터 지바고', '사운드 오브 뮤직' 같은 영화가 있었다. 그동안 여러 번 기회가 있었는데 이 유명한 영화를 지금까지 나는 못 본 것이다.

'영화 중에서 제일 잘됐다는 영화인데 이번 기회에 꼭 관람해야겠다.'

휴일 나는 시내에 있는 태화극장에 가서 '벤허'를 보았다. 영화는 재미있었다. 로마군 병사들의 행진, 해전, 마차경주 등 웅장하면서도 스릴 넘치는 장면이 많았다. 그러나 한 가지 이상한 점이 있었다. 예수의 처형 장면이었다. 예수가 처형 장소로 이동할 때 십자가를 메고 로마 병사의 채찍을 맞으며 발걸음을 옮기는 장면을 보며 나는 생각했다.

'우선 인간적으로 안됐구나, 얼마나 힘들고 괴로웠을까? 그런데 왜 저렇게 되었지?'

내가 알기로 이분은 신 또는 하나님의 아들이라고 불릴 만큼 전지전능하고 초능력을 소유한 거룩한 사람이다. 그러나 영화에 나타난 이분의 모습은 그게 아니었다. 매질에 고통스러워 하는 자세가 일반인과 다를 바 없는 그런 초라하고 나약한 인간의 모습이었다.

나는 혼란스러웠다. 예수는 인류가 인정하는 성인인데 왜 이렇게 훌륭한 사람이 매질을 당하며 십자가 기둥에 묶여 처참하게 죽음을 맞이하느냐 하는 의문이 들었다.

나는 그의 처지에서 예수를 생각해 보았다. 이때 나는 27세의 나이로 한참 자신의 존재 이유를 알려고 노력 중이었다. 내가 알기로 예수가 서른 나이에 저렇게 되었는데 떠돌이 생활을 했으니 일정한 직업도 없을 것이고 직업이 없으니, 수입도 없을 것이다. 미혼인 것으로, 알고 있는데 왜 이렇게 남다른 생활을 하다 억울하게 처형을 당한 것일까? 나는 아무리 생각해도 이해가 안 되었다.

모든 사람의 궁극적인 목적은 행복한 삶의 영위에 있다. 다 먹고 살자고 힘든 일도 하고 모험도 하고 죽음도 무릅쓰는 것이다. 종교도 마찬가지다. 그런데 저 사람은 왜 저렇게 처형을 받고 죽임을 당했을까?

예수 본인이 어떤 좋은 이상과 뜻을 품고 언행을 하였든 저런 죽임을 당한다면 무슨 소용이 있는가? 그러나 아무리 생각해도 알 수 없었다. 이분이 성인으로서 어떤 좋은 교훈과 훌륭한 가르침을 남겼는지 모르겠지만 교훈자가 성공하지 못하고 억울하게 죽임을 당한다면 그것이 아무리 좋은 교훈이라도 다 헛되고 잘못된 가르침이 아닌가 하는 생각이 들었다. 왜냐하면 가르침이라는 것은 사람이 잘되라고 가르치는 것인데 교훈자가 저렇게 생을 마감한다면 실천이 따르지 못하는 교훈이기 때문에 잘못된 훈계라고 생각할 수 있다.

결국 아무리 생각해도 이분에 대한 의문만 깊어 갔지, 사망에 대한 이유는 알 수 없었다.

그날 오후 숙소로 돌아오는 버스 안에서 나는 계속 이 문제를 생각했다. 그러나 왜 예수가 이렇게 되었는지 알 수는 없었다.

다음 날 나는 우연히 기계공장에서 근무하는 정광문 씨를 만났다. 그는 내가 교육받던 성경 모임의 일원이었다. 나는 그가 반가웠다. 그에게 이 문제를 물어보았다.

"정광문 씨! 이것 좀 물어봅시다. 어제 벤허 영화를 봤는데 예수가 처형당하는 모습이 있었고 내가 아무리 생각해도 이해 안 되는 부분이 있어서 그런데 왜 그런 죽임을 당한 겁니까? 왜 그렇게 된 겁니까?"

"그분은 하나님의 영광을 위하여 죽임을 당하신 것이고 그 일은 성경에 이미 예언되어 있었던 일입니다."

나는 속으로 생각하길

'이 사람은 무슨 생각을 스스로 하는 것이 아니고 틀에 박힌 이야기를 하고 있구나. 사람이 죽는 데 무슨 하나님의 영광이냐? 왜 이렇게 되었을까?'

이때였다. 예수 이분이 왜 이렇게 되었을까? 계속 속으로 자문하던 나는 예수를 만났던 기억이 났다. 그리고 예수가 나에게 한 말이 있었는데 나는 이 말이 무슨 말인지 의미를 알려고 애썼지만 알 수 없었다. 나는 이 말의 의미를 그에게 물어보았다.

"정광문 씨! 가만히 생각하니 내가 전에 예수 이분을 만났던 경험이 있고 이분이 내게 한 말이 있는데 이 말이 무슨 말인지 도대체 모르겠는데 이 말의 뜻을 한번 물어봅시다."

"그래요? 무슨 말인데요?"

"세상은 너무도 험악하여 구할 수 없으니 쓰러지기 전에 알라."

그는 깜짝 놀라며 말했다.

"예수님 말씀이 틀림없네요."

"그래요! 이것이 예수께서 하신 말인지 어떻게 압니까?"

언뜻, 교인들은 너무 쉽게 믿는 경향이 있는 것 아닌가? 하는 생각이 들었다.

"들으면 압니다. 성경에도 이와 비슷한 구절이 있어요."

"잘됐네, 그러면 이 말의 뜻을 좀 말해 주시오."

"오늘 저녁 8시에 내가 있는 숙소로 올 수 있겠어요? 내가 성경책을 찾아보고 뜻을 확실하게 파악해서 설명해 줄테니……"

"그러면 그렇게 합시다. 숙소는 어디요?"

약속하고 사무실로 돌아온 나는 휴식을 취하며 내가 과거에 예수 이분을 만났던 경험을 회상했다.

나의 고향은 서울 상도동이다. 도심에는 한강이 흐르고 이 강을 중심으로 북쪽에는 북한산 남쪽에는 관악산이 있다. 한강과 관악산 중간에는 국사봉이라는 산이 있는데 산 정상 서쪽으로 사자암이라는 절이 있다. 절 아래 동네를 성대골이라 불렀는데 장래 이곳에서 큰 성인이 나올 것이라는 전설이 전해지고 있기 때문이다. 이상하게 이 동네는 모기가 없어 사람이 살기 좋은 마을로 소문이 나 있었다. 지금은 상도동으로 행정구역명이 변경됐지만 성대시장이란 단어 속에 성대골이란 자취가 아직도 남아 있다. 성대골에서 북쪽 맞은편 산이 성남고등학교 뒷산으로 용마산이라 불린다. 용마산 능선은 S자 형태로 서쪽에서 동쪽으로 이어지는데 동쪽 자락 끝 정상에 나의 고향집이 있었다. 남쪽으로는 관악산과 국사봉이 보이고 북쪽으로는 한강 건너 멀리 북악산이 보였다. 동쪽은 장승백이고 서쪽으로는 공군본부와 공군병원이 있었다.

나의 부친은 장승백이에서 방앗간을 운영하셨는데 사업이 기울어 이곳에 이사와 집을 짓고 생활하셨다. 어머니는 친정이 국사봉 남쪽 아래 봉천동 흐리목이다. 나는 어린 시절을 이곳에서 보냈고 서울공고를 졸업하고 공장에 취직이 되어 직장생활을 할 때까지도 이곳에서 거주하였다.

내가 고등학교를 졸업하던 해였다. 나는 한국병유리라는 제병공장에 취직이 되어 근무하고 있었다. 제병 기계에서 병 만드는 일을 했는데, 작업 조건이 3교대 근무였다. 3교대 작업이란 주간 단위로 작업시간이 변경되는 작업인데 오전, 오후, 심야 반으로 나뉘어 일주일마다 교대로 작업시간이 변경되었다. 심야 근무는 오후 10시에 교대해서, 다음날 오전 7시에 퇴근했는데 예수가 방문한 날은 심야 근무를 한 날이었다. 1973년 10월 22일이었다. 회사 근무를 하고 집에 돌아와 낮에 한참 잠을 자는데 누가 내 몸을 흔들어 잠을 깨웠다. 벌떡 일어나 보니 한복을 차려입은 노인이 있었는데 머리는 짧은데 하얗고 눈썹도 희었다.

"할아버지, 누구세요."

나는 놀라서 크게 소리쳤다.

"예수께서 널 찾아오셨으니, 밖에 나가 보아라."

모르는 사람으로부터 누구라는 대답 대신 누가 나를 찾아왔다는 말에 나는 별다른 생각 없이 누가 나를 찾아왔다고 하니 나가 봐야겠다는 생각이 들었다. 방문을 열고 밖으로 나오며 나는 문턱에 앉아 신발을 신다 문득 이상한 생각이 들었다.

'아니? 예수라면 죽은 사람 아닌가? 죽은 사람이 어떻게 날 찾아오지? 무엇이 잘못되었구나.'

예수는 이천 년 전에 죽은 이스라엘 국가의 종교 지도자다. 죽은 사람이 날 찾아올 수는 없다. 나는 나가지 말까? 하는 생각이 들었지만 그래도 일단 나가 보기로 했다. 마당에 나가 주위를 휘둘러 보았지만 아무도 없었다.

'그러면 그렇지, 그럴 리가 있나? 에이! 들어가 자던 잠이나 자야겠다.'

몸을 돌려 방으로 오던 나는 무언가 이상한 분위기를 느꼈다. 주위가 너무도 고요하고 조용했다.

'무언가 이상하다.'

나는 나도 모르게 뒤돌아보며 다시 주위를 둘러보았는데 그만 나는 깜짝 놀랐다. 우리 집 담이 안 보였다.

'큰일났구나! 담이 넘어갔나?'

나는 놀라 담이 있던 자리를 보며 담이 넘어간 흔적을 찾았는데 아무것도 없었다. 자세히 보니 우리 집 담뿐만이 아니었다. 앞집도 안 보이고 아니 온 동네가 안 보였다. 대신 평탄한 평지가 앞쪽 산까지 펼쳐져 있었다. 마치 우리 집 마당이 산까지 평탄하게 경사를 이루며 확장된 그런 형상이었다. 하늘에는 구름이 덮여 있었고 주위가 너무도 고요했다. 나는 예상하지 못한 광경에 놀라 당황해 어쩔 줄을 몰랐다.

'이럴 수가 있나?'

이때 자세히 보니 저기 멀리 있는 산에 커다란 흰색 빛이 보였다.

처음에 볼 때는 마치 흰색 전신주를 거꾸로 세워 놓은 듯한 형상이었는데 가만히 보니 그것은 빛기둥으로 중간 부분이 백색광을 내고 있었다. 그 빛기둥 맨 아래에 흰옷을 입은 사람이 있는데 나를 향해 걸어오는 모습이었다. 나는 직감적으로 느꼈다.

'저분이 예수구나.'

예수는 산에서 내려와 경사진 길을 걸어오는 중이었으며 빛기둥은 이분의 두부에서 시작돼 하늘을 향해 수직으로 서 있는 형상이었다. 빛기둥은 중간 아래 부분이 가장 밝았다. 그리고 위로 갈수록 폭이 넓어지며 광도가 떨어졌다. 전체적으로 웅장하고 웅대한 광경이었다. 나는 눈앞에 전개된 엄청난 광경에 경탄할 수밖에 없었다.

'그런데 이게 꿈이냐? 생시냐?'

나는 허벅지를 꼬집어 보았는데 분명 꿈은 아니었다.

'그런데, 저분이 왜 날 찾아왔지?'

이때 이분의 목소리가 들렸다.

"세상은 너무도 험악하여 구할 수 없으니 쓰러지기 전에 알라."

내가 잠시 한눈을 파는 사이 이분은 어느새 나의 왼쪽 앞으로 가까이 다가와 있었고 나는 몸을 왼쪽으로 돌리고 땅을 향해 고개를 숙인 자세로 목소리를 들었다. 처음 이분의 목소리를 들었을 때 내가 느낀 것은 소리 자체가 너무 맑고 깨끗했다.

'아니? 어떻게 목소리가 이렇게 맑고 깨끗하지?'

나는 음성이란 것이 이렇게 신비한 것인지 처음으로 알았다. 그 음성이 너무 신기해 나는 음성에 취해버렸고 감동을 놓치지 않으려고 숨을 막고 내쉬지 않았다. 왜냐하면, 숨을 뱉으면 감동의 느낌이 숨과 함께 몸에서 나가는 것 같았다. 그러나 숨을 안 쉴 수는 없다.

나는 심호흡을 했다.

'그런데 이게 무슨 말이지?'

나는 예수가 한 말의 뜻을 알 수 없었고 다시 몇 번 반복해 보았지만 아무래도 알 수가 없었다. 이에 나는 다시 생각했다.

'말의 뜻은 지금 알 수 없고 이 기회에 이분 얼굴이나 봐두자 그래도 이분이 세계 삼대 성인 중의 한 분이 아니냐!'

나는 언뜻 생각나는 것이 세계사 책에서 보았는데 세계 삼대 성인의 머리 부분이 서로 비교되게 다른 것을 보고 이상하게 느낀 적이 있었다. 불교의 석가모니는 구슬같이 동그란 원형 물질이 있었고 유교의 공자는 갓이라는 대감들이 쓰는 모자를 쓰고 있었으며 기독교의 예수는 월계관 모양의 철망을 걸치고 있었다. 이에 나는 왜 머리 부분이 서로 다를까? 하며 이상하게 여긴 적이 있었다.

'내가 지금 할 수 있는 것을 해야지! 사람은 기회를 잘 활용할 줄 알아야 돼.'

나는 속으로 혼자 말을 하며 갑자기 눈을 부릅뜨고 고개를 번쩍 들어 올렸다. 순간 번쩍하며 흰 광선이 보이더니 그대로 눈이 감기고 눈을 뜰 수 없었다. 이상하게 사람 얼굴은 안 보이고 눈이 안 보이는 것이다. 눈을 뜨려고 아무리 손을 대고 비벼봐도 소용이 없었다. 나는 덜컥 겁이 났다.

'이러다 실명되는 것 아냐? 큰일났구나! 오늘 회사에 심야 작업 들어가야 하는데……'

이상한 일이었다. 왜 눈이 안 보이는지 알 수가 없었다. 나는 이제 눈이 안 보이니 다른 것은 관심 밖이었다. 가만히 생각하니 눈을 뜰 수는 없지만, 통증은 없었다.

'일단, 방으로 들어가 쉬어 보자. 시간이 지나면 어떻게 되겠지 지금 다른 방법이 없지 않으냐!'

나는 손을 더듬어 벽을 따라 방으로 들어왔다. 방바닥에 드러누워 있다 얼마 지난 뒤 일어나 눈을 떠보니 눈이 떠지고 방에 있는 물건들이 눈에 들어왔다.

'다행이구나.'

나는 우선 안심이 되었다. 사물이 눈에 보인다는 것이 신기하게 느껴졌다. 나는 조금 전 일을 생각하며 얼른 밖에 나가 보았다. 그러나 마당에 예수는 없었고 주위는 평소와 같은 모습이었다. 우리 집 담도 있었고 장독대며 대추나무며 앞집 하며 동네가 조용했다. 모든 것이 평소와 다름없었다. 나는 혼돈과 당황을 느꼈지만, 현실을 인정할 수밖에 없었다.

'분명히 마당에 아무것도 없었는데 이게 무슨 일이지?'

나는 아무리 생각해도 알 수가 없었다. 그리고 생각나는 것이 그분의 말씀이었다.

'이 말이 무슨 뜻이지?'

그러나 아무리 생각해도 뜻을 알 수는 없었다. 나는 이상한 생각이 들었지만, 회사에 정상 출근했다. 그 후에도 수일간 계속해서 그분이 내게 한 말이 무슨 말인가 하는 의문이 떠올랐지만 이를 알려고 애만 태우다 포기를 했다. 나는 결심을 했다.

'사람이 살다 보면 이런 일도 있고 저런 일도 있는 법이지 어떻게 모든 일을 다 알려고 하냐? 잊어버리자'

그러나 그 후 나는 막연하나마 장래에 나에게 어떤 연관이 있는지 모른다며 서점에서 성경책을 한 권 사서 소장했다. 이일을 경험

후 나의 생활 태도에서 변화된 것이 있었는데 음악에 대한 견해였다. 그분의 목소리가 너무 맑고 깨끗해 정신이 맑아짐을 느꼈고 소리라는 것 자체가 엄청나게 신비로운 경지가 있다고 판단했다. 그분의 음성은 음원이 느껴지지 않았다. 즉, 내가 그분과 떨어져서 목소리를 들었는데도 나의 귀에 대고 말하는 것을 듣는 듯이 소리가 주위에 가득해 음원으로부터의 거리감이 전혀 느껴지지 않았다. 또 소리 속에 진동이 느껴졌다. 목소리는 고저나 악센트가 없었고 평탄했다. 소리는 큰 편이었으며 웅장했다. 소리 자체가 너무도 신비로웠다. 내가 이후에 음악감상의 자세를 갖게 된 것도 이 경험을 한 이유에서였다. 전에는 몰랐는데 소리 자체가 그렇게 신비로울 수가 없었다.

'원래 노래는 이런 신비한 음을 결합해서 음악을 만드는구나.'

나는 휴식을 끝내고 업무를 보며 생각했다.
'다행이다! 정광문 씨가 확실하게 가르쳐 준다고 하니 다행이다. 그 말뜻을 알려고 얼마나 애를 썼는데 드디어 알게 되었구나.'

그날 저녁 9시경 약속했던 시간보다 조금 늦게 4사원 숙소를 찾아가 나는 그를 만났다.
"미안합니다. 조금 늦어서."
"아니, 괜찮아요. 그런데 사실 오늘 저녁에 우리 숙소에 교회 목사님께서 왔다 가셨거든요, 내가 김 씨 일을 목사님께 말씀드렸더니 누구인지 한 번 만나 보고 싶다고 말씀하시며 만나 보고 설명을 해 주신다고 하는데 어떻게 했으면 좋겠어요? 내 생각은 아무래도 나보다는 목사님께서 더 많이 아시니까 목사님께 설명을 듣는 것이 좋을 것 같은데."

나는 무척 실망했지만 할 수 없었다.

"그럼 그렇게 합시다. 밤도 늦었는데 저 때문에 죄송합니다."

"그리고 목사님이 어떻게 예수님의 말씀을 들었느냐고 묻길래 제가 모르고 그냥 꿈에서라고 대답했는데 그래도 괜찮겠어요?"

나는 생각하기를 말의 뜻만 알면 되지 꿈이면 어떻고 아니면 어떻냐? 하고 그에게 괜찮다고 말했는데 분명히 꿈은 아니었다.

다음 날인 1981년 8월 18일 나는 그를 따라 회사 근교인 화정동에 있는 화정교회를 찾아갔다. 저녁 8시 경이었다. 교회는 콘크리트 건물인데 1층은 상가이고 2층을 교회로 사용하고 있었다. 교회로 들어서자, 건물 내 작은 방이 있고 거기 목사가 있었다. 정광문과 함께 내가 인사를 드리자, 목사는 앉으라며 자리를 권했다. 내가 방문한 연유를 말하며 말의 뜻을 알고 싶다고 하자 목사는 정색하고 내게 물었다.

"자네 왜 그 말의 뜻을 알려고 하지? 알고 싶어 하는 이유가 뭐야?"

"저 그냥……."

나는 이유를 무엇이라고 대답할지 몰랐다. 모르니 답답했다. 이유 같은 것은 생각해 본 적이 없었다. 굳이 이유를 대자면 궁금한 것이었고 혹시 나의 역할과 관계되는 것이 아닐까? 하는 의문이 있었지만, 이것은 내 개인적인 생각이었다. 내가 말을 못 하자 목사는 옆에 있던 커다란 성경책을 갖다 놓고 책을 펴며 말했다.

"자네 지금부터 내가 하는 말을 잘 듣게."

목사는 나이가 한 오십은 되어 보였고 안경을 하고 있었는데 안경알이 두터워 도수가 높아 보였다. 책을 많이 읽은 느낌을 받았다. 목사는 성경 구절을 소리내어 읽었다.

"요셉이 십칠 세의 소년으로서 그 형제와 함께 양을 칠 때에 그 아비의 처 빌하와 실바의 아들들로 더불어 함께 하였더니 그가 그들의 과실을 아비에게 고하더라, 요셉은 노년에 얻은 아들이므로 이스라엘이 여러 아들보다 그를 깊이 사랑하여 위하여 채색옷을 지었더니 그 형제들이 아비가 형제들보다 그를 사랑함을 보고 그를 미워하여 그에게 언사가 불평하였더라. 요셉이 꿈을 꾸고 형들에게 고하매 그들이 그를 더욱 미워하였더라. 요셉이 그들에게 이르되 청컨대 나의 꾼 꿈을 들으시오. 우리가 밖에서 곡식을 묶더니 내 단은 일어서고 당신들의 단은 내 단을 둘러서서 절하더이다. 그 형들이 그에게 이르되 네가 참으로 우리의 왕이 되겠느냐? 하고 그 꿈과 그 말을 인하여 그를 더욱 미워하더니……."

이 내용은 구약 성서 창세기에 나오는 요셉이란 사람의 이야기다. 요셉이라는 소년이 형제들의 시기를 받아 상인에게 노예로 팔려 가지만 결국 그가 이집트에서 총리까지 신분이 격상되는 성공을 하여 부모 형제를 모시고 잘 살았다는 그런 일화였다. 내용 중 요셉이 이집트 왕의 꿈을 해석하는 대목에서 나는 말을 꺼냈다.

"목사님! 저 죄송하지만, 말씀 좀 간략하게 해주시면 안 될까요?"

밤도 깊은데 성경책 구절을 놓고 목사가 직접 읽으며 설명하는데 나는 좀 짜증이 났다. 말뜻을 해석해 주면 되지 왜 알지도 못하는 성경 문구를 계속 읽고 있는지 이해가 안 되었다.

"그러면, 자네 여기 나오는 문구를 보고 해석해보게."
 문구를 보니 왕이 꿈을 꾼 내용인데 무슨 내용인지 알 수 없었다.
 "모르겠습니다."
 내가 대답을 하자 목사는 나에게 답을 말해 주었다.
 "이 꿈 내용의 해석은 여기 있네."
 목사는 손가락으로 성경 구절을 가리키며 계속 문구를 읽었다. 문구 내용은 요셉이 이집트 바로 왕이 꾼 이상한 꿈을 해몽하는 과정이었다. 이상한 꿈은 이랬다. 살찐 암소 일곱 마리를 잡아먹는 흉악한 소 일곱 마리를 보았고 탐스러운 일곱 알의 이삭을 삼키어 없애는 열악한 일곱 알의 이삭을 보았다. 이 문구를 보고 목사가 나에게 무슨 뜻인지 해석해 보라고 하니 내가 이를 알 도리가 없었다.
 이를 요셉이 해몽하기를 이집트 나라에 앞으로 7년 동안 풍년이 되고 그 후 다시 7년 동안 흉년이 들어 그동안 풍년 때 얻은 곡식과 식량을 잃어, 나라가 위기에 이를 것이라고 했다. 나는 가만히 생각하니 큰일이다 싶었다. 이제나저제나 말의 해석을 기다리고 있는데 두꺼운 책만 읽고 있으니 나는 답답했다. 책에는 글씨도 빼곡하게 들어차 있고 그렇게 큰 성경은 처음 보았다. 책을 펼친 크기가 신문지 반장 크기만 했다.
 '해석은 안 해주고 왜 성경책만 읽어 줄까?'
 밤도 깊었다. 일하고 퇴근한 사람이 오랜 시간 앉아 있으니 불편했다. 나의 정확한 판단으로는 밤을 새워 책을 읽을 것 같았다. 쉬는 시간도 없었다,
 "바로가 그 신하들에게 이르되 이와 같이 하나님의 신이 감동한 사람을 우리가 어찌 얻을 수 있으리요 하고 요셉에게 이르되 하나님

이 이 모든 것을 네게 보이셨으니 너와 같이 명철하고 지혜 있는 자가 없도다.

너는 내 집을 치리하라 내 백성이 다 네 명을 복종하리니 나는 너보다 높음이 보좌뿐이니라. 바로가 또 요셉에게 이르되 내가 너로 애굽 온 땅을 총리하게 하노라 하고 자기의 인장 반지를 빼어 요셉의 손에 끼우고 그에게 세마포 옷을 입히고 금 사슬을 목에 걸고 자기에게 있는 버금 수레에 그를 태우매 무리가 그 앞에서 소리 지르기를 엎드리라 하더라……."

나는 정 씨가 나서서 대신 얘기를 좀 해주었으면 했는데 이 사람도 아무 움직임이 없었다. 어느 정도 시간이 흐른 뒤 안 되겠다 싶어 내가 목사에게 말씀을 드렸다.

"목사님, 저 그만 가봐야 할 것 같은데요."

"그래, 그러면 잠시 있게."

목사는 읽던 책을 덮고 갑자기 정 씨에게 말했다.

"정 집사! 자네, 이 사람 말을 듣고 무엇을 느꼈나?"

"저는 이 사람 말을 듣고 무서워서 혼났습니다. 온몸이 떨리고 특히 손발이 심하게 떨림을 느꼈습니다. 저렇게 예수님을 알지 못하는 사람의 입에서 예수님의 말씀이 나올 줄 전혀 몰랐거든요. 이번 일을 계기로 저는 확고한 믿음을 갖게 되었습니다. 그동안 그렇게도 많이 목사님의 말씀을 듣고 성경책을 읽었어도 믿음을 가질 수 없었는데 이 사람 말을 듣고 확고한 믿음을 얻게 되었습니다. 고맙습니다. 이 사람을 통해 예수님께서 저에게 말씀하시는 것으로 알겠습니다."

"그래 내가 얼마나 이야기했나!"

목사와 정 씨의 대화는 길게 이어졌다. 대화 도중에 성령이란 말이 나오는데 무슨 말인지도 모르겠고 모르는 말을 또 계속하고 있었다. 나는 혼자 속으로 생각했다.

'가르쳐 준다던 것은 안 가르쳐주고 내가 모르는 얘기를 둘이 하고 있구나, 이제는 정말로 돌아가자.'

"목사님, 저 그만 가야겠습니다."

"그래? 그러면 내가 자네에게 한마디만 더 하겠네. 자네는 앞으로 하나님을 믿고 따르면 큰 복을 받고 그렇지 않으면 도리어 큰 화를 입게 되니 명심하게. 그러면 잘 가게."

목사는 일어나 방문을 열고 문밖으로 나와 복도 실내등을 켜주었다. 목사에게 고맙다는 인사를 하고 복도를 따라 현관문을 향해 걸어 나오던 나는 교회 내부를 보다 언뜻 이상한 장면을 보게 되었다. 천장에 한옥식 서까래가 있었다.

'이 건물은 콘크리트 건물인데 왜 서까래가 있을까?'

잠시 이상하다고 생각하며 교회를 나왔다. 밖에 나오자 정 씨는 나에게 이상한 이야기를 했다.

"지금 이 목사님은 개척교회 목사이기 때문에 이렇게 자세히 가르쳐 주는 겁니다."

이게 무슨 뜻을 가르쳐 주는 것이냐며 반박하고 싶었지만 나는 조용히 숙소로 돌아왔다.

그 후 수일간 계속 나는 이상하다고 생각했다. 확실하게 가르쳐 준다던 정 씨는 말이 없고 뜻을 가르쳐 준다던 목사는 성경책만 읽어 주었다.

목사를 만나고 2개월 정도 지난 어느 날이었다. 나는 신기한 사실을 알게 되었는데 목사와의 대담 장면이 어려서 꿈에서 본 기억과 같았다. 이를 알게 된 계기는 이랬다. 이날도 나는 침대에 누워 곰곰이 생각했지만, 성경을 통해 무엇을 얘기하는지 알 수가 없었다. 그때 나는 서까래 생각을 했고 언뜻 어렸을 때 꿈을 기억하게 되었다. 나는 예수의 방문 때를 떠올렸다. 당시 나는 예수의 방문이 있고 수일간 계속 이분이 내게 한 말이 무슨 뜻인지 알려고 노력했으나 알 수가 없었다. 이러던 중 하루는 이상한 꿈을 꾸었다. 서까래가 보이는 조그만 다락방에서 웬 노인이 성경책을 펴고 나에게 무엇인가 계속 말을 하고 있었다. 잠을 깨고 일어난 후 나는 생각했다.

'먼저 예수 일도 그렇고 이번에는 또 이런 교회 관련 꿈을 꾸었는데 왜 그럴까? 나는 교회 다니는 사람도 아니고 부모가 교회 신자도 아니다. 왜 이런 일이 나에게 일어나는가?'

그 뒤 나는 무언가 모르지만, 장래 나에게 어떤 관련이 있을지 모른다고 생각해 성경책을 한 권 사서 소장했다. 내가 막연하나마 관련이 있다고 생각한 것은 꿈에 대한 나의 사실 경험 때문이었다.

초등학교를 졸업하고 중학교 입학시험을 치고 난 뒤였다. 보름 정도 지나 발표가 되는데 나는 걱정이 많이 됐다. 그런데 일 주 정도 지난 날 새벽에 나는 생생하게 이상한 꿈을 꾸었다. 합격이었다. 나의 합격자 번호가 나와 있어 합격이구나 하는 사실을 알았다. 나는 기뻤다. 부친에게 이 사실을 알린다고 뛰어가다 고개에서 숨이 차 잠시 쉬었다. 이때 나는 내가 혹시 잘못 보지 않았는가 하는 마음에 되돌아 가 확인해야겠다고 생각했는데 꿈이었다. 꿈을 꾼 후 나는 걱정이 되었다. 꿈은 현실과 반대라는 말을 들은 적이 있기 때문이었다. 이 학교에 불합격하면 강북에 있는 균명중학교나 흑석동에 있는 중대부중을 가야 하는데 통학 거리가 멀어 버스를 타야 하고 학비가 많이 들었다. 시험을 본 강남중학교는 공립으로 학비가 저렴하고 특히 좋은 점이 도보 통학이 가능했다.

중학교 입시를 볼 때 부친이 초교 담임을 찾아, 나의 진로를 상담했을 때 나의 실력으로 이 학교는 무리라고 해 부친이 떨어져도 좋으니 응시하게 해 달라고 간청해 겨우 시험을 볼 수 있었다. 그러나 나의 판단으로 시험은 분명 잘 보았다. 시간이 남아 두 번이나 확인했고 시험이 쉽다는 느낌을 받았다. 시험을 끝내고 고사장 밖으로 나왔을 때 부친이 내게 시험이 어떠냐고 물어 너무 쉽게 출제된 것 같다고 말하자 부친은 절대 누구한테 그런 말 하지 말라고 당부했다. 이는 시험이 쉽다고 말한 사람들이 불합격한 경우를 보았기 때문이었다. 그런데 시험에 합격하는 꿈을 꾸다니 꿈과 현실은 반대라는 말이 있는데 큰일이었다.

그러나 일주일이 지난 합격자 발표 날 실제로 꿈에서와 같은 일이 벌어졌다. 이날은 날씨가 몹시 추운 날이었다. 눈이 많이 왔다. 나는 합격 사실을 알고 기쁜 마음에 아버지께 사실을 알린다며 성남고등학교로 가는 언덕을 뛰어오르다가 숨이 차 쉬다가 내가 잘못 본 것 아닌가 하는 생각이 들어 다시 되돌아 가 확인을 하고 부친께 가서 합격 사실을 말씀드렸다. 그리고 며칠 후 꿈에서 있었던 일이 실제로 현실에서 일어난 사실을 알고 신기하게 생각했다.

'신기하구나. 어떻게 꿈에 있었던 일이 실제와 똑같이 현실에서 일어났지?'

나는 현실을 생각하기로 했다.

'먼저 중학교 시험 후 있었던 일은 시험 결과를 알게 해준 의미가 있다. 그러면 목사가 내게 성경책을 읽어 주는 것은 분명 내게 어떤 의미를 전달하려는 것 같은데 그것이 무엇일까? 정 씨와 목사는 직접 해석을 안 하고 왜 성경책을 통해 간접적으로 얘기를 하려고 했을까?'

그러나 나는 아무리 생각해도 알 수가 없었다.

정광문은 사내 교육 모임에서 내가 예수를 보았다는 사실을 동료들에게 알렸다. 나는 동료에게 말의 뜻을 물어보았으나 아무도 해석해 주는 사람이 없었다. 나는 주위 사람에게도 뜻을 물어보았지만 아무도 아는 사람이 없었다. 현대중공업 품질관리부에 근무하는 이영식이 좋은 방법을 말했다.

"예수님의 말씀을 알기 위해서는 예수님이 누구인지 먼저 알아야 하고 이를 위해서는 교회에 열심히 나가야 해."

이영식은 내가 교회 모임에서 만난 사람이었다. 내가 회사 동료인 윤영철과 함께 교회 행사에 참석해 알게 된 사람이다. 알고 보니 그는 고향이 대구인데 교회 활동에 열심인 사람이었다. 또한 교리에 많은 지식을 갖고 있다는 인상을 받았다. 그는 나에게 교회에 다닐 것을 적극 권유했다. 나는 그의 말을 듣고 곰곰이 생각해 보니 말 한마디 해석하는데 아는 사람이 가르쳐 주면 되지 어느 세월에 그것을 알겠느냐고 생각했다. 바늘 하나 얻으려고 뭉치 쇠를 숫돌에 가는 격이었다.

나는 수많은 사람에게 말의 뜻을 물어보았지만, 소용이 없자 직접 사전을 찾아 뜻을 해석하기로 했다. 시작은 개별 단어부터 파악해야 한다. 우선 세상이란 말로 문장이 시작한다.

'세상'이란 단어는 모든 사람이 살고 있는 사회의 통칭, 천하, 사회의 뜻이다. 예문으로 어지러운 세상이 있다. 또 한 사람이 살고 있는 동안이나 마음대로 활동할 수 있는 무대로 예문으로는 그의 세상이다가 있다.

'은'이란 단어는 주격조사로 명사 뒤에서 명사를 주어로 만드는 역할을 한다. 명사에 받침이 없는 경우는 '는'을 쓴다. 예문에는 나는, 당신은이 있다.

'주어'란 문장의 주체가 되는 말이다.

'험악'이란 길, 지세, 기후, 형세 등이 험난하거나 성질, 인심이 흉악함을 말한다.

'구하다'란 어려움을 벗어나게 하거나 병을 낫게 한다는 뜻이다.

그런데 문장에 이상한 것이 있었는데 말의 시작이 왜 세상이냐였다.

보통 '너는'이라든가 '자네는' 하고 시작되는 것이 정상이다. 조사 '은'은 맞게 사용되었다. 그렇다면 이 말은 세상을 주어로 해서 말한 내용인데 말뜻을 알 수 없지만, 범위가 큰 것을, 이때 나는 처음으로 느꼈다. 그리고 왜 이런 말을 내게 했는가 하는 의문이 들었다.

그리고 말 내용에도 이상한 점이 있었다. 어문 형식이 어법에 어긋났다. 예를 들면 구하라 구할 것이요 라는 말을 어법에 맞게 표현하면 누구는 무엇을 구하라, 그러면 무엇을 구할 것이다가 된다. 그런데 예수의 말씀에 보면 이런 주어와 목적어가 생략된 문장의 예를 볼 수가 있다.

'왜 이렇게 어법에 어긋나는 발언을 했을까? 분명 무슨 이유가 있을 텐데.'

그러나 중요한 것은 문제에도 불구하고 정상적 어문으로 인용되고 사용되는 것이 현실이었다. 그런데 문제는 내가 들은 말의 어순도 이와 같았다. '알라'라는 말은 '알아라'의 준말로 뜻은 무엇인가 알라고 하는 말인데 목적어가 없으니 무슨 말인지 알 수가 없었다. 분명 무엇을 하라고 지시하는 뜻 같은데 나는 답답했다. 무언가 해야 하는데 무엇을 할지 모르는 격이었다. 주변 사람에게 물어도 아는 사람이 없고 내가 노력해도 안 되고 나는 답답하기만 했다. 이러한 답답함은 예수에 대한 관심을 갖게 하였다.

1981년 12월 24일 매년 성탄이 되면 TV에서 종교영화를 방영했는데 나는 전과 달리 관심이 생겨 숙소 관리실에서 영화를 봤다. 제목은 성탄 특선영화 '나사렛 예수'이고 그의 생애에 대한 내용이었다. 내용 중 베드로와 예수의 대화 장면이 나오는데 예수가 예루살렘에 입성 후 죽임을 당할 것이란 말을 들은 제자 베드로가 스승의 안위를 염려하여 입성을 만류했다.

"선생님, 예루살렘에 입성 후 큰일을 당하실 것이라고 말씀하셨는데 제가 어찌 입성을 만류하지 않을 수 있겠습니까? 제발 예루살렘에 가지 마세요!"

"사탄아! 물러서라, 너의 입을 빌려 사탄이 말하고 있구나."

이 장면을 보고 있던 나는 언뜻 이해가 안 됐다. 먼저 벤허 영화를 보고 느낀 것과 정광문과의 대화 등이 연계되면서 나는 중요한 사실을 알게 되었다. 예수 이분은 자신이 처형당해 죽을 것을 사전에 알고 있었다. 그리고 제자로서 베드로가 만류하는 것을 나무라며 사탄이라고 꾸짖었다. 나의 판단으로는 제자의 입장이 분명 옳았고 이해가 됐다. 나는 그동안 예수가 죄도 없이 억울하게 처형당한 것으로 알고 있었는데 문제는 예수가 사전에 처형 사실을 알면서도 이를 회피하지 않고 예루살렘에 입성한 것이었다. 화면에는 예수가 입성하자 예수를 환영하는 사람들이 손에 종려나무 가지를 들고 흔들며 환호하는 모습이 보였다. 그러나 나는 자문을 계속했다.

'도대체 이건 뭐냐? 처형될 줄 알면서 들어가는 사람이 어디 있냐? 그리고 말리는 사람에게 사탄은 또 뭐냐? 왜 그랬을까? 무슨 이유가 있을 텐데.'

나는 예수에 대한 의문이 점점 더 깊어만 갔다.

그로부터 얼마 지난 1982년 4월 어느 날 나는 숙소 근교에 사는 영석이를 집에 바래다주고 돌아설 때였다. 나는 갑자기 이상한 생각이 들었다. 영석이는 초등학교 2학년으로 서울 신림동에서 생활하다 이곳 울산으로 전학을 왔다. 내가 영석이를 처음 만난 것은 이사왔을 때 이삿짐을 같이 나르면서였다. 그는 같은 고향 사람이라 그런지 나를 잘 따랐다. 그는 쉬는 날 나의 숙소에 와 숙제도 하며 함께 시간을 보내기도 했다.

'내가 영석이에게 말을 할 때는 상대방이 알지 못하는 어려운 단어나 문구를 사용하지 않는다. 상대방이 알아들을 수 있는 쉬운 말을 한다. 왜냐하면 전문용어나 어려운 단어를 써서 말하면 상대방이 알아들을 수 없기 때문이다. 즉 말이란 말하는 사람이 듣는 사람의 입장이나 형편을 고려해서 말하는 것이다.'

'그렇다면 내가 영석이에게 말을 하듯이 내가 들은 말은 내가 충분히 이해가 가능한 것이 아니냐? 다른 사람에게 물어볼 것이 아니라 내 나름대로 노력을 해보자. 나는 스스로 말의 뜻을 알 수 있다.'

나는 나름대로 기발한 생각을 해냈다. 말이란 것은 의사 전달을 목적으로 하기 때문에 듣는 사람의 입장을 충분히 고려해서 말한다. 듣는 사람이 모르는 말은 안 하고 말을 했다는 것은 듣는 사람이 충분히 해석 가능한 것이다.

'우선 내가 이분에 대해 아는 바를 정리해 보자.'

곰곰이 생각해 보니 내가 아는 것은 고교 때 읽은 소설이 있었다. 종교 소설로 벤허 영화같이 기독교를 배경으로 한 소설이다. 이에는 '쿠오바디스', '사반의 십자가'가 있었다. 세계 명작 소설을 읽다 보면 '그리스 신화'와 '성경'의 문구가 많이 인용됨으로 문구를 통해 성경과 신화의 내용을 부분적으로 알 수도 있다.

쿠오바디스는 영화로도 제작된 소설인데 폴란드 작가 센키비치가 썼고 내용은 예수의 제자인 베드로가 복음을 전파하던 로마를 배경으로 주인공인 두 남녀의 애정행각을 기술한 것이다. 사반의 십자가는 국내 작가인 김동리의 소설이다. 예수가 복음을 전파하던 유대를 배경으로 독립운동을 하던 독립투사의 일대기를 그린 내용이다. 나는 내 나름대로 노력하자며 이 소설들을 다시 읽어 보기로 했다. 사내 도서관을 이용해 우선 사반의 십자가 책을 구해 읽었다.

'사반'이란 사람 이름이다. 그는 소설의 주인공으로 예수 생존 시 유대의 독립운동가였다. 혈맹단이란 비밀결사 조직을 만들어 메시아가 오면 그를 왕으로 추대하여 전국적인 군사 궐기를 통해 로마의 지배에 있던 조국 유대를 독립시키겠다고 준비하고 있었다. 그는 예수가 유대를 구원할 메시아로 판단하고 예수를 설득하여 독립운동에 가담토록 권유했으나 실패했다. 결국 그는 지하 독립운동을 하다 로마군 병사에게 체포돼 처형을 받게 되는데 예수와 같이 처형을 받았다. 그는 처형을 받아 죽는 순간까지 유대 독립을 위해 예수를 설득하려고 노력했다.

사반과 예수의 대화에서 나는 내가 찾았던 사람의 존재 이유와 관련된 문구를 보고 깜짝 놀랐다. 내가 생각하는 자신의 존재 이유는 주관적, 개인적인 것이지 객관적, 보편적인 것이 아니기 때문이다. 그런데 내가 판단한 사실과 같은 유사한 내용이 있었다. 다음은 사반과 예수의 대화이다.

"랍삐여, 당신은 우리가 기다리던 바로 그분이오이까?"
"사람이여 그대의 기다림이 하늘에 있다면 나를 따를 지니라."
"랍삐여, 이스라엘은 하늘과 맺은 땅이요 백성이외다. 땅 위에 맺은 것을 땅 위에 이루게 하소서."
"사람이여 들으라, 사람이 땅 위에 있음은 오직 하늘에 맺기 위함이니, 사람이 사람과 더불어 맺으면 사람과 함께 멸망할 것이요 사람이 땅과 더불어 맺으면 땅과 함께 또한 허망할 것이니라 진실로, 진실로 그대에게 이르노니 귀중한 사람의 생명이 하늘에 맺음으로써 하늘에 계신 아버지의 끝없는 삶과 복을 누릴지니라."[1]

대화 중 나와 있는 '사람이 땅 위에 있음은 하늘에 맺기 위함이니'라는 문구가 내가 찾아낸 존재 이유와 비교하면 결국 같은 내용이었다. 즉 '사람이 땅 위에 있음'은 사람이 살아가는 이유는, '하늘'은 원인세계, '맺다'는 교류하다, 역할을 다하다로 해석이 가능하고 결

---

[1] 사반의 십자가 김동리 마당문고 1984 p104

국에는 내가 찾은 것과 같은 뜻이 된다. 결국 책에서 예수가 한 말과 내가 찾은 나의 존재 이유가 같은 것을 알고 나는 가슴이 울리는 감동을 느꼈다. 얼마나 갈망하며 찾았던 나의 존재 이유였던가? 이때 여러 정황을 종합해 본 결과 예수 이분은 현실이든가 또는 책을 통해 무언가 나에게 교훈을 주고 있구나. 그렇다면 이분께 내가 찾고자 하는 바를 기원해 보자는 생각이 들었다. 나는 이분 모습을 그리며 말씀의 뜻을 알게 해 달라고 기원을 했다. 이때가 늦은 밤이었다.

1982년 10월 토요일 나는 부서 내 근무하는 동료와 함께 언양 반구대를 방문했다. 동료는 박진호 기사인데 서울에서 건국대를 졸업하고 고향은 부산이었다. 그의 부친이 이곳 반구대에서 생활하는데 나는 그와 함께 가끔 들러 집안일을 거들곤 했다. 그의 부친은 이곳에 커다란 건물을 올려 기도원으로 사용하고 있었다. 언젠가 그의 자식들이 전국 명산을 두루 다녔는데 이곳이 좋아 자주 오게 됐고 이 사실을 그의 부친이 알고 와보니 경관이 수려해 가산을 정리해 이곳에 정착했다. 그의 가족은 기독교인이다. 식사 때는 그의 부친이 기도하곤 했다. 이날은 기도원에서 집안 행사가 있다고 해 나는 박진호를 따라 기도원에 왔다. 내가 도착해 보니 사람은 많지 않았다. 이때 나는 밖에서 음식 만드는 것을 거들었다. 프라이팬에 전을 굽는데 산골이다 보니 화목을 썼다. 화목도 나르고 물도 길어 나르면서 나는 일이 많았다. 자연스럽게 주변 사람들과 대화를 나누었고 마침 기도원인 관계로 나는 내가 예수에게서 들은 말의 뜻을 물어보았다. 이분은 박진호의 둘째 누님이시며 결혼해 울산 언양에서 생활한다고 했다.

"내가 동생에게 당부하는데 앞으로 절대 다른 사람에게 지금 한 말을 다시 하면 안 됩니다. 왜냐하면, 예수님의 말씀이 나쁜 목회자의 귀에 들어가면 나쁘게 사용될 수 있기 때문입니다. 그리고 예수님의 말씀을 들은 사람은 언젠가 종교 관련 일을 하니 함부로 말하면 절대 안 됩니다. 앞으로 성경책을 자주 읽으세요. 가능하면 영어로 된 원서를 왜냐하면 성경책은 처음에 희랍어로 작성되었는데 영어로 번역되고 다시 한글로 번역되었는데 번역 과정에서 전달하기 어려운 부분이 있으니까 반드시 영어로 된 원서를 읽어야 합니다."

"그리고, 그 말의 해석은 잘 아는 목사님이 있으니 내가 소개하기로 하고 미리 전화해 둘 테니 내일 오후에 방문해 도움을 받으세요. 지금 거주지가 어디지요?"

그렇게 해서 내가 소개받은 교회가 울산시 양정동에 있는 염포교회였다. 다음날 일요일 오전 나는 예정보다 일찍 교회에 가 예배가 끝났을 때 목사의 거소를 물어 면담을 신청했다. 나는 별관에 있던 목사를 만날 수 있었다. 전후 사정을 말하고 말의 의미를 물어보자, 목사는 해석은 안 해주고 읽어 보라며 책을 한 권 주었다, 고맙다고 인사를 하고 숙소에 돌아와 보니 '기독교란 무엇인가'라는 책이었다. 저자가 한경직 목사였고 복음 전파를 목적으로 기독교 방송국에서 설교했던 내용을 정리하여 발간한 것이었는데 초보자가 이해하기 쉽게 정리된 책이었다.

1982년 11월 20일 나는 새벽에 이상한 꿈을 꾸고 잠을 깨 자리에서 벌떡 일어났다. 꿈의 내용은 이랬다.

나는 오래된 사원에서 구경하고 있었다. 누각에는 대형 종이 있었다. 가운데에 종이 있고 주위로 난간이 있어 계단을 타고 난간에 오르면 종도 칠 수 있고 구경도 할 수 있게 되어있었다. 나는 난간에 올라 종 구경을 했는데 큰 종이었다. 구경 도중 내가 그 종을 오른손으로 살짝 만졌는데 갑자기 종이 땅에 떨어져 형체를 알아볼 수 없게 조각이 나버렸다. 그 큰 종이 부서져 조각이 나 버린 것이다. 갑자기 일어난 일에 나는 어쩔 줄 모르고 당황했다.

'아이고, 돈 벌었구나! 저저 변상해 주려면 큰일인데……'

이럴 때는 급히 도망가야 하는데 나는 어떻게 해야 할지 몰라 난간에 망연히 서 있었다. 이때 갑자기 이 사원의 주인인 듯한 노인이 나에게 다가와 불쑥 말했다.

"당신은 후계자요, 후계자는 이 종을 깨트리라고 기록되어 있소."

노인은 흰옷에 머리와 수염, 눈썹이 다 희었다. 손에는 커다란 검은색 책을 안고 있었다. 나는 종을 깨서 나무람을 듣기보다 뜻밖의 말을 듣자 이상한 생각이 들었다.

"아니? 그럴 리가! 뭐가 잘못된 것 아닙니까?"

내가 의아해하며 반문을 하자 그는 손에 안고 있던 큰 책을 펼쳐 보이며 말했다.

"틀림없으니 여기를 보시오."

나는 두 손으로 책을 받아보며 내가 틀림없구나 하는 느낌을 받았다. 그러나 확실하게 확인한다며 눈을 가까이 대고 보니 왼쪽은 희랍어 오른쪽은 영어로 쓰어 있었다. 희랍어는 모르니 볼 것도 없고 영어 문장을 읽어 보니 내가 찾던 문구는 안 보이고 무슨 일상생활에 관한 문구였다. 나는 이상하다고 생각하다 잠을 깼다.

나는 자리에서 일어나 곰곰이 생각했다.

'분명 꿈을 통해 나에게 무언가 말하고 있는 것 같은데 그것이 뭘까?'

꿈의 내용을 생각하던 나는 후계자, 희랍어, 영어, 책을 생각하다 얼마 전에 들었던 성경책이 희랍어, 영어로 기록되어 있었다는 사실을 상기했다.

'혹시 성경책에 예언되어 있는 사람이 있는가?'

나는 소장하고 있던 성경을 찾아들고 신약을 중심으로 대충 훑어가며 찾아보았다. 그런데 정말 그런 문구가 있었다. 믿기지 않는 일이었다.

「내가 아버지께 구하겠으니, 그가 또 다른 보혜사(保惠師)를 너희에게 주사 영원토록 너희와 함께 있게 하시리니 저는 진리의 영이라 세상은 능히 저를 받지 못하나니 이는 저를 보지도 못하고 알지도 못함이라 그러나 너희는 저를 아나니 저는 너희와 함께 거하심이요 또 너희 속에 계시겠음이라」[2]

「내가 아직 너희와 함께 있어서 이 말을 너희에게 하였거니와 보혜사 곧 아버지께서 내 이름으로 보내실 성령 그가 너희에게 모든 것을 가르치시고 내가 너희에게 말한 모든 것을 생각나게 하시리라」[3]

우선 나는 기뻤다. 무엇인지 모르지만, 나의 예상대로 약속된 사

---

2) 요14:16~17

3) 요14:25~26

람에 대한 기록을 찾았다.

'근데 이 사람하고 나하고 무슨 상관이지? 꿈에서 가르치는 대로라면 분명 이 사람하고 나하고 무슨 연관이 있는 것 같은데…….'

이때가 아침이라 책에 표시를 해두고 출근을 서둘렀다. 다시 퇴근하자마자 책을 펴고 읽어 내려갔다. 새벽에 찾아 표시해 둔 문구를 전후로 읽어 내려갔다. 관련 문구는 더 있었다.

「내가 아버지께로서 너희에게 보낼 보혜사 곧 아버지께로서 나오시는 진리의 성령이 오실 때에 그가 나를 증거하실 것이요」[4]

「그러하나 내가 너희에게 실상을 말하노니 내가 떠나가는 것이 너희에게 유익이라 내가 떠나가지 아니하면 보혜사가 너희에게로 오시지 아니할 것이요 가면 내가 그를 너희에게로 보내리니 그가 와서 죄에 대하여, 의에 대하여, 심판에 대하여 세상을 책망하시리라 죄에 대하여라 함은 저희가 나를 믿지 아니함이요 의에 대하여라 함은 내가 아버지께로 가니 너희가 다시 나를 보지 못함이요 심판에 대하여라 함은 이 세상 임금이 심판을 받았음이니라 내가 아직도 너희에게 이를 것이 많으나 지금은 너희가 감당치 못하리라 그러하나 진리의 성령이 오시면 그가 너희를 모든 진리 가운데로 인도하시리니 그가 자의로 말하지 않고 오직 듣는 것을 말하시며 장래 일을 너희에게 알리시리라 그가 내 영광을 나타내리니 내 것을 가지고 너희에게 알리겠음이니라」[5]

---

4) 요15:26

5) 요16:7~14

나는 나름대로 관련 내용을 종합해 요약해 보았다. 예수께서 생전에 언약했는데 보내기로 한 사람이 있다. 그 사람은 세상을 책망하고 오직 들은 것을 말하며 장래 일을 알린다고 했다. 더 요약하면 예수가 보내는 사람이 있는데 예수가 하는 말을 듣고 세상에 알린다는 의미이다.

그런데 내가 나의 일이라고 판단한 근거는 그가 와서 세상을 책망하리라는 대목이다. 이 세상이란 단어는 바로 내가 받은 예수의 말씀에서 가장 먼저 시작되는 중요한 단어이기 때문이다. 나는 나의 할 일을 이때 알았다. 내가 들은 말은 세상에 알리라고 한 말이었다. 그래서 문장의 주어가 세상이었다. 특히 확신이 가는 문구는

「내가 그를 너희에게로 보내리니 그가 와서 죄에 대하여 의에 대하여 심판에 대하여 세상을 책망하시리라」

였는데 이는 내가 들은 말과 연계하여 파악하면 쉽게 이해가 되었다. 나는 비로소 그렇게 알고자 했던 말씀의 의미와 관련된 의문들이 풀리는 것을 알았다. 내가 찾아낸 문구는 나의 입장에서 장차 해야 될 일을 알려주는 문구였다. 나는 이를 통해 알고자 했던 자신의 역할을 구체적으로 알게 되었다. 나의 일이 너무도 신기했다. 우선 마음속으로 예수 이분을 생각하며 감사했다. 그리고 다시 하나씩 자문을 하며 확인했다.

'이것은 나에게 주어진 나의 고유 역할이 맞는가? 인간에 대한 사물의 역할이 그러하듯 원인 세계에 대한 인간의 역할은 주어지는 것이지 사람의 능력으로 선택하는 것은 아니다. 이러한 조건을 만족

하는가?'

나로서는 틀림없었다. 아무리 생각해도 분명 내가 할 일이었다.

'나에게 부여된 역할이라 틀림없이 해야겠지만 골치 아픈 일이구나.'

내가 아는 종교란 그랬다. 종교 문제로 많은 사람이 고생을 했다. 십자군 전쟁, 카시미르 분쟁을 비롯하여 수많은 문제가 발생했다. 종교의 역할이 인간을 위하여 있는 것인데 종교를 위하여 인간이 희생되는 경우가 많이 있었다. 아무 종교면 어떠냐, 인간이 종교를 위해 희생된다면 이것은 무엇인가 잘못된 것이다.

나는 결론을 내리기까지의 과정을 구분해 확인해 보았지만 틀림없었다. 내가 내린 결론을 부정할 수는 없었다.

모든 사람이 올바르게 살아가기 위해, 필요한 것이 무엇인가? 모든 사물이 계속 존속하기 위해, 필요한 것이 무엇인가? 여기 이 펜이 펜의 역할을 못 한다면 바로 버려질 것이요 여기 있는 종이가 종이의 역할을 못 한다면 쓰이지를 않을 것이다. 즉 모든 존재가 올바르게 존속하는 방법은 자기에게 주어진 존재 이유를 다하는 것이다. 내가 올바로 존재하기 위해서는 나에게 주어진 역할을 다해야만 한다. 그러나 나에게 주어진 역할은 전혀 뜻밖의 것이었다.

'나는 교회에 다니는 사람도 아니고 교인들이 말하는 세례를 받은 적도 없다. 교회에 가면 얼마나 유능하고 열성적인 사람들이 많은가? 그들에게 꼭 어울리는 사명이 아닌가? 나는 개인적으로 하고 싶은 일이 많다. 나의 특기는 연구다. 조개껍질 연구, 빛의 연구, 음식의 원리 등과 같은.'

나는 이후로 고민을 하게 되었다. 얼마나 자신의 역할을 알기 위해 애를 썼던가? 그러나 내가 찾은 것은 현실과는 먼 내용이었다. 나는 어떻게 해야 할 줄을 몰랐다. 어떻게 해야 되나? 그러나 대책 없이 시간만 흘러갔다. 일단 나는 나의 역할을 알았으니, 현실에 적극적으로 적응하고자 했다. 또 한편으로는 성경책을 읽으며 자신이 내린 결론에 대한 오류가 있는지 계속 파악했다. 성경책은 주로 신약을 중심으로 읽었는데 읽다 보니 재미도 있고 자주 읽었다.

하루는 책을 읽다 중요한 사실을 발견했다. 성경 문구를 해석하다 성경에 나와 있는 내용과 내가 찾아 정리해 갖고 있던 원리가 같은 내용임을 알게 되었다. 이 내용은 요한복음에 나온다.

「예수께서 행로에 곤하여 우물곁에 그대로 앉으시니 때가 제6시쯤 되었더라 사마리아 여자가 물을 길러 왔으매 예수께서 물을 달라 하시니 이는 제자들이 먹을 것을 사러 동리에 들어갔음이더라. 이때에 제자들이 돌아와서 예수께서 여자와 말씀하시는 것을 이상히 여겼으나 무엇을 구하시니이까 어찌하여 그와 말씀하시나이까 묻는 자가 없더라, 여자가 물동이를 버려 두고 동네로 들어가니, 그 사이에 제자들이 청하여 가로되,

"랍비여 잡수소서"

예수 가라사대

"내게는 너희가 알지 못하는 먹을 양식이 있느니라"

제자들이 서로 말하되,

"누가 잡수실 것을 갖다 드렸는가?"

예수께서 이르시되,

"나의 양식은 나를 보내신 이의 뜻을 행하며 그의 일을 온전히 이

루는 이것이니라".[6]

문구에서 '너희가 알지 못하는 먹을 양식'이란 단어가 나는 즉시 이해가 됐다. 이것은 자신의 역할을 다하는 것이 사람이 생존하는 올바른 방법이라는 결론을 알면 즉시 이해가 된다. 이는 결국 같은 의미이기 때문이다. 나는 나의 역할을 찾기 위해 존재와 관련된 여러 사실을 정리했는데 이와 유사한 내용의 문구가 많이 발견됐다. 나는 성경 문구를 나름대로 이해하고 해석했다. 다음은 마태복음 문장이다.

「그러므로 내가 너희에게 이르노니 목숨을 위하여 무엇을 먹을까 무엇을 마실까 몸을 위하여 무엇을 입을까 염려하지 말라 목숨이 음식보다 중하지 아니하며 몸이 의복보다 중하지 아니하냐 공중의 새를 보라 심지도 않고 거두지도 않고 창고에 모아 들이지도 아니하되 너희 천부께서 기르시나니 너희는 이것들보다 귀하지 아니하냐 너희 중에 누가 염려함으로 그 키를 한 자나 더할 수 있느냐 또 너희가 어찌 의복을 위하여 염려하느냐 들의 백합화가 어떻게 자라는가 생각하여 보라 수고도 아니하고 길쌈도 아니하느니라 그러나 내가 너희에게 말하노니 솔로몬의 모든 영광으로도 입은 것이 이 꽃 하나만 같지 못하였느니라 오늘 있다가 내일 아궁이에 던지우는 들풀도 하나님이 이렇게 입히시거든 하물며 너희일까 보냐 믿음이 적은 자들아 그러므로 염려하여 이르기를 무엇을 먹을까 무엇을 마실

---

6) 요4:31~34

까 무엇을 입을까 하지 말라 이는 다 이방인들이 구하는 것이라 너희 천부께서 이 모든 것이 너희에게 있어야 할 줄을 아시느니라 너희는 먼저 그의 나라와 그의 의를 구하라 그리하면 이 모든 것을 너희에게 더하시리라 그러므로 내일 일을 위하여 염려하지 말라 내일 일은 내일 염려할 것이요 한 날 괴로움은 그날에 족하니라」[7]

내가 경험했듯이 자신의 역할을 찾는 것이 우선 중요하다는 내용의 문구다. 존재를 위한 존재는 잘못된 것이고 자신에게 주어진 사명과 역할을 찾으라는 내용으로 이해했다. 다음은 요한복음 문구다.

「내가 내 자의로 말한 것이 아니요 나를 보내신 아버지께서 나의 말할 것과 이를 것을 친히 명령하여 주셨으니 나는 그의 명령이 영생인줄 아노라 그러므로 나의 이르는 것은 내 아버지께서 내게 말씀하신 그대로 이르노라 하시니라」[8]

사명은 스스로 선택한 것이 아니고 부여되었음을 의미하며 역할을 다하는 것이 올바른 삶의 방법임을 언급한 내용으로 나는 해석했다.

나는 성경 내용을 계속 파악하며 나름대로 해석하다 보니 그동안 의문을 가졌던 내용이 하나씩 이해되는 경험을 했다. 동정녀 마리아에 대한 내용이 이해되었으며 모세가 경험한 꺼지지 않는 불도

---

7) 마6:25~34

8) 요12:49~50

이해됐다. 홍해가 갈라져 사람이 그 속으로 걸었다는 내용도 이해됐다.

1983년 6월 20일 나는 사무실을 옮겼다. 기계공장 파견근무를 마감하고 본관 경리부 사무실로 자리를 옮겨 근무를 시작했다.

3
사명의 확인

　1984년 7월 나는 속이 아파 고생하고 있었다. 서울로 3개월간 연수 교육을 다녀왔는데 하루에도 몇 번씩 신트림이 나며 속에서 신물이 올라왔다. 시간이 지나면 괜찮겠지 하고 수일을 보냈는데 시일이 지날수록 악화되는 것이 이제는 식사 후 위의 통증까지 수반되었다. 물론 나는 원인을 알고 있었다. 새로운 교육환경에 적응 못 한 것이다. 처음 신트림을 하고 위의 부담을 느낀 것은 내가 교육 후 2개월이 지나서였다. 평소 약을 안 좋아하던 나는 일요일 푹 쉬기로 하고 숙소 내 욕조에서 목욕하고 잠을 충분히 잔 후 왜 속이 아픈지 곰곰이 생각해 보았다.

　우선은 아침 식사였다. 숙소는 서울 압구정동에 있었는데 숙소인들이 주로 사무직 위주로 되어있어 조식이 양식화되어 있었다. 빵, 우유, 요플레, 잼, 버터, 생선튀김, 야채 등이 나왔는데 식기도 나이프와 포크가 나왔다. 주식이 쌀밥에서 밀빵으로 갑자기 대체된 것이다. 그리고 뜨신 국물이 찬 냉장 우유로 바뀌었다. 다음은 점심이었다. 이것은 뷔페식이었는데 이용자가 마음대로 갖다 먹는 식이었다. 식사는 맛있었다. 교육 장소는 서울 광화문 소재 서울고등학교 부지에 있는 건물인데 이곳은 현대건설 해외 파견 근로자 교육 장소였다. 주로 중동 국가의 근무지에서 힘든 일을 해야 하는 건설 근로자에 대한 배려인 듯 식사 질은 좋았다. 나는 평소 점심 식사를 안 하고 잠을 자는 버릇이 있었는데 이때는 식사를 했다. 2개월밖에 안 되는 짧은 기간이지만 식생활의 변화가 주요 원인이라고 판단했다. 일단 나는 안심했다.

'이제 며칠만 있으면 교육이 끝나니 다시 울산으로 내려가면 괜찮겠지.'

그러나 나의 예상은 어긋났다. 교육이 끝나 울산에 복귀해도 시일이 지날수록 증세가 악화하였다. 나는 덜컥 겁이 났다. 이러다 만성화되는 것이 아닌가 하는 걱정이 들었다. 그리고 수일 후 나는 다시 곰곰이 생각해 보았다.

'내가 병이 나 아픈 것은 충분히 있을 수 있는 일인데, 앞으로 완수해야 될 사명이 있는 사람이 병으로 인해 할 일을 못 한다면 이것은 큰 문제다.'

나는 마음속으로 예수 이분을 생각하며 기도하는 마음으로 애원했다.

'장래 할 일을 위해 나는 아프고 병들어서는 안 된다. 병을 낫게 해주세요.'

수일이 지나 나는 이상한 꿈을 경험하고 병이 회복되었다.

꿈속에서 나는 목욕탕에서 뜨거운 물에 몸을 담그고 목욕했다. 땀을 많이 흘리고 갈증을 느낀 내가 어느 집에 들어가 바가지에 물을 얻어 마셨는데, 그 물맛이 참 좋았다. 목을 통해 꿀꺽하고 물을 삼키기도 전에 혀를 통해 물이 없어지는 느낌을 받았다. 탄산수였다. 사이다보다 탄산과 당도가 훨씬 떨어지나 물맛이 부드러우며 뒷맛이 시원했다. 신기하다고 생각하다 잠을 깼는데 꿈이었다. 꿈을 깨고 나서도 신기한 맛이 입안에 느껴질 정도였다.

'물맛이 신기하구나! 다음에 기회가 주어진다면 기존의 판매되는 사이다를 보완해서 내가 경험한 탄산음료를 만들어 보았으면 좋겠다.'

며칠 후 속이 회복된 나는 속으로 판단했다.

'사람이 자기 할 일을 할 때까지는 어떡하든 사는구나!'

그리고 나는 또 걱정했다.

'사물도 마찬가지겠지만 자신의 역할을 알고 이를 행하지 않으면 분명 해가 따르기 마련인데 이를 어떡하나?'

이번 일도 그 일환이 아닌가 하는 생각이 들었다. 내가 자신의 역할을 알면서도 구체적인 실천 계획을 세워 추진하지 못한 것은 나름대로 여러 가지 이유가 있었다.

첫째는 객관성의 결여였다.

내가 자신의 역할을 찾았지만, 이것은 어디까지나 주관적인 본인의 판단이지 객관적인 제삼자의 평가나 판단인 것은 아닌 것이다. 즉, 본인만이 아니라 누가 봐도 명백한 근거가 필요했는데 나의 판단으로는 계속적인 확인과 보완이 요구되었다.

둘째는 안일한 자세였다.

내가 역할을 파악하고자 했을 때는 사막에서 물을 찾는 사람처럼 갈급한 심정이었으나 일단 자신의 역할을 알고 나자 나는 안심이 되고 실행하는 것은 급히 서두르지 않아도 된다는 본인 위주의 안일한 자세가 되었다.

셋째는 바쁜 업무였다.
전과 달리 공장에서 파견근무를 마치고 본관 사무실로 근무지를 옮기자 업무가 많았다. 부서 분위기가 회사에서 저녁 식사를 하고 퇴근하는데 거의 매일 잔업이었다. 밤늦게 퇴근하는 경우가 많았다. 며칠씩 연속으로 철야도 했다. 휴일도 출근해 근무하는 경우가 많았다. 업무가 바쁘다 보니 시간은 정신없이 흘러갔다.

내가 근무하는 부서가 신설 부서라 그런지 하는 일이 많았다. 우선 생산성 분석자료, 주요공사관리, 비용예실대비자료 작성이 많았고 얼마 후 시작된 것이 연간사업계획 편성 작업이었다. 사업계획이란 회사의 차기년도 운영계획을 편성하는 작업인데 이의 실질적인 내용은 손익목표 금액을 확정하는 것이었다. 금액이 정해지면 이를 자료화하여 경영층의 재가를 받아 공문으로 현대그룹 종합기획실로 통보했다.
이런 자료 작성 시 처음부터 수작업으로 작성했는데 제일 먼저 시작되는 작업이 양식을 그리는 일이었다. 자를 대고 플러스 펜으로 선을 긋고 정서를 했다. 보고한 후 숫자를 확정했는데 주어진 일정 내에 처리해야 하기 때문에 일이 많았다. 또 일정 준수를 위해 철야 작업을 하곤 했는데 나는 이때 원가 일을 많이 배웠다. 수주, 매출,

매출원가, 손익, 비용 내역, 재료비, 노무비, 경비, 추정손익계산서, 인력운용계획,기술개발, 시설투자, 영업외 비용 등에 대한 월별 내역과 산출내역으로 구분되고 총괄표 내용이 월별로 구분되어 작성했는데 일이 많았다.

철야 작업도 하는 업무 분위기에서 잔업은 당연했다. 보통 밤 9시에서 10시경에 팀원 모두 걸어서 퇴근했는데 사무실에서 정문까지 2km 되는 거리였다.

그러나 이때까지 나는 원가의 성격이나 업무를 확실하게 몰랐었는데 내가 이를 알 수 있는 경험을 하게 된 것은 1986년 3월이었다. 이때 환율변동이 크게 있었다. 일본의 엔화 가치는 올라가고 미국의 달러 가치는 하락하는 일이 일어났다. 당시 일본은 수년간 엔화 저평가, 높은 생산성을 바탕으로 수출을 비약적으로 증대시키면서 높은 경제성장을 이룩했다.

그러나 미일 무역에서 막대한 적자를 본 미국 및 유럽 등 선진국들로부터 압력이 심화되자 일본이 미국, 유럽과 무역마찰을 해소하기 위해 달러화 가치를 인하하기로 동의하였다. 이에 1985년 9월 22일 뉴욕에서 미국, 일본, 영국, 프랑스, 서독 등 5개 선진국 G5 재무상들이 달러 가치를 내리기 위해 공동 노력할 것을 합의 한 바 있었는데 당시 1달러당 238엔이던 엔화의 가치가 꾸준히 상승하여 1986년 2월 10일 달러당 190엔선까지 20%나 상승한 상황이었다. 1986년 현대엔진 사업계획 편성 시 기준환율이 달러당 890원 엔화는 410원이었는데 1986년 2월 말 실적환율이 달러당 884.20원 엔화당 487.70원으로 달러는 0.7% 하락하고 엔화는 19.0% 상승하였다. 그리고 예상대로라면 연말까지 달러는 860원, 엔화는 550원으로 각각

3.4% 감소하고 34.1%의 상승이 예상되었다.

원가팀에 비상이 걸렸다. 수일간 철야 작업을 하며 자료를 작성했는데 환율변동에 따른 월별비용을 파악하고 이에 따른 매출과 매출원가를 산출하여 궁극적으로는 1986년 손익 금액을 추정하였다. 결과는 적자였다.

경영층에 이의 내용이 보고되자 난리가 났다. 이의 내용은 나를 비롯한 주위 사람이 이해할 수 없는 상황이었다. 그것은 과부하일 정도로 생산 물량이 많은데 물량이 많으면 당연히 이익이 발생하는 것이 보통 사람들이 갖고 있는 상식이었다. 영업부, 생산부 담당자 모두 이의 보고결과를 이해할 수가 없었다.

"아니 수주와 생산 물량이 이렇게 많은데 무슨 적자야 이게 말이나 돼?"

그러나 사실이었다. 당시 현대엔진에서는 부품 생산용 강괴를 일본 고베스틸사에서 수입하는 등 일본에서 원자재 및 부품을 널리 수입해 사용했는데 환율상승으로 인해 비용은 상승하는데 매출은 달러화로 계약되어있어 달러화 하락에 따라 매출 금액은 감소하는 것이었다. 엔진을 생산하는 기간이 일 년 정도 소요되는데 엔진 계약을 해 놓고 보니 원자재 가격은 폭등하고 수입은 줄어드는 이중으로 손해를 보는 그런 상황이었다. 원가에서 판단 결과 이런 추세라면 생산량이 많을수록 손실 폭이 더 증대되는 것이었다. 이는 완전히 상식 밖의 일이었다. 경영층에 이런 내용을 보고하니 위에서는 이런 내용을 쉽게 신뢰할 수 없었다. 최종적으로 이의 내용을 판단하기로 하고 일정을 세웠는데 수일 후였다.

수일 뒤 원가에서는 팀장을 중심으로 자료를 면밀히 확인하고 부족한 부분을 보완하여 중역실로 자료를 들고 올라갔다. 이때 시각이 밤 10시경이었다. 보고를 받는 중역은 서울사무소에 근무하고 있던 이익치 전무였다. 이분은 서울에서 S대를 나와 1969년 현대건설에 입사하여 그룹 총수 비서실에 근무했던 사람인데 목소리가 맑고 컸다.

나는 서류를 들고 팀장을 따라 동행했는데 모두 4명의 인원이 서류를 들고 본관에 있는 중역실로 들어갔다. 이 전무는 자료를 보기 전에 팀장에게 문제점을 제기했다.

"엔진 국산화율이 얼마나 되지?"

"네, 75%에서 78% 됩니다."

"국산화율이 왜 이렇게 낮아 이유가 뭐야?"

"터보차저 같은 주요 부품의 개발이 안 되어있고 베아링, 밸브 같은 부속 부품들이 일부 국산화 추진이 안 되고 있는데 이는 국내 중소업체의 소재 산업이 외국에 비해 떨어져 있고 특히 열처리 부문이 낙후되어 있어 국내기술로는 제작이 불가한 일부 부품에 대해, 수입해야 하는 것이 현실입니다. 그러나 향후 개발계획에 따라 설계, 자재구매 등 관련부서에서 국산화 추진을 하고 있어 수년 내 개발이 예상되고 있습니다."

이 전무는 팀장과 팀원 모두에게 부품 국산화를 강조하며 85% 이상은 유지해야 국제시장에서 경쟁이 가능하다며 누누이 설명하고 보고 서류를 검토 후 결재했다.

엔진 국산화율은 1984년 초 65~70% 정도였다. 그러나 1984년 말 크랑크샤프트의 생산과 1985년 선박용 프로펠라 공장을 준공하여 일본 고베제강 회사와 기술 제휴해 프로펠라 생산에 들어갔다. 따라서 엔진 국산화율도 높아졌는데 그것이 75~80% 수준이었다.

서류를 들고 본관에서 구본관으로 팀장을 따라 발걸음을 옮기던 나는 원가에 대해 생각했다.

'원가부서 일이 정말로 중요하구나! 수일간 철야를 하며 자료 작성을 한 보람이 있구나.'

이때 나는 엄청난 경험을 했다. 원가 업무가 상당히 중요하다는 판단과 실적보다는 추정 실적이 더욱 중요하다는 결론을 이때 경험했다. 왜냐하면 추정 실적은 조정이 가능하지만, 실적은 조정이 불가하기 때문이었다. 나는 원가 업무를 잘해야겠다고 결심하며 마음속으로 팀장이 자랑스러웠다. 팀장은 현대중공업 원가관리부에서 현대엔진 경리부로 전출와 원기팀을 총괄하고 있었는데 이때는 원기팀 소속이 생산관리부로 있었다. 이분 성함은 김남균 차장이다. 나는 이분 때문에 업무를 많이 배웠다. 이분은 부산에서 동아대를 졸업한 전형적인 현대맨으로 고교 시절 웅변반에서 웅변을 배운 영향인지 업무를 파악할 때 항상 말을 만들어 또는 스토리를 만들어 흐름을 파악했다. 수일 후 적자 예상에 따른 관련 부서 비상대책 방안 수립과 수정 사업계획을 편성한 것은 말할 것도 없다.

실제로 연말 결산 결과 1986년 경영실적이 매출 1,650억원에 순이익 2.7억이 발생했는데 1985년 매출 1820억 순이익 18억 1984년 매출 1760억 순이익 47억과 비교하면 매출액과 순이익이 상당히 떨어짐을 알 수 있다.

이때 나는 쉬는 날이면 등산을 다녔는데 사내 산악회에서 등산할 때 같이 등반하였다. 산악회에서는 두 달에 한 번 정도 원정등반을 하였는데 전국 명산을 대상으로 관광버스를 빌려 이동하며 잠시 회사라는 조직 관계를 떠나 사우로서의 인간관계를 넓힐 수 있는 좋은 기회이기도 했다. 보통 등산하는 사람들은 '산이 나를 부른다', 또는 '산이 거기 있어 내가 오른다'라는 둥 멋있는 표현을 하지만 내가 등산하는 것은 건강을 위해서도 산이 멋있어서도 아니었다. 가만히 혼자 있으면 자꾸 골치 아픈 생각을 하게 되니까 생활의 변화를 가져본 것이다.

한번은 지리산 천황봉을 오르던 날이다. 이날은 날씨가 흐려 구름이 많았는데 정상 가까이 오르자, 힘이 들었다. 잠시 휴식을 취하며 아래를 내려보던 나는 감탄을 했다. 산 아래 구름이 흘러가고 그 구름 아래 산봉우리가 보이는데 다시 그 산봉우리 아래 많은 구름이 보였다.

'야! 정말 높이 올라왔구나! 그런데, 이 높은 산에 내가 왜 올라왔지?'

나는 할 말이 없었다. 처음에는 모르고 시작했지만, 등산을 하며 느끼는 것은 이상하게 끊임없는 자신과의 대화였다. 그리고 귀결되는 것은 언제나 자신의 존재 이유였다. 그러나 고생 끝에 찾아낸 나의 역할은 나의 판단으로 나에게는 비현실적이고 실현 불가한 것이었다. 그래서 그런 생각을 떨쳐버리려고 이 높은 곳까지 올라왔다는 생각이 들었다.

내가 산행을 결심하게 된 것은 행글라이더 훈련 때문이었다. 1982년 11월 말 사명을 알고 나자 그동안 이를 알기 위해 고민하고 애태우던 경험을 떨쳐버리기라도 하듯 나는 사람들과 어울려 야외로 나갔는데 이때 처음으로 시작한 것이 행글라이더 훈련이었다. 이는 산기실에 근무하는 김인성을 통해서 알게 되었는데 김인성은 서울 마포 사람으로 서울에서 단국대를 졸업한 사람이다. 그는 운동을 좋아했는데 수영, 축구, 족구 등 주로 과격한 운동을 했다. 같은 서울 사람이라 그런지 말하다 보니 서로 잘 통하고 또 알고 보니 나의 친구가 이 사람의 대학 선배였다. 나의 친구는 조정이라고 해서 배를 타고 노를 저어 한강을 운행하며 운동을 했는데 이때 김인성이 친구와 같이 조정운동을 했다. 서로 대화하다 보니 김인성이 나에게 같이 가자며 권고한 것이 행글라이더 훈련이었다. 장소는 좌천 달음산에 있는 한 목장이었는데 소를 방목하고 있었다. 훈련 장소까지는 울산에서 시외버스를 타고 가면 좌천이 나오고 여기서 다시 목장까지 걸어서 이동했는데 한 시간이 걸렸다. 처음 방문했을 때는 1983년 봄이었는데 나로서는 가슴이 트이고 머리도 맑은 것이 아주 좋았다.

같이 간 일행 중 서울 사람들이 많았는데 이들은 현대중공업에 근무했다. 나는 이들과 나이도 비슷하고 흉허물없이 잘 어울렸다. 이때 팀장은 송진석이었는데 이 사람의 지휘를 받으며 훈련을 받았다. 초보자는 비행 전에 글라이더 날개를 펴 손에 글라이더를 들고 육상에서 질주하는 훈련을 받아야 한다. 나도 이 훈련을 받았다. 글라이더는 6대 있었는데 창단 회원들이 준비한 것이었다.

나는 신기하기도 하고 넓은 풀밭에서 뛰며 훈련을 받고 맑은 공기 속에서 하루를 보내니 건강에도 좋았다. 고지에 올라 글라이더를 이륙시키며 나는 긴장했는데 이는 공중에 떠 있는 비행자나 땅 위에 있는 대기자나 모두 안전 비행을 기원하며 기체를 공중에 띄우기 때문이었다. 기체는 계곡 바람을 타고 순식간에 하늘로 올라 비행하며 낙하했는데 마음이 조마조마해지며 마치 내가 비행하는 듯한 긴장감을 느꼈다. 기체가 저 아래 저수지에 무사히 착륙하는 것을 보고 탄성을 지르며 저수지를 향해 뛰어 내려갔다. 이때 비행자는 상병준인데 이 사람이 자랑스러웠다. 어떤 경우에는 기체가 저수지에 빠져 고생을 했는데 다행히 물이 깊지 않아 비행자가 비행복인 하네스를 벗고 글라이더를 잡아 손으로 끌고 물 밖으로 나왔다. 이런 상황에서 나는 잡념이 없었다. 글라이더가 공중에 뜨면 모든 상념이 기체에 집중하여 그동안 갖고 있던 잡념이 사라졌다.

그러나 이 훈련을 계속 받을 수는 없었다. 목장에 풀싹이 돋는 늦은 봄 우리는 훈련을 중단하고 목장에 출입할 수 없었는데 이는 풀이 자랄 때 사람 발에 밟히면 풀이 안 자라기 때문이었다. 우리는 풀이 마르는 늦은 가을이 되면 서로 연락하여 다시 훈련을 계속하였다. 나는 비행을 안 했어도 사람들과 어울리는 분위기를 좋아했다. 그리고 1985년 이른 봄 목장에 불을 내는 바람에 사용이 금지되어, 훈련을 받을 수가 없었는데 나는 이의 대체 방안으로 모색하게 된 것이 등산이었다. 왜냐하면 우선 버스를 타고 산을 오르고 하는 과정이 비슷하기 때문이고 또 넓은 세상을 구경하는 멋도 있기 때문이었다. 겨울 등반도 다녔는데 요령을 몰라 고생하기도 했다. 눈이 내리는 소백산을 신발에 차는 안전 도구인 아이젠 없이 올랐다가 고생하기도 했다. 특히 희방사 언덕길을 내려오며 고생을 했다. 설악산, 속리산 등 명산을 등산하며 내가 느낀 것은 이상하게 자신과의 끊임없는 대화였는데 이는 계속 걷기만 하는 단조로움 때문인 것 같았다. 그러다 보니 나는 대열에서 벗어나 자주 뒤처지곤 했는데 등반대장은 나를 선두에 세워 등반하기도 했다. 등반대장은 오래된 경험이라며 나에게 말했는데 일행을 뒤에서 따라가기보다 앞장서 가면 힘이 덜 들고 지치지 않기 때문이라고 했다.

천황봉 정상에 거의 다 올라가니 이상하게 불에 타 쓰러진 아름드리 고목이 많이 있었다. 밑둥이 불에 탄 나무도 있었지만, 어떤 경우는 사람 허리가 부러지듯 나무 기둥이 꺾인 그런 나무도 있었다. 일행의 말로는 빨치산 토벌 때 폭격을 받아 이렇게 되었다는 말도 있고 또 벼락을 맞아 불에 타 이렇게 모습이 변했다는 설명도 있었다. 나의 느낌으로 나무는 처참하게 쓰러져 있었다. 사람으로 비유하면 시체들이 썩지도 않고 불에 그을린 채 서 있기도 하고 바닥에 반신불구로 쓰러져 있는 그런 형국이었다. 나는 이상한 생각이 들었다.
'어쩌다 이렇게 되었지 안됐구나!'
그러나 내가 다시 느끼는 것은 원인이야 어떻든 나무가 제 역할을 못 하고 안타깝게 죽었으면 자연으로 돌아가 자신의 역할을 찾아야 하는데 이것은 뭐냐? 하는 생각이 들었다. 사람으로 치면 시신이 썩지도 않고 형태를 유지하고 있는 모습이었는데 상당히 괴기스러웠다. 이는 불에 타 숯으로 변해 탄화되다 보니까 썩지도 않고 그대로 형체가 유지되고 있는 것이었다. 사람으로 치면 생명은 끝났어도 육신이 죽지 않고 형체를 보존하고 있는 형국이었다.
'끔찍하구나, 어떻게 이런 일이 다 있지!'
문득 나는 자신의 처지를 생각했다. 이러지도 저러지도 못하는 자신의 처지가 나무처럼 느껴졌다. 죽어도 썩지 못하는 나무나 알아도 실행 못 하는 자신이 같은 처지로 느껴졌다. 천황봉 정상에 올랐으나 구름이 앞을 가려 멀리 볼 수는 없었다. 바람이 세게 불어 빨리 내려가야겠다는 생각이 들었다. 하산 길에 장터목 산장에서 물을 받아, 취사했는데 이상하게 불에 타 쓰러져있는 괴목이 떠오르며 어떡하든 나의 역할을 추진해야겠다는 생각을 했다.

내가 고민하는 것은 분명 나의 역할은 맞는데 현실을 돌아보면 너무도 안 맞는 것이었다. 그러면 이런 사정을 누군가와 상담한다든가 의논을 하여 문제를 풀어야 하는데 내 주변에는 마땅한 상담자가 없었고 또 상담할 수 있는 내용도 아니라고 판단했다. 그러나 죽지도 못하는 나무를 보고 어떠하든 다시 추진해야겠다는 생각을 갖게 되었다.

'그러나 현실적으로 이런 일을 누구에게 이야기해 상담하지?'

막막했다. 입장을 바꿔 다른 사람의 위치에서 나 자신을 판단한다면 이건 말도 안 되는 내용이란 생각이 들었다. 등산이란 것이 결국 자신을 찾아가는 것이구나 하는 생각을 이때 하게 됐다. 무슨 좋은 방법이 없을까 하고 생각했지만, 해결 방법이 없었다. 자신의 판단을 객관적인 입장에서 옳고 그름을 평가해 줄 사람이 누구냐고 자문했지만, 묘안이 없었다. 그러다 마침내 좋은 방안을 강구해 냈다. 역할을 알게 되기까지 나의 경험과 판단 그리고 근거를 정리하여 먼저 화정동 교회 목사에게 자문을 구해 이의 옳고 그름을 평가받는 것이었다. 그리고 속으로 이런 생각을 했다.

'나는 내가 생각해도 부족한 점이 많다. 이분이라면 공정한 평가가 가능하지 않겠느냐?'

그리고 막연하지만 내가 생각했던 것은 과거 예수 방문 이후 꿈에 보였던 목사라 이분이라면 명확한 판단을 할 수 있지 않겠느냐는 생각이었다.

1986년 10월 나는 화정동으로 먼저 뵈었던 목사를 찾아갔다. 교회는 과거 2층 건물에서 조금 떨어져 이주해 있었다. 교회 본당과 생활하는 주택이 구분되어 있었으며 본당은 임시 건물이었다. 목사는 주택 거실에서 묵상하고 있었는데 인사하고 용건을 말했다.

"목사님 안녕하십니까? 저는 전에 정광문 씨와 함께 목사님을 뵈었던 사람입니다. 목사님께 자문을 구할 일이 있어, 이렇게 찾아왔습니다."

"그래! 잠깐 기다리게 내가 묵상하던 것이 아직 끝나지 않았는데 잠깐이면 되네."

얼마 후 묵상을 끝내고 나에게 다가온 목사는 반가워하며 말했다.

"마침, 선친 생각을 하고 있었는데 자네가 왔지 뭔가! 그래, 그동안 잘 지냈는가?"

"예, 목사님 잘 지내고 있습니다. 사실 상담드릴 일이 있어 이렇게 찾아왔습니다. 여기 이 자료를 보시고 내용이 맞는지 판단을 좀 해 주십시오."

나는 미리 준비한 자료를 목사에게 건넸는데 목사는 즉시 자료를 읽어 내려가기 시작했다. 내가 처음 목사를 뵙고 5년이 지난 지금 드디어 찾고자 하던 바를 찾아 그간의 경위와 결론과 근거 등을 정리하여 자문을 구하는 것이다. 나는 마음이 숙연해지며 한편 홀가분한 느낌도 받았다. 나는 마음을 돌리며 준비해 간 과일을 과도로 깎으며 생각했다.

'어쩌다, 내가 이 지경까지 왔는가?'

자료를 다 읽고 난 목사는 말이 없이 무엇인가 한참 생각하는 자세였다.

"목사님, 어떻습니까? 혹시 제가 실수라도 하지 않았습니까?"

나의 물음에 목사는 전혀 엉뚱한 질문을 했다.

"자네 이름이 무엇인가?"

"예! 김, 진, 석입니다."

"음, 본관은 어디인가?"

나는 이상한 생각이 들었다. 성경에 기록되어 있는 보혜사가 나의 역할인지 여부를 묻고 있는데 목사는 이에 대한 대답은 안 하고 이상한 질문을 했다. 본관이란 시조가 난 곳을 말하며 보통 성자 앞에 지역명을 넣어 "경주 김가입니다" 라는 식으로 이야기한다. 그런데 왜 이런 질문을 하나 하는 생각이 들었지만 나는 대답할 수밖에 없었다.

"네, 강원도 강릉입니다."

"그래, 부친 함자는 어떻게 되는가?"

"네, 남녘 남자, 벼슬 경자입니다."

"그래, 자네 이름은 어떻게 쓰는가?"

"보배 진자, 주석 석자입니다."

"그래, 나도 본이 강릉이고 이름은 떨칠 진자를 돌림자로 쓰고 끝자가 빛날 화자이네."

"아! 네 목사님, 반갑습니다."

나는 다시 한번 목사에게 목례하며 자세를 바로 했다. 목사와 나는 동성동본에 같은 항렬의 친족이었다. 목사는 나와 통성명을 한 것이다. 다시 대답을 기다렸지만, 이상하게 목사는 말이 없었다. 먼저 일을 생각하며 조용히 기다렸지만, 이번에는 이상하게 말이 없었다. 나는 속으로 생각했다.

'왜 가타부타 대답은 안 하고 통성명만 하시는 것일까? 대답하기 곤란한 것 아닌가? 누가 되면 안 되니 그만 가봐야겠다.'

나는 이해가 안 되었다. 질문하는 사람에게 답변은 없고 이름을 상세히 물어보고 또 본인의 함자를 일러주었다.

"목사님, 저 그만 가보겠습니다."

"그래? 자네가 가기 전에 내가 꼭 한마디만 하겠네, 이 말은 생전에 예수님께서 제자들에게 들려주신 말씀인데 내가 다시 자네에게 해 주겠네, 그것은 어디 가서 예수님의 말씀을 전할 때 무엇을 말할까? 어떻게 말할까? 걱정하지 말라는 것이네, 왜냐하면, 예수님께서 함께하시니 걱정하지 말고 자신 있게 말하라는 것이네, 무슨 말인지 알겠는가?"

"네! 알겠습니다. 목사님, 감사합니다."

나는 뜻밖의 말을 듣고 기뻤다. 목사는 나에게 예수의 말씀을 빌려 말하기를 나의 판단이 옳다는 평가와 함께 다른 사람에게 자신 있게 말해도 좋다는 인정을 한 것이다. 고마웠다. 내가 일어나 방문을 열고 밖으로 나오자, 목사는 일부러 자제분을 불러 나에게 소개하며 인사시켰는데 자제분은 군인 신분으로 육군 장교 복장을 하고 있었다.

"김진석입니다, 반갑습니다."

"목사님, 감사합니다. 안녕히 계세요."

그날 저녁 낮에 있었던 일을 곰곰이 생각하며 나는 목사에게 다시 한번 마음속으로 감사를 했다. 그분은 나의 결론을 인정하고 한 발 더 나아가 장래에 예상되는 구체적인 문제점과 이의 해법까지 말해준 것이다. 그러나 나는 다시 생각했다.

'무엇을 말할까? 어떻게 말할까? 걱정하지 말라고 말했는데 현실적으로 문제가 있다. 나는 회사에서 원가 일을 하는 사람이다. 어떻게 다른 사람에게 근거 없이 함부로 말을 할 수 있겠는가?'

'나는 오직 내가 할 일, 내가 들은 말만 전하도록 하겠다.'

나는 속으로 굳게 다짐했다. 그러나 막상 실행 방안을 준비하자니 주저됐다. 다시 한번 경험과 과정을 전체적으로 확인하며 잘못된 것은 없는가 찾아보았다. 우선 내가 정리한 존재원리였다. 이것은 내가 부정할 수 없었다. 그렇다면 이 존재원리에 근거하여 내린 결론은 원칙적으로는 옳은 것이다. 수일 후 나는 몇 번이고 자문을 하다 드디어 객관적으로 이상한 점을 발견하였다.

첫째는 내가 예수를 보았을 때 분명 꿈은 아니었다. 그렇다면 현실인데 왜 다른 사람들은 이분의 모습을 못 보았느냐 하는 의문이었다.

나는 분명 현실감각에 의해서 경험했는데 그렇다면 전체적으로 보았을 때 모순이 있었다. 나는 분명 현실적으로 이분을 보았고 다른 사람들은 아무도 이분을 본 사람이 없다. 만약 보았다면 신문이나 방송에 나오기도 전에 동네에 야단법석이 났을 것이다. 그렇다면 분명 무언가 잘못된 것이다. 명백하게 객관성이 결여된 것이다. 다른 사람들이 못 보았다면 내가 무언가 잘못된 경험 또는 꿈을 갖고 판단한 것이 틀림없다. 그렇다면 나의 경험은 착시나 착오라는 결론인데 제삼자에게 객관적으로 이 부분을 어떻게 설명할 수 있는가?

둘째는 아무래도 이 역할을 수행하기에 나의 자질이나 자격이 부적합했다.

부친은 절에 다니셨고 모친도 절에 다니는 것은 아니지만 기독교와는 전혀 상관이 없었다. 어릴 적 경험으로는 성탄절 새벽에는 앞집을 방문한 성가대의 찬송가를 들었고 석탄일 새벽에는 부친이 절에서 가져온 제수 음식을 먹었다. 내가 갈망하며 추구했던 것은 결코 종교가 아니었다. 인간으로서 사람으로서 생존 가치를 찾고자 했다. 사람으로서 당연히 알아야 할 자신의 존재 이유를 알고 이를 행하고자 했던 것이다. 교회 신자도 아닌 사람이 종교 일을 한다는 것은 현실적으로 불가한 일이다. 제삼자에게 객관적으로 이 부분을 어떻게 설명할 수 있는가?

나는 공업고등학교 기계공작과 출신으로 고교 졸업 후 바로 취업이 되어 제병공장 제병원, 금형공장 검사원, 기계공장 공정관리 경력에 현재는 생산관리부에서 원가 일을 하고 있다. 나는 자신에 대해 판단했다.

'나의 학력과 경력을 기준하여 객관적으로 냉정하게 판단할 때 나에게 이 일은 절대로 어울리지 않는다. 무언가 잘못되지 않았느냐?'

내가 사회봉사를 위해 발 벗고 나선 적고 없었고 어쩌다 교회에 가본 적은 있었지만 신자 자격을 획득한 것도 아니었고 늘 생활하기에 바빴었다. 객관적으로 주변을 보면 내가 근무하는 부서에도 독실한 기독교 신자가 있는데 이들은 대개 술, 담배를 안 했다. 이들은 성실하게 생활하며 주위에 모범이 되었다. 나는 판단했다.

'내가 찾은 일은 저런 모범적인 사람들에게 어울리는 일이 아닌가? 주위 사람에게 내가 종교 일을 한다면 누가 곧이 듣겠는가? 이

것은 모순되지 않느냐? 제삼자에게 이 부분을 객관적으로 설명할 수가 없다.'

많은 시일이 지나도록 해답을 구했지만 이를 알 수는 없었다. 또 이런 내용을 갖고 다른 사람에게 상의할 수 있는 일도 아니었다. 나 자신이 아는 것과 타인에게 이를 주장하고 설명하는 것은 큰 차이가 있었다.

마침내 다음과 같은 결론과 대안을 세웠다.

'상기 두 가지 의문 사항에 대해 현재 해답을 구할 수는 없다. 그러나 내가 내린 결론이 맞는다면 분명 원인 세계에서 이의 해명을 해 줄 것이다. 만약 가르쳐 주지 않는다면 내가 내린 결론이 잘못된 것이고 부여된 역할을 안 하면 된다. 나 자신을 통해 원인 세계의 기능을 검증하도록 하자 검증된 사실을 갖고 다른 사람에게 말해야 신뢰를 얻을 수 있다.'

나의 추정 근거는 이랬다. 사람이 책상을 만들어 책상의 기능효과를 보고자 할 때 책상이 제 기능을 발휘하지 못한다면 정상 기능을 발휘할 때까지 사람은 책상에 대해 수리 또는 보완을 할 것이다. 그래도 못 한다면 폐기 처분을 하든지 다른 제품으로 대체할 것이다. 그렇다면 사람과 원인 세계의 관계도 동일하다. 사명을 부여받은 사람이 나름대로 문제가 있어 역할수행을 못 한다면 어떤 형태로든 원인 세계에서 문제 해결을 해 줄 것이다. 만약 해명이 없다면 나는 역할수행을 안 해도 되는 명분이 생기므로 역할수행을 안 하면 되는 것이다. 그러나 원인 세계로부터 해명을 받고도 역할을 안 하거나 시기를 미룬다면 자신의 역할을 포기하거나 태만한 것이다. 나는 해명을 받을 때까지 기다리기로 했다. 그리고 나는 해명의 조건을 생각했다. 그것은 내가 해명을 구하려고 일부러 노력하지 않는다는 것이었다. 노력하여 해명을 구한다면 인위적인 것이지 원인 세계로부터 부여된 것이 아니기 때문이다. 내가 노력 안 해도 당연히 부여되고 해명되는 것 이것이 진정한 원인 세계로부터의 교통이고 내가 내린 결론에 대한 명백한 검증인 것이다. 그리고 나의 마음 한구석에는 분명 이 일은 나 혼자만의 개인적인 문제가 아니고 크게 보면 인간에 대한 문제였다. 작게 보면 나 자신과 예수 이분과의 문제이지만 크게 보면 인간과 인간을 창조한 원인 세계와의 문제인 것이다. 만약 이의 검증이 실현된다면 내가 알고 있는 원인 세계의 역할은 인간 창조, 역할 부여 기능 외에 지도 관리 기능까지 추가되어야 한다. 나로서는 원인 세계에서 해주는 해명을 기다리는 수밖에 없었다.

4
푸른 파도

　1988년 3월 16일 오전 10시경 H엔진 파업농성장인 본관 건물 5층 옥상에서 확성기 소리가 미포만을 향해 우렁차게 울렸다. 얼마 후 앵~하는 사이렌 소리도 들렸다.

　"민주 노조를 갈망하는……, 민주 노조를 갈망하는……, H중공업 노동자 여러분, H중공업 노동자 여러분, 금일 오전 10시 20분경, 금일 오전 10시 20분경, 권용목 엔진노조 위원장이, 권용목 엔진노조 위원장이, 회사 측과 협상 도중, 회사 측과 협상 도중, 납치 구금되었습니다. 납치 구금되었습니다."

　방송이 끝나자 앵~하는 사이렌 소리가 5분 정도 지속되다 다시 확성기 소리가 울렸다.

　"민주 노조를 갈망하는……, 민주 노조를 갈망하는……, 이 사실을, 이 사실을, H중전기 노동조합에, H중전기 노동조합에, 급히 연락 바랍니다."

　확성기 소리는 바람을 타고 간헐적으로 끊어졌다 이어지며 사이렌 소리와 어우러져 지속되고 있었다. 옥상에선 시커먼 연기가 올라가고 있어 누가 봐도 무슨 일이 났구나 하는 긴장감을 주기에 충분했다. 본관에서 조금 떨어진 영빈관 아래 입구에 제일 먼저 도착한 사람들은 도장 일을 하는 중공업 현장 근로자들이었다. 이들은 작업처를 수시로 이동하기 때문에 자전거를 이용하여 공구 등을 실어 나르기도 했다. 이십여 명 되었을까? 처음에는 바라보기만 하던 사람들이 누군가 가보자고 말을 꺼내자 너도나도 자전거를 끌고 농성장을 향해 가까이 다가갔다. 이때 갑자기 봉고차가 나타나더니 안에서 건장한 몇 사람이 내려 이들을 제지했다.

"아저씨, 이쪽으로 가시면 안 됩니다."

"왜 못 가게 하는 겁니까?"

이들은 잠시, 실랑이를 벌이더니 일단 뒤로 물러나 원래 자리로 되돌아왔다. 그러나 이들은 흥분해 있었다. 잠시 어디론가 다녀온 이들 손에는 쇳조각 또는 강관 체결용 볼트, 너트가 들려있었다. 이들은 일정거리를 두고 봉고차를 향해 쇳조각을 던졌다. 이때 총무부 연 차장이 이들 앞을 막으며 두 손을 들어 크게 소리쳤다.

"여러분, 이러시면 안 됩니다, 참으셔야 합니다."

"이 사람 누구야? 저리 비켜."

분위기가 험악했다. 연 차장이 비켜나자, 이들은 봉고차를 향해 쇳조각을 던졌다. 일부는 바닥에 떨어져 둔탁한 음을 냈지만, 일부는 차체에 맞아 쾅 하는 굉음이 났다. 쇠 파이프를 손에 든 건장한 사람들이 차 밖으로 나왔다가 사태가 불리한 것을 판단하고 다시 차에 올라 타자 봉고차는 자리를 피해 어디론가 사라졌다.

우, 하며 사람들이 농성장 가까이 접근해 들어갔다. 이때 일부는

H중공업 현장으로 들어가 구호를 외치며 시위를 하자 사람들이 이에 동참하기 시작했다. 점심시간도 가까웠고 사이렌과 확성기 소리에 긴장되었던 노동자들은 일부 시위에 가담하고 일부는 농성 현장으로 접근했다. 시간이 지날수록 이들의 숫자는 늘어났다. 얼마 후 시위대는 H엔진 농성장인 본관 건물을 향해 움직였고 이들의 수는 수백 명으로 불어나 있었다.

이날 회사 측으로부터 노조에 중대 협상을 하자며 약속한 시간은 오전 10시였다. 이 시간에 권용목 위원장을 위시한 3명의 간사가 협상 장소인 본관 1층에 내려왔을 때 갑자기 청원경찰들이 몰려와 3명을 방석차에 태우고 구본관 건물로 갔다. 이들은 회의실에 있었는데 H중공업 근로자들이 몰려와 권 위원장을 내놓으라고 소란을 피우더니 3명을 데리고 밖으로 나왔다. 근로자들은 권 위원장을 등에 태워 걸으며 시위를 했고 다시 엔진 본관 건물로 올라가 농성 중이던 노조원을 모두 내려오게 한 뒤 H중공업 근로자들과 함께 농성 현장을 빠져나와 해산했다.

이날 저녁 늦은 시각 농성 현장을 정리하러 사원들이 본관 건물 내로 들어가 보니 모든 것이 엉망이었다. 전기와 수도, 외부와의 연락 등 모든 것이 단절된 상태에서 20여 일간 생활했으니, 모든 것이 말이 아니었다. 대변수칙이란 벽보가 눈에 띄었는데 반드시 소변을 먼저 보고 종이를 깔고 볼일을 본 후에 종이에 싸서 밖으로 투척하라는 지시였다. 단수 단전된 건물에 백여 명의 인원이 있었으니, 모든 방법을 동원했을 것이다. 5층 강당에는 노동해방이란 낙서가 적색 스프레이로 휘갈겨 쓰여 있었고 스티로폼 조각들이 정신없이 어지럽게 널려 있었다. 한겨울에 콘크리트 바닥에서 취침하려니 스티로폼이 필요했을 것이다. 본관 건물은 바닷가에 가까이 있어 늘 해풍이 세게 불어 체감온도가 많이 떨어졌다. 가족들과 함께하는 보금자리와 따뜻한 음식이 그리워지는 밤에 한두 명도 아닌 수십 명이 무엇 때문에 생고생하면서 이런 농성을 했는지 알 수가 없었다. 이들은 회사 동료이고 산악회 회원이며 기우회 멤버다. 운동회 때 같이 응원하며 고락을 함께하던 동료들이다. 그런데 어쩌다 이 지경까지 왔는지 모르겠다.

내가 권 위원장과 처음 만난 것은 5년 전 독서회 모임에서였다. 1982년 8월경 나는 사내 신우회에서 교육을 받다 보니 참석자들의 권유를 받고 교회 행사에 참석할 기회가 있었다. 이에는 부흥회라든가 저명인사의 초청 강연 등이 있었다. 시내에 있는 중앙교회에서 '천국이란 어떤 곳인가?'라는 제목의 저명인사 강연이 있어 참석했을 때였다. 강사는 김동길 교수라는 인사인데 내가 들어보니 조리 있게 강연은 잘했다. 내용은 천국을 바로 알기 위해서는 우리 현실을 먼저 잘 알아야 한다는 것으로 연사의 말이 끝나는 중간에 신도들의 감탄사가 연발되었다.

"오! 주여, 아멘!"

한두 사람도 아니고 동시다발적으로 여기저기서 감탄사가 연발되어 나는 이상한 생각이 들었다. 어떤 사람은 감격해서 울부짖다시피 하며 외치는데 애절한 생각이 들기도 했다.

그런데 나는 도대체 그들의 언행이 이해가 안 되었다. 강연이라는 것은 그 내용을 이성적이고 객관적으로 냉정하게 분석하여 옳고 그름을 판단해야 하는 것이 상식인데 이것은 그게 아니었다. 많은 신도가 감성적으로 강연을 듣는 것 같았다. 감탄사가 나올 정도면 강사의 말에 확신을 가졌다는 의미인데 어떻게 쉽게 확신을 했느냐는 의문이었다.

나는 자리가 영 불편했다. 강의 내용도 주제에 벗어나 있었고 특히 감격해서 부르짖는 신도들의 탄사가 어색하게 느껴졌다. 같이 참석한 이남헌 반장을 설득해 도중에 밖으로 나왔다. 버스를 타려고 걷는 동안 내가 느낀 바를 그에게 말했다. 이때였다. 이 반장이 불쑥 말을 꺼냈다.

"진석 씨, 현장 사람끼리 만든 친목 도모 서클이 있는데 같이 참석해 봅시다."

이 반장은 내가 교육받는 신우회 교육자였다.

그 말이 있고 한 달 정도 지났을 때였다. 연락을 받고 참석해 보니 처음 만나는 자리인 듯했다. 모임 운영방안도 없어 허술한 느낌을 받았다. 참석자는 조립공장, 산기철구공장, 품질관리부 직원이었고 사무직원은 나 혼자였다. 분위기로 보면 나는 맞지 않는 사람이었다. 참석자는 10여 명 되었는데 내가 아는 사람은 이 반장과 조립공장 사영운뿐이었다. 사영운은 내가 기계공장에서 공정 일을 할 때 업무와 관련된 사람이다. 성격이 활달하고 친절한 편이었다. 모임의 시작은 간단한 자기소개와 인사가 있었고 주로 사회자의 발언이 많았다. 앞으로의 계획, 모임방법, 운영방안에 대한 검토 및 당부 등이 있었고 일주일에 한 번씩 모이기로 하고 첫 모임을 끝냈다. 수일 후 나는 멋진 생각을 갖게 되었는데 이 모임을 프랭클린 자서전에 나오는 독서회 수준으로 만들자는 계획이었다. 인사고과로 최하 상여금 수령 후 나는 자신의 존재 이유를 찾아 독서를 하던 중 발견했던 두 가지 의문 사항이 있었다.

첫째는 벤자민 프랭크린의 성공비결이다.

이 사람은 미국 독립 당시 인물인데 인쇄공 등의 경험을 걸쳐 독학으로 성공한 사람이다. 보통 부와 명예를 동시에 이룩하기가 어려운데 이 사람은 이를 성취하였다. 그는 사회 여러 분야에서 재능을 발휘했는데 피뢰침을 발명했고 미국 독립선언문을 기초했으며 외교관으로도 활약하였다. 나의 판단으로 역사상 이렇게 다방면에 성공한 사람은 드물었다. 자연히 나는 이 사람의 성공 비결이 무엇인지 궁금해졌다.

둘째는 독일의 전쟁 수행 능력이었다.

이 나라는 1차 세계대전 패전 이후 베르사이유 조약으로 탄광 채굴권을 연합국에 뺏기는 등 최악의 경제난 속에서 20년 후 어떻게 유럽을 상대로 2차 세계대전을 일으켰냐는 의문이었다.

나는 독서를 통해 우연히 프랭클린의 성공 비결이 독서회에 있음을 알게 됐다. 즉 독서회를 통하여 현실개선 노력을 하는 도중에 성공하게 된 것이었다. 나는 나름대로 독서회 운영 방안을 기안했는데 이의 근거는 프랭크린 자서전이다. 이 책에서 그랬듯이 이 모임을 통해 구성원 스스로 배우고, 깨닫고 자신의 현실을 개선하도록 하는 것이었다. 나는 방안을 세웠다. 우선 토의 주제를 선정하고 사전에 발표하여 구성원 모두에게 알려 참석자는 이 주제를 소재로 관련된 내용을 파악한다. 내용 근거는 아무거나 좋다. 책, 신문, 잡지 등 모든 정보 매체가 가능하고 파악된 내용을 요약 정리하여 다음 모임에서 발표한다, 사회자는 모임을 주관하는데 매번 돌아가며 순번제로 한다. 회의 주제는 토의 시 어려움이 없게 쉬운 생활 주제를 선정했는데 처음에는 술, 담배, 어머니, 친구 등을 주제로 정했다. 쉬운 주제를 선정한 이유는 참석자 모두 마음과 말문을 열기 쉽고 진행에 어려움이 없도록 하기 위해서였다. 또 내용 발표 시에는 내용에 대한 반론 제기를 금지하였다. 이의 허용 시 발표자가 소극적 자세를 갖지 않을까 우려해서였다. 모임 자체가 재미있기 위해서는 우선 구성원 서로가 상대방을 인정해 주는 분위기가 필요했기 때문이다.

다음 모임 때 내가 이를 설명하자 참석자 모두 환영하였으며 벤자민 프랭크린 이야기를 하자 모두 박수를 치며 좋아했다. 회원들에게 희망을 준 것은 벤자민 프랭클린이란 실존 인물의 소개였다. 어려운 집안 사정으로 평생 정규교육을 받지 못한 사람이 사업가, 외교관, 정치가, 과학자 등 다방면에 성공한 유명 인사가 됐는데 그 비결은 독서회 활동을 통한 현실개선 노력에 있었다는 설명이 있었고 독서회 진행 요령을 자료화해서 설명해 주었다. 회원들은 마음속으로 우리도 하면 될 수 있다는 희망을 가졌다.

H엔진은 박용엔진 생산을 목적으로 설립된 회사인데 공장은 주요 공정에 따라 주조, 단조, 기계, 산기철구, 조립으로 구분되었다. 독서 회원이 많은 곳은 조립공장이었다. 이곳은 부품을 조립하여 시운전까지 끝내고 제품을 출하시키는 마지막 공정이다. 고개를 들어 천정

을 보면 250톤 천정 크레인 2대를 위시하여 여러 대의 월 크레인이 위용을 과시하듯 움직이고 엔진 블록은 보통 사람보다 큰데 이를 결합하여 시운전대에 올려 성능시험을 할 때는 보통 집채만 한 조립 기계가 투입된 디젤 오일을 연소하며 동력을 발생하는데 이때 수만 마력의 동력계를 회전시키며 발생하는 소음이 컸다. 외자 부품 사용 시 방청 목적으로 칠해진 방청유를 제거하기 위해 세척용 기름을 사용하는데 모두 수작업으로 해야 했다. 부품 조립을 하다 보면 사상작업이 많았다. 보안경을 쓰고 마스크 등 안전 장구를 착용하고 보통 핸드 그라인더 작업이 많았는데 소음과 분진이 심했다. 일은 얼마든지 많았다. 부품 조립은 말할 것도 없고 부품 정리, 공구 정리 외에 귀빈(VIP) 방문 시에는 청소와 바닥 도장작업을 해야 했다. 그래도 사람들은 신이 났다. 기계산업의 꽃이라고 불리는 엔진을 우리 손으로 생산하다니 자랑스럽고 긍지를 느낄 수 있었다. 사람들은 열심히 일했다. 그러나 연말 인사고과를 잘못 받아 상여금을 적게 받고 급여 인상 시에 남들보다 상대적으로 소액 인상된 경험이 있는 사람이라면 대개 애사심은 사라지고 고과 평가자를 원망했다. 성질 급한 사람은 부서장이 보는 앞에서도 담당 직장의 멱살을 잡고 욕을 하며 분을 삭이는 경우도 있었다. 심한 경우 부서장 집을 찾아가 난동을 부렸다는 소문도 있었다.

그러나 문제는 인사고과 자체에 있었다. 고과 평가자도 이런 사정을 알면서도 어떻게 할 수 없었던 것은 평가분포의 강제배분 기준을 준수해야 하기 때문이었다. 전체 평가자를 중심으로 일정 비율의 인원은 고과 평점 '하'를 받아야 했다. 그러므로 아무리 잘해도 전체적으로 누군가는 '하'를 받아야 하는 실정이었는데 문제는 상여금과 임금인상 시 현저히 적은 액수의 대우를 감수해야 하는 현실이었다. 이의 문제점은 관리자도 피해자인 작업자도 서로 알고 있었지만 아무도 나서서 거론을 못 했다. 해가 지날수록 작업자의 가슴에 분노가 쌓여 갔다. 이런 현실에서 작업자들이 느끼는 것은 절망이었다. 스스로 자신을 비하하고 술, 담배를 가까이하게 되고 희망이 없이 기계의 한 부속처럼 인격화되어 갔다. 그런데 벤자민 플랭크린이란 실존 인물의 소개와 그의 성공 비결을 소개받으니 회원들은 좋아했다.

그 후 일 주 또는 이 주 간격으로 모임은 지속되었다. 특히 산기철구 공장 송영종이 발표를 잘했다. 그는 눈이 크고 목소리가 우렁차 청취자의 호감을 얻기 쉬웠지만 말을 조리 있고 재미있게 잘했다. 참석자들은 신이 났다. 비록 한정된 범위의 한계가 있다고 해도 자신의 발언을 이렇게 경청해 주는 사람이 있다는 사실이 놀라웠다. 보통 자신의 발언 기회조차 주어지지 않고 조직에서 또는 사회의 틀 속에서 지시받은 대로 행하는 생활에 익숙해져 있던 사람들이다. 시간이 지날수록 참여도는 높아지고 토론 내용도 수준을 높여갔다. 그러면서 사람들은 변해가고 있었다. 이후 이 모임은 대외적으로 모임 공고 등을 할 때 창파 독서회라 불렀다. 창파란 푸른 파도라는 말인데 독서회를 의미했다.

그러나 애로사항이 있었는데 모임 장소가 마땅치 않았다. 본관 당직실 또는 식당에서 모임을 가졌으나 시설 이용에 대해 총무부의 사전 허락을 받아야 하는데 이것이 쉽지 않았다. 회사에서는 현장 작업자의 자생조직 모임을 환영할 수 없었다. 권용목은 모임에서 별로 말이 없고 조용한 편이었는데 하루는 모임 장소와 관련해 말을 했다.

"사정이 허락한다면 우리 집에서라도 모임을 가졌으면 좋겠다."

권용목은 작은 키에 까만 작업모를 쓰고, 커다란 안경을 쓰고 있었는데 안경테가 두터운 것이 특징이었다. 언젠가 그는 무슨 말인가 하는 도중에 이런 이상한 말을 하기도 했다.

"세상에서 가장 존경받을 훌륭한 사람이 우리와 이렇게 가까이 있는 줄 몰랐다."

이때 나는 속으로 생각했다.

'이것이 무슨 말이지? 세상에서 가장 존경받을 훌륭한 사람이란 말이 무슨 뜻이지? 이남헌 반장을 얘기하는 것 같은데 이 반장이 평소 선행을 많이 했구나! 그런데 이 반장의 어느 부분을 이렇게 극찬할까?'

그의 발언 내용이 궁금했지만 이를 물어볼 수는 없었다.

모임 장소를 고민하던 우리는 마침내 적당한 장소를 찾았는데 정문 앞 면회실 2층에 있는 탁구장이었다. 탁구장에는 칸막이를 막아둔 빈 공간이 있었는데 이 공간을 이용하여 모임을 갖는 것이었다. 모임 도중 탁구 치는 소리가 나고 탁구공이 날아들기도 했지만 우리는 문제 삼지 않았다.

1983년 초기였다. 갑자기 이남헌 반장이 퇴사한다고 해 약속 장소에 가자 독서회원들이 모두 있었다.

"왜 갑자기 직장을 그만두십니까? 향후 어떤 일을 하실 계획입니까?"

나는 궁금해 물었으나 이 반장은 대답이 없었다. 당시 이 반장은 직장노사협의회 위원으로 활동하고 있었고 부서 내에서도 솔선수범하여 궂은일을 마다하지 않는 사람이었다. 단지 추측으로만 무슨 일이 있었구나 하는 생각이 들었다. 나는 평소 이 반장과는 신우회 모임을 통해 알았는데 키가 크고 얼굴색이 밝으며 말이 없고 조용했다. 성경 모임의 교육자 역할을 하면서도 조심스럽게 말을 하던 분이었다. 이후 독서회 조직은 자생적으로 확대되어 갔다.

1983년 5월 기계공장 작업자인 이재한이 나를 찾아왔다.

"진석 씨! 독서회 모임이 있는데, 참석 좀 해주십시오! 특히 벤자민 프랭크린에 대한 상세한 설명을 듣고 싶습니다."

그날 저녁 8시경 회사 앞 쇼핑센터 3층에 있는 커피숍에 가보니 이미 모임이 진행되고 있었다. 기계공장 조복환 직장이 중앙에 앉아 사회를 보고 있었다. 내가 인사를 하고 자리에 앉아 보니 모두 10여 명 되는 인원이 대화를 나누고 있었는데 독서회 조직이 확산하고 있구나 하는 느낌을 받았다. 모임을 통해 스스로 배우고 판단하는 능력을 갖게 된 회원들은 자연히 현실개선에 눈을 돌리게 되며 특히 업무개선 노력을 하게 된다.

1981년 제5공화국 출범 이후 대통령령에 의거 근로자 참여 및 협력증진에 관한 법률이 시행되었는데 30인 이상의 근로자가 있는 사업장은 의무적으로 노사협의회를 구성하여 운영하게 되어 있으며 전반적인 회사 운영에 대한 주요 안건을 협의하여 처리하도록 규정하고 있었다. 당시 H엔진에도 노사협의회 제도가 있었는데 그 구성에 있어 민주적으로 구성되어 있었다. 전체 부서를 10개로 나누어 근로자 측 위원 10명을 선출하고 각 부서마다 인원비례로 200명 이상인 부서는 5명, 적은 곳은 3명씩 소위원제도를 두어 각 부서장이 회의를 주관했다.

1개월마다 한 번씩 소위원회가 열려 각 부서 단위의 문제점을 논의하고 거기서 해결하지 못한 안건을 간담회에 상정하여 관리 이사 또는 중역과 토론을 거쳐 해결하고 여기에서도 안 되는 경우 안건을 3개월간 취합하여 본회의에 상정시켰다. 이때는 사장과 각 부서장으로 구성된 사용자측 위원과 근로자측 위원이 각 10명씩 마주 앉아 현안문제를 논의하였다. 그런데 문제는 좀 어려운 안건을 들고 올라가 부서장과 협의를 하면 이 과정에서 안건을 제한하였는데 이러한 상황에서 근로자의 입장은 위축되고 사측 의견을 따를 수밖에 없었다.

특히 고질적인 문제기 상여금 차등 지급이었다. 인사고과를 최상, 중상, 상, 중, 하, 중하, 최하로 구분해 하 이하인 사람들은 상여금이 적게 지급되었는데 평균이 200%일 때 최하는 50%가 지급되었다. 이의 문제 해결을 위해 독서회원들이 나선 것은 자연스러운 일이었다. 권용목, 사영운, 김종국 등 회원들은 현실개선을 위해 노력하며 주위로부터 신망을 받아 노사협의회 위원이 되어 활동했다. 1987년 평소와 마찬가지로 인사고과 하를 받은 사람들은 마음속으로 회사를 원망하며 노사위원에게 하소연했다. 분위기가 안 좋았다.

"이게 뭐요? 어떻게 이래 됐는지 내막이나 알아봅시다."

내막이고 해결 방안이 있을 수가 없었다. 그러나 이번에는 달랐다. 노사위원들이 부서 관리자, 부서장, 담당 중역을 통하여 해명을 요구했던 것이다. 그러나 이들도 마찬가지였다. 단지 최선을 다하겠다는 정도의 말만 들을 수 있었다. 이에 대해 사장 긴급면담을 노사위원 명의의 문서로 요청하였으나 거절당했고 추진위원들에게 패배감과 무력감만 안겨주었다. 이래서는 안 되겠다고 판단하여 노사위원들이 모여 궁리한 끝에 기발한 계획을 세웠다. 작업복에 벽보를 써 붙이고 시위작업을 하는 것이었다.

　1987년 1월 14일 조립공장에서 발단하여 전 공장으로 확산되었다. 종이에 매직으로 글을 써서 천 테이프로 작업복 등에 붙이고 작업을 하는 것이었다. 글씨 내용은 '상여금 차등 지급 철폐하라'였다. 기계공장에서는 가공 장비 위에 커다랗게 현수막을 걸고 작업하기도 했다. 그러나 이런 노력이 문제 해결에 도움이 되는 것은 아니었다. 사장도 어떻게 할 수 없었는데 이는 H그룹사 전체의 문제였다. H그룹사는 수십 개의 회사로 구성되어 있는데 H엔진은 그중의 한 회사였다. 그룹 전체 회사에 적용하고 있는 인사정책을 특정 회사에 예외 적용한다는 것은 상상할 수가 없었다. 여기에 대한 대안으로 제시된 것이 노동조합 설립방안이었다.

　1987년 4월 노사위원을 중심으로 노조설립추진위를 구성하여 공동으로 노력했는데 특히 노조설립 사례연구를 중점으로 조사하며 준비하던 중 3개월 뒤인 7월에 노동조합 설립을 한 것이었다.

　1987년 7월 6일 현장 식당에서 점심시간이 시작되고 갑자기 와~ 하는 함성이 여러 번 크게 울렸다. 이상함을 느낀 나는 즉시 소리 나는 곳을 찾아 식당으로 올라갔다. 사람들이 식당 안에 꽉 차 있었다. 배식은 안 하고 배식대 앞에 몇 사람이 서 있었고 그 인원 앞에 공간을 유지하고 많은 사람이 옆으로 길게 늘어서 앉아 있었다.

그 뒤로 식탁 의자에 사람들이 꽉 차 앉아 있고 이동통로에도 사람들이 서서 있었다. 그 큰 식당이 사람들로 꽉 차 못 들어 간 사람들은 식당 밖에서 안의 움직임을 지켜보고 있었다. 앞에 나와 있던 사람 중 빨간색 핸드마이크를 손에 든 사람이 사회자인 듯했다. 그는 이야기 도중 손을 들곤 했는데 그때 와~ 하는 함성이 나며 듣고 있던 사람들도 손을 흔들며 환호했다. 사회자의 목소리가 소형 확성기를 통해 식당에 울렸다.

"여러분! 그동안 우리는 노사협의회를 통해 우리의 문제를 해결하려고 무척 노력했습니다. 그러나 지난번 상여금 차등 지급 철폐 요구와 기타 안건을 놓고 사용자 측과 협의하였으나 문제 해결에 한계를 느꼈습니다. 그래서 어제 오후 3시에 101명이 모여 노조를 결성했습니다."

다시 와~ 하는 함성이 났다.

"여러분! H엔진 노동조합이 결성되었음을 다시 한번 알립니다. 그리고 임시 임원 발표가 있겠습니다."

그때 관리 중역인 이기성 이사가 나타나 발표자의 멱살을 잡고 출입문 쪽으로 끌고 갔다. 사람들은 난리가 났다.

"저 사람 뭐야? 무엇 하는 놈이야?"

이들 중에서 체격 좋은 몇 사람이 나와 이 이사를 제지했다.

"이사님, 이러시면 안 됩니다."

이 이사는 행사 진행을 저지하려고 하였으나 포기할 수밖에 없었다. 사회자는 소란한 장내를 진정시키고 임원 발표를 했다.

"여러분! 의장에는 권용목, 부의장에는 이재홍, 신환영, 사무처장에 사영운, 회계감사에 장호철, 정홍용을 임시 임원으로 추대했습니다. 여러분! 박수로서 환영하여 주시기 바랍니다."

우레 같은 박수 소리에 이어 임원들의 인사말이 뒤를 이었다. 단상에 선 사람 중 가장 작은 사람이 앞에 나와 인사를 하고 말했다.

"여러분! 이제 상여금 차등 지급 제도가 없어지고 공해 수당을 받는다는 기대를, 사람답게 살 수 있다는 자부심을 가져도 좋습니다."

인사말을 듣던 사람들은 우레와 같은 박수와 함성을 질렀다. 눈물을 글썽이는 사람도 있었다. 임원 인사가 끝나고 얼마 후 행사는 끝났다.

식당은 평소처럼 배식을 시작했고 언제 그랬느냐는 듯이 사람들은 식사했다.

나는 얼마 전 일이 생각났다. 현장에 내려가 본 나는 깜짝 놀랐다. 현장 작업자가 옷에 테이프를 이용해 종이쪽지에 글을 써 붙이고 일을 하고 있었는데 가까이 다가가 보니 상여금 차등 지급 철폐하라는 내용이었다. 결사반대 또는 철폐하라는 내용으로 가공 장비에 크게 써 붙인 것도 있었다. 나는 빨리 고쳐야 한다고 생각했다.

노조 결성 보고대회가 있고 수일 후 노조위원장에 대한 소문이 사무실에 나돌았다. 회사에서 노조 사무실을 만들어 주고 위원장을 임원급 대우에 승용차를 내줄 계획이라고 했다.

수일 후 나는 주위의 권유로 노조에 가입했다. 원가업무 담당자로서 노조에 가입한 사람은 나와 정성기 두 사람이었다. 조합원이 된 나는 노조 운영비가 없다고 모금을 해 성금을 냈는데 노조에서는 노동법 해설이란 책을 주었다.

1988년 2월 26일 11시 내가 일하는 본관 1층 사무실에 긴급 지시가 떨어졌다. 본관 전 직원을 대상으로 사무실을 철수한다는 것이었다. 사무실을 철수하다니 이해가 안 됐다. 그러나 나는 언뜻 생각나는 것이 노조 관련해서 무슨 일이 있구나 하는 판단이었는데 그것은 나의 경험에서 비롯된 것이었다. 엔진에 노조가 설립된 후에 중공업에도 노조가 생겼는데 이 과정에서 많은 소란이 있었다. 엔진은 중공업에 비해 규모가 작았은데 인원으로 비교 시 10분의 1 정도 되는 회사다. 중공업에서 노조 시위가 과격하게 발생하면 엔진 근무자들은 일손을 놓고 회사의 지시에 따라 귀가하였다.

하루는 급히 귀가하라는 지시에 따라 귀가하던 중이었다. 엔진과 중공업은 정문을 같이 사용했는데 중공업 본관은 정문 가까이 있었다. 나는 같은 부서에 근무하는 고민호 과장과 함께였다. 정문 가까이 오자 중공업 본관 옆에 불타고 있는 승용차가 있었다. 가까이 보니 차는 뒤집혀 있었다. 중공업 근로자들이 머리에 띠를 두르고 주위를 서성이고 있었다. 분위기가 험악했다.

"신분증 좀 봅시다."

누군가 내 옆으로 와 어깨를 치며 말했다. 나는 무슨 일인지 상황 파악을 못 했다. 그 사람은 머리에 띠를 두르고 있었는데 눈에 분노가 느껴졌다.

"이 사람은 엔진에 근무하는 사람인데 왜 그러는 거요? 진석 씨 빨리 가!"

고 과장이 내 앞을 막아서며 크게 고함쳤다.

"신고 있는 구두가 깨끗해서 기관에서 나온 사람인 줄 알았잖아."

나는 고 과장을 따라 급히 나오니 너무 많은 사람으로 정문 출입이 어려웠다. 정문 가까이도 시커먼 연기가 솟으며 화재가 있었다.

중공업 본관 뒤 건물에서 누군가 안에 들어가 컴퓨터를 부수는 소리가 크게 울렸다. 와장창 소리를 내며 모니터 터지는 소리가 연속되자 누군가 소리쳤다.

"컴퓨터 부수면 안 돼, 저놈 잡아."

나는 이게 아닌데 하는 생각이 들었지만 어떻게 할 수가 없었다. 겨우 밖으로 나와 주변을 보니 회사 담을 끼고 있는 시가 도로도 엉망이었다. 그 경험 이후 나는 조기 퇴근 지시를 받으면 사무실 시건과 함께 컴퓨터를 신문지로 싸고 테이프를 붙여 만약 경우에 대비하곤 했다.

노조와 관련된 나의 판단은 옳았다. 부서 전원이 참석한 가운데 부서장의 설명이 있었다. 노조에서 본관을 점거하므로 본관 근무자들은 구본관으로 철수한다는 것이었다. 장기 사태에 대비해 개인별로 책상을 시건하고 컴퓨터는 비닐 등으로 포장하라는 지시였다. 나는 노조에서 본관을 점거한다는 사실이 이해가 안 되었다. 그러나 일단 지시에 따라 준비를 했다. 책상을 시건하고 기타 서류는 서류보관함에 넣어 봉인하고 컴퓨터는 신문지로 모니터를 포장하고 비닐로 다시 포장했다. 오후가 되자 사무실 근무자는 구본관으로 사무실을 옮겼다.

그날 오후 점심시간이 끝나고 현장 조합원들이 줄지어 본관 건물로 들어갔다. 이들은 5층 강당에 집결해 대의원과 임원의 지시에 따라 농성 준비를 시작했다. 저녁이 되기 전에 1층에서 2층으로 올라가는 통로는 각목을 이용해 폐쇄했는데 겨우 한 사람이 지나갈 정도의 공간만 유지하였다. 사람이 많다 보니 질서유지를 위해 대의원을 중심으로 역할을 분담하기로 했다. 농성장 경비, 외부와의 연락,

홍보 담당자를 선정하고 이들에게 인식표를 주어 혼란이 없도록 했다. 옥상에도 교대로 경비를 섰는데 겨울이라 화목을 지펴 추위에 대비했다. 누군가 활을 만들어 화살에 불을 붙여 멀리 운동장을 향해 활을 쏘았다. 깊은 적막 속에서 불화살은 빛을 발하지 못하고 어둠 속으로 사라져 갔다.

다음 날부터 나는 비상근무를 섰다. 내가 사무실로 옮긴 구본관은 처음부터 근무할 수 있는 환경이 아니었다. 회의실을 하나 빌려 임시 부서 사무실로 쓰며 지시에 따라 비상근무를 하였는데 내가 맡은 일은 외곽 경비였다. 중공업에서 엔진으로 들어오는 독크 다리가 있는데 이 다리에 나와 농성장으로 가는 작업자 접근을 막는 것이었다.

찬 바닷바람을 맞으며 주위를 서성이던 나는 문득 나의 사명을 생각했다. 원인 세계로부터 나의 사명에 대한 해명을 기다리고 있었으나 마음속 한편에는 이를 회의하는 생각도 있었다. 과연 내 생각대로 원인 세계에서 나에게 해명을 해줄 것이냐는 의문이었다. 그러나 나로서는 해명을 기다리는 것 이외에는 다른 방법이 없었다.

'나의 사명이 아무리 이론적으론 맞으나 현실적으론 실현 가능성이 없지 않으냐? 내가 아무리 옳다고 해도 나 스스로도 납득이 안 되는 일을 다른 사람에게 주장할 수는 없다. 그러니 해명이 있을 때까지는 그냥 기다리는 수밖에 없다. 내 생각이 틀림없다면, 반드시 원인 세계에서 해명해 줄 것이다.'

나는 경비를 서는 중간에 일부러 나의 존재를 노출해 외부에 알렸는데 이렇게 해야 멀리서 봐도 사람이 있음을 알고 노조원이 접근을 안 하기 때문이다.

나는 다리 위에 있었고, 다리는 철 구조물인데 커다란 수조였다. 유사시에는 물을 빼 수조를 들어 올리면 바닷물이 독크 안으로 흘러들어와 배를 진수시키고 진수가 끝나면 다시 수조에 물을 채워 바닷물을 막고 독크에 있던 물은 펌프로 퍼내 다시 배를 건조할 수 있었다. 독크와 바다를 번갈아 보며 나는 인간과 자연을 느꼈다. 그리고 이 사태가 언제 끝나나 하고 걱정도 되었다.

그러면서 내가 이해 안 되는 부분이 있었다. 노조위원장 선거가 며칠 전에 있었는데 대화를 통한 노력 없이 휴업사태까지 발생했냐는 의문이었다.

위원장 선거는 2월 16일이었다. 그리고 노조 임원들의 단식농성은 2월 22일부터 시작됐다. 2월 25일 오후 3시경 사측에서 노조사무실 유리창을 깨고 들어가 분말 소화기를 쏘며 단식 중인 노조 임원들을 강제로 끌어내 경찰에 인계했다. 그러자 이에 대항해 노조에서는 다음 날부터 무기한 농성에 들어갔다. 그 후 사측과 노조측의 공방은 계속됐다. 농성장에서 조합원들이 청원경찰의 접근을 막기 위해 투석과 화염병을 던졌고 이 과정에서 바닷바람에 불이 옮겨붙어 영빈관 임야에 화재가 발생하기도 했다. 회사측에서는 농성장의 음식 반입을 금지시켰고 단수와 단전 조치를 했다. 가족을 동원해 농성장에 있는 조합원을 설득해 농성을 끝내고 귀가할 것을 종용하기도 했다. 열흘 정도 지났을 때 농성 가담자 중 백여 명을 제외한 나머지 인원은 모두 밖으로 나왔는데 그 이유는 많은 인원이 식사 공급이 중단된 상태에서 현상 유지가 어려워서였다. 밖으로 나온 이들은 회사방침에 따라 연수원에 출근해 노사 관련 교육을 받았다.

하루는 조립공장 석금종이 픽업 차에 농성자 가족들이 준비한 음식을 싣고 들어오다 관리부장의 제재를 받았다. 농성장을 출입하려면 영빈관 입구 도로를 경유해야 하는데 사원들과 관리부장 등 간부사원이 길목을 지키고 출입을 통제했다.

"이 사람, 조립공장 근무자 아니야? 음식을 나르는 모양이지! 농성장엔 못 들어가. 당신 차에서 내려."

석금종은 완강했다. 갑자기 목소리를 높여 악을 쓰며 준비한 포장박스를 손으로 껴안는 시늉을 했다.

"안돼! 당신들이 뭔데 이러는 거야?"

"이거 놓지 못해."

석금종은 원래 목소리가 컬컬하며 쉰 소리가 나고 음성이 컸다. 한참 실랑이를 하다 관리부장이 슬며시 지시했다.

"통과시키지."

차는 농성장으로 접근했고 잠시 후 밧줄을 이용해 농성장 안으로 포장박스를 올리는 모습이 보였다.

나는 석금종을 생각했다. 산악회에서 설악산으로 등산을 갔는데 일행 중 등산 경험이 부족한 사람이 발에 꼭 맞는 신발을 신고 왔다가 발이 부르트고 물집이 생겨 걷지를 못해 난리가 났다. 대청봉에서 내려와 오색약수터로 내려오던 길이었다. 이때 나선 사람이 석금종이었다. 배낭을 대신해 사람을 등에 업고 내려왔다. 배낭도 무거운 산행길인데 자원해 고생한 것이다. 나의 판단으로 그는 남을 위해 헌신하고 봉사하는 사람이었다. 얼마 후 차는 다시 정문으로 되돌아갔다.

'음식 반입은 단전 단수된 상태에서 필요한 것이고 이의 반입과 관

련해 서로 실랑이를 벌이다 반입시켰는데 처음부터 반입시키면 되지 왜 실랑이를 했을까?'

나는 회사와 노조 간에 계속되는 갈등이 이와 유사한 것이라고 생각했다. 그러면서 회사와 노조에서는 농성을 이유로 정상 조업을 안 하고 있는데 이래도 괜찮을까? 하는 의문이 들었다. 사물의 존재 원리가 그렇듯이 어떤 이유로든 조업을 포기해서는 안 된다. 조업을 안 하면 자신의 역할을 포기하는 것과 같다. 사물이 제 기능을 안 한다면 그것은 곧 사물이 폐기되어 없어짐을 의미하기 때문이다. 나는 걱정이 되었다. 노사 분규가 빨리 끝나야 한다고 생각했다. 지금 회사와 노조에서는 노사 간의 문제로 인식하고 있는데 나의 판단은 이와 달랐다. 조업하는 상태에서의 분규는 노사 분규가 맞다. 그러나 휴업 상태에서는 노사 문제가 아니라 회사의 존속이 문제였다. 이의 판단 근거는 존재원리였다.

본관 농성이 끝나고 권 위원장은 경찰에 연행되었다가 3월 19일 구속되었다. 1988년 6월 제3대 노조위원장으로 품질관리부에 근무하는 이재현이 선출되었다.

그로부터 이 년 후 내가 우려하던 일이 실제로 벌어졌다. 권용목 위원장과 사영운 사무장은 엔진에서 해고되었고 1989년 12월 H엔진 회사는 없어졌다. H중공업에 합병되었기 때문이다.

5
다미선교회 휴거사태

1992년 9월 일요일 오후 나는 회사 앞에 있는 교회를 방문해 안내자와 대화하고 있었다. 교회 이름은 다미선교회 울산 전하지부였다. 교회는 전용 건물이 아니고 상가 건물을 빌려 모임 장소로 사용하고 있었다. 2층은 음료수를 파는 다방이었고 3층으로 통하는 좁은 계단을 오르면 교회였다. 내부는 낮인데도 형광등을 밝히고 적지 않은 사람이 성경책 등을 앞에 놓고 바닥에 앉아 있는데 전체적으로 음침한 느낌을 받았다. 우선 내가 인사를 하고 용건을 말하자 별실로 안내되었다. 그곳은 다락방같이 좁고 천장이 낮은 실내였다.

"안녕하세요? 저는 H중공업에 근무하는 사람입니다. 문의 사항이 있어 왔습니다."

"죄송하지만, 어느 부서에 근무하십니까?"

"엔진 원가관리부에 있습니다."

"어느 사업부라고요?"

"엔진사업부입니다."

"그래요? 그러면 지 대리를 알겠네요?"

"아, 예! 그분은 제가 잘 압니다. 독실한 교회 신자로 알고 있습니다."

"그래요? 반갑습니다. 저도 M수리조선에서 간부사원으로 근무하다 나왔습니다."

나는 이때 이분이 혹시 얼마 전 신문에 났던 기사의 주인공인가? 하는 의문을 느꼈다. M수리조선 설계부에 근무하는 차장 직급자 한 명도 휴거에 대비해 직장을 사퇴하고 교회 신도들과 어울려 교회에서 단체로 숙식하고 있다는 기사를 읽은 적이 있었다. 이분의 얼굴 특징은 눈이 둥그렇고 컸다. 목소리도 맑고 컸는데 나에게 호의적임을 알 수 있었다. 사실 내가 교회 방문을 결심하게 된 것은 수리조선 간부사원이 퇴직했다는 보도를 보고 나서였다.

이때 나는 노무비과 소속으로 공수관리 업무를 맡고 있었는데 공수란 시간당 작업 인원을 의미하며 보통 관리 단위를 MH로 나타낸다. 나는 혹시나 우리 회사 직원들도 무분별한 퇴사를 하지 않을까? 하는 우려가 있었고 업무 담당자로서 실태 파악을 해야 하는 입장이었다. 그리고 또 궁금한 것이 있었다. 그것은 어떻게 휴거 일시가 시간까지 정확하게 예정되었느냐는 의문이었다.

내가 처음 다미선교회 봉고 차량을 본 것은 약 2개월 전이었다. 우연히 지나던 봉고차를 보았는데 차에는 마이크가 설치되어 있어 계속해 방송했다.

"예수 믿고 천당 갑시다. 여러분, 지옥 가면 안 됩니다. 10월 28일 예수님이 공중 재림하십니다……."

이때 방송 소리도 컸지만, 차에 써진 글씨로 인해 차를 주시했다. 휴거라고 큰 글씨가 있고 그보다 위에 예수님 공중 재림 10월 28일 24:00시라고 시간까지 정확하게 표시되어 있었다. 나는 버스를 타고 있었는데 이 광경을 보고 이상하게 생각했다.

"휴거가 무슨 뜻이지? 그리고 무슨 예수 재림이 시간까지 정확하게 예정되어 있지?"

나는 도대체 이해가 안 갔다. 그러나 저 사람들이 나름대로 주장할 때는 무슨 근거가 있겠지 라는 생각과 어떻게 저런 주장을 할 수 있을까? 하는 의문이 일었다.

그 후 봉고차는 가끔 보였다. 휴거라는 글씨는 빨간색 배경에 백색의 굵은 선으로 표기되어 다른 사람들의 눈에 잘 띄었다. 그리고 이 차가 눈에 잘 보이는 이유는 크게 방송을 하기 때문이었다. 그러나 나는 교회에 다니는 사람이 아니므로 그런가 보다 하고 가만히 있었다. 그러나 문제는 매스컴이었다. 신문과 TV에서 연일 보도되는 내용에 따르면 종말론에 빠진 사람들이 가정을 이탈하고 직장을 그만두고 심한 경우 자살까지 했다고 보도되었다.

1992년 8월 종말론 피해 부모 애타는 절규라는 제목으로 보도 기사가 났다. -전교 수석의 아들이 8개월째 실종 -북한서 순교 쪽지 남긴 채 가출이란 내용이었다.

"휴거 종말론자들이 우리 영수(18)를 빼앗아 갔습니다. 영수를 찾기 위해 서울, 제주 등지를 헤맸지만 허사였습니다. 제발 영수를 찾아주세요."

시한부 종말론을 믿으면서 종교 망상증세를 보여 정신병원에 입원

중 탈출한 아들을 찾기 위해 영업용 택시 기사 일도 그만둔 채 한 달 동안 전국을 뒤지다 허탕을 친 모 씨와 그의 아내가 절규했다.

"종교라는 미명 아래 감수성이 예민한 청소년을 학교와 가정에서 빼돌려 파멸의 구렁텅이로 몰고 가도 되는 겁니까?"

어려운 환경 속에서도 성격이 쾌활하고 부모에게 말대꾸 한 번 안 하던 애가 종말론을 믿으면서 빗나가기 시작했다며 모 씨는 눈시울을 붉혔다.

"고교입시를 치른 후 친구들과 함께 교회에 나가기 시작했습니다. 기도한다며 간혹 늦게 귀가해도 예사로 생각했지요."

고1 때 성적이 전교 1, 2등이었던 아들은 생활과 태도에 급격한 변화가 오기 시작했다. 성적이 중위권 이하로 뚝 떨어지고 학교에 가면 잠만 잤다 철야 금식기도와 전도를 한다며 집에 들어오지 않는 날이 대부분이었으며 눈이 움푹 팬 몰골을 본 어머니가 눈물로 애원했다.

"제발 그 교회만은 나가지 마라."

그러나 허사였다.

"방안에 가두어 놓고 심하게 때리기도 하고 달래보기도 했지만 막무가내였습니다. 교회 관계자를 만나 제발 아들을 돌려달라고 했지만, 반응이 없었습니다."

1991년 모 씨는 아들의 메모지를 보고 깜짝 놀랐다.

(-주xx 92년 북한서 순교 -황xx 94년 북한서 순교 -권xx 99년 아프리카 순교)

그 메모지에는 92년 세상 종말 때 순교할 사람과 휴거할[9] 대상자의 명단이 적혀 있었다. 아들이 순교지로 떠날 준비를 하기 위해 산악 훈련을 갔다 오고 고속 모터보트 3대를 구입했다는 소문도 들려왔다.

"마지막 인사를 하기 위해 집에 들른 아들이 잠든 새 정신병원에 연락해 앰블런스를 불렀습니다."

사태의 심각성을 깨달은 모씨는 1991년 12월 31일 아들을 정신병원에 입원시켰던 것, 그러나 아들은 병원에서 탈출했다. 결국, 집으로 돌아온 모군은 고3이 되면서 휴학하게 됐고 92년 3월 7일 다시 부산 학장동 소재 xx병원에 입원했으나 지난달 92년 7월 7일 탈출해 행방을 감추고 말았다.

"아들을 찾지 못한 답답한 마음을 이기지 못해 경찰에 수사를 요청하는 진정서를 냈습니다. 시한부 종말론 추종교회를 샅샅이 뒤져 실종자들을 부모 품에 돌려줘야 할 것입니다. 아무리 종교의 자유가 있다 해도 청소년을 파멸로 이끌고 가정파탄을 유도하는 일부 교회와 전도사는 그에 대한 책임을 져야 할 겁니다. 그렇게 낙천적이고 미래에 대해 희망적이던 내 아들이 어떻게 몹쓸 종말론 병에 물들었는지."

모씨 부부는 아들의 앨범과 상장 등을 뒤적이며 오열했다.

나는 도대체 이해가 안 되었다. 또 있었다. -청소년 피해 속출이란 제목으로 기재된 기사이다.

---

9) 하늘로 들려 올려짐

-최근 중, 고등학생을 중심으로 사회 일부에 92년 10월 종말론이 확산되면서 심각한 부작용이 잇따라 우려의 목소리가 높다. 종말론은 오는 10월 28일 자정에 세상의 종말이 온다는 교리로 이미 정통 기독교에서는 이단으로 규정한 바 있으나 감수성이 예민한 청소년과 일부 기독교 신자를 중심으로 급속도로 퍼지고 있는 실정이다. 일반인 중에서도 심약한 사람이나 호기심이 강한 사람이 관련 서적 등을 통해 관심을 갖는 등 종말론 아노미 현상이 확산 조짐을 보이고 있다. 종말에 대비하기 위해 중고생들은 학업을 포기하고 가출한 채 기도원을 찾거나 거리에 나서 부모는 애태우고 있으며 일부 성인도 부부 별거나 이혼, 낙태 수술 등을 거리낌 없이 해 심각한 사회문제로 대두됐다. 종말론을 믿는 신자는 현재 전국적으로 3백여 개 교회에 3만~4만 명이 될 것으로 추정되고 있다. 8개 교회에 수백 명의 신봉자가 있는 것으로 알려진 부산 지역의 경우 신봉자 대부분이 중고생 등 청소년으로 그 폐해가 심각한 것으로 알려졌다.

종말론 피해 부모에 따르면 부산에는 S선교회, Y선교회에서 대부분 중고생이 광신적으로 종말론을 추종하고 있다고 했다. 이들은 무단 결석이나 가출을 한 뒤 밤을 지새우며 기도를 하고 지하철 거리 등지에서 전도활동을 하며 귀가를 포기하고 있다.

이들 중 가모 군은 전교에서 1~2위를 다투는 모범생이었으나 지난해 11월 친구 소개로 장전동 S선교원에 나가기 시작한 뒤 다음과 같이 말하며 학업을 포기하고 거의 매일 철야기도를 했다.

"10월에 종말이 오는 마당에 공부 따위를 할 필요가 있느냐?"

이에 따라 부모들이 가군을 지난 3월 부산 북구 학장동 소재 xx

정신병원에 강제로 수용시켰다. 이밖에 나모(20) 다모(20)군 등 시내 모대학 재학생 3명도 부모에 의해 정신병원에 수용돼 있다. 부산 Y 선교원의 한 관계자는 해명을 했다.

"교회에서 가출, 학업 포기 등을 강요하는 것이 아니고 교리에 심취한 신도들이 믿음을 확고히 하기 위해 스스로 철야기도 등에 열심인 것일 뿐입니다."

부산대 임xx 교수는 전망했다.

"정치 경제적인 부조리와 사회불안 등이 청소년을 종말론에 빠져들게 만드는 원인이라고 진단하고 기성 기독교뿐 아니라 사회 전체가 합심해 투시가 가능한 미래의 청사진을 제시할 때 극성스러운 종말론은 자연스레 사라질 것이다."

종말론에 심취한 20대 가정주부가 이를 비관한 남편이 스스로 목숨을 끊자, 초교생인 큰아들 등 아들 2명을 데리고 산속 기도원으로 들어가 다른 신도와 집단생활을 해온 것으로 밝혀져 충격을 주고 있다.

종말론 관련 신문보도는 연일 계속되었다.

그러던 1992년 8월 M수리조선 설계부 차장(40)의 보도를 내가 우연히 보았다. 나는 이것은 보통 일이 아니구나! 하고 판단했다. 대기업 간부사원이 퇴직할 정도면 H중공업, M수리조선, H자동차 등 수만 명이 있는 이곳 울산시에 잘못하면 종말론 추종자가 확산할 우려가 크다. 나는 더 보고만 있어서는 안 되겠다고 판단했다. 그 이유가 무엇인지 알아봐야겠다고 교회를 방문한 것이었다.

"그런데 문의하실 내용이 뭡니까?"

"네, 요즘 매스컴에 휴거 관련해서 보도가 많이 되지 않습니까?

무슨 일인지 궁금하기도 하고 왜 그러는지 이유를 알고 싶어 왔습니다."

나는 상대방의 입장을 고려해 좋게 이야기했다.

"휴거 보도로 시끄럽지요! 그렇지만 더 많이 보도해야 합니다. 그래야 세상 사람 모두가 이 사실을 알게 되지요."

"그런데 그 휴거 일시를 어떻게 판단했는지 알 수 있습니까? 판단 근거가 있습니까?"

"아! 물론 있지요. 우선, 제가 이 책하고 테이프를 드릴 테니 읽고 들어보세요. 이 테이프는 지옥에 갔다 온 사람들의 증언을 녹음한 것인데 도움이 될 겁니다."

"고맙습니다. 그러나 일시 판단에 대한 근거는 직접 말씀을 좀 해 주십시오."

"우선 이 책을 읽어 보면 알 수 있습니다. 이것을 먼저 읽어 보십시오."

"죄송하지만 구두로 설명이 안 되겠습니까?"

그때 별실 문을 열고 들어온 사람이 있었고 안내자에게 다가가 무언가 이야기하자 안내자는 나에게 얘기했다.

"밖에 잠시 다녀오겠습니다. 잠깐만 기다리십시오."

나는 기다리는 동안 건네받은 책자를 언뜻 보았다. 책자는 두 권이었는데 제목은 '예수 공중 재림과 휴거를 준비하라'와 '7년 환난과 마지막 구원'이었다. 휴거를 준비하라는 책의 표지에는 급한 소식! 1992년 10월 28일 지상 최대의 인간증발 사건발생이란 글이 쓰여 있었다. 급한 소식이란 문자에서 나는 어린 시절 보던 호외에서와 같이 강렬한 호기심이 느껴졌다.

내가 출생해 성장한 서울 상도동은 그 지리적 여건으로 여러 정치적인 사건이 많이 있었다. 4·19 학생의거, 5·16 군사혁명, 무장 공비 청와대 습격, 실미도 공작원 탈주 사건 등 그리고 이런 사건들이 발생할 때마다 서민들이 쉽게 접하는 것이 신문사 호외였다. 보통 호외요 호외라고 소리치며 신문사 직원이 전단을 길거리에 뿌리기도 하고 나누어주기도 하였는데 그 행위 자체가 보는 사람에게 강한 호기심을 자아냈다. 또 국경일이라든가 무슨 일이 있으면 비행기에서 삐라를 뿌렸는데 이 삐라는 온 동네에 떨어졌다. 삐라는 모든 사람이 주워 보려고 애를 썼다. 나는 내용보다 삐라 줍는 행위에 관심을 가졌던 것 같은데 왜 그랬는지는 알 수 없다. 아마 강한 호기심 때문인 것 같았다. 걸어서 통학하던, 나는 통학길에 주웠던 붉은 삐라가 생각나기도 했다. 삐라를 주워 파출소에 갖다주기도 하였는데 보통은 학생들이 찢어버리곤 하였다. 이들 삐라나 호외는 사람에게 강한 호기심을 유발하여 관심을 갖게 하는 기능이 느껴졌는데 나는 언뜻 책 표지와 호외가 유사하다고 생각했다. 보통 책 제목은 명사로 되어 있다. 그러나 이 책의 제목은 문장이었다. '급한 소식"예수 공중재림과 휴거를 준비하라', '1992년 10월 28일 지상최대의 인간증발 사건발생' 그리고 사진이었다. 사진 내용은 다미선교회 집회 시에 집회장을 덮고 있는 광선의 모습이었는데 언뜻 보면 제목을 표시한 책 표지가 아니라 긴급한 호외 전단 같았다. 호외에는 보통 긴급뉴스 또는 속보라는 말을 쓰고 기사를 시작하는데 이것은 급한 소식이었다. 기사 내용은 표제가 있고 내용에 일시가 표시되는데 이것도 유사했다. 오해하면 인간 증발 사건 발생이라고 표기해 발생한 사건 같은 착각을 일으키기 쉽게 되어 있었다. 나는 이상하다는 생각이 들었다.

'이 책은 강한 호기심을 유발하기 쉬우나 판단 착오를 일으킬 소지가 크다. 그런데 왜 이런 책을 만들었지?'

잠시 후 안내자가 되돌아왔고 그는 나에게 조용히 얘기했다.

"미안합니다. 제가 지금 곧 다른 모임을 주관해야 하기 때문에 그만 가봐야 합니다."

"네! 알겠습니다. 고맙습니다."

나는 테이프는 거절하고 책만 두 권 받아 들고 나오며 생각했다.

"아니 24:00시라고 시간까지 정확하게 표기해 선전하는 사람들이 어떻게 판단 근거를 얘기 못하지?'

일단 내가 판단한 것은 무언가 좀 애매하다는 느낌이었다. 나오면서 보니 교회 안에는 많은 사람이 찬송가를 부르고 어떤 사람은 격한 감정에 엎드려 곡을 하는 사람도 있었다.

숙소로 돌아와 받아 온 책자에서 휴거 일시에 대한, 판단 근거를 중심으로 문장을 읽어 나갔다. 우선 예수 공중 재림과 휴거를 준비하라는 책을 먼저 읽었다. 내용에는 판단 근거 내역이 있었는데 내용은 이랬다.

- 92년 휴거설은 어디에 근거를 두었는가?

1) 92년 EC통합과 함께 적그리스도가 등장한다.
2) 성경 역사 6,000년 설은 인간중심의 역사가 끝나고 신정 왕국이 도래함을 가리킨다.
3) 구약의 7절기 중 나팔절에 휴거가 있다.
4) 이스라엘 독립후 한세대 안에 주님의 예언이 성취된다.

5) 순교 사명자가 1992년부터 생긴다.

6) 오늘의 시대적 상황이 홍수 심판 직전의 노아 때와 같다.

7) 북한의 문도 1992년에 열린다.

8) 교계의 상황이 초림 때와 비슷하다.

9) 주님이 오실 때와 역사적 상황이 초림 때와 같다.

10) 천사들이 때를 알려 주고 있다.

11) 홍수처럼 쏟아지는 계시 정보도 1992년을 말하고 있다.

12) 왜 10월 28일인가?

나의 판단으로 이러한 근거는 추정 또는 예상이지 확정은 아니었다. 근거의 주요 근간은 계시인데 계시 수신자는 국내외의 아이들 수백 명, 다가올 미래를 대비하라고 외치는 경고의 나팔수인데 이를 더 요약하면 수백 명 아이들이 계시받아 일시를 판단했다는 얘기였다. 그렇다면 이 판단은 오차의 가능성이 큰 판단인데 어떻게 24시라고 시간까지 파악을 했을까? 나는 아무리 해도 이해가 안 되었다. 보충 설명으로 있는 것이 종말의 징조와 역사적 증거들, 계시로 나타난 증거들, 계시로 주신 하나님의 말씀이 있었다. 나는 책의 내용을 계속 파악했다. 그러나 나의 판단으로는 지옥과 천국 그리고 악마와 천사를 열거하여 빨리 휴거 준비를 해야겠다는 결심을 돕기 위한 권유문 같았다.

환난 시대의 광경은 50여 가지가 되었는데 나는 겁이 났다. 특히 불도저로 시신을 밀어내는 유태인 수용소 사진과 기재된 문구가 그랬다.

「불도저에 밀려 구덩이로 들어가는 아우슈비츠 시신들, 우리가 영적인 눈으로 볼 때 이것은 666표를 거부한 성도의 모습입니다. 666표를 받으면 목사나 장로도 다 지옥 간다!」

결과적으로 휴거를 준비하라는 표제어를 강조하는 효과가 있었다. 이런 내용으로 사람들이 종말론에 심취하게 되었구나 하고 나는 생각했다. 내용의 진위를 가리기 전에 휴거 되면 괜찮지만 못 한 사람은 끔찍한 환난을 겪는다고 하는데, 누구라도 마음이 움직였을 것이다.

그러나 일단 나는 안심했다. 이렇게 복잡하고 애매한 근거를 갖고 현장 작업자를 동요시키지 못하리라는 판단에서다. H중공업은 주요 생산품이 대형선박, 대형엔진, 산업기계, 대형기계설비 등으로 현장 작업자가 실제 작업 시 기준되는 것은 모두 도면이었다. 도면은 선과 수치와 기호로 그 크기와 형태가 명확하게 나타나 있다. 수치로 나타내기 어려운 경우 현장 맞춤 등의 작업을 하는데 이 경우에도 도면에 표시해 명기했다. 모든 것이 그 크기와 모양, 형태, 재질까지 수치와 선, 기호로 명확하게 나타나 있었다. 천분의 일, 이 밀리미터의 길이를 다루는 사람들이 이렇게 복잡한 결론 근거를 신뢰하고 교리에 따라 언행 할 수 없기 때문이다.

'그래서 교회 안내자가 구두 설명을 안 하고 책을 읽어보라고 얘기했구나.'

만약 안내자가 설명했다고 해도 오랜 시간이 걸렸겠지만 나는 이해하기 어려웠을 것이라 예상했다.

나는 7년 환난과 마지막 구원이라는 책도 읽어보았는데 이 책도 먼저 책과 마찬가지로 휴거 준비를 권유하는 내용인데 휴거 일시에 대한 판단 근거를 찾을 수 없었다. 보조적으로 휴거 못 하면 겪게 되는 환난과 지옥의 체험을 기술함으로 독자의 휴거 준비 결심을 촉진하는 역할을 했다. 그런데 나는 이해가 안 갔다. 일시 판단에 대한 근거가 확정이 아닌 추정 근거임을 저자 본인이 누구보다 잘 알 텐데 왜 이러한 글을 작성하여 휴거 예상이 아닌 확정 사실화하여 널리 홍보할까?

언뜻 홍보 책자를 처음 보았을 때 가졌던 느낌을 떠올리며 문구를 수정해야 된다고 생각했다. 사건 발생이 아니고 사건 발생 예상으로 기재되어야 했다. 그러나 홍보 자료에는 분명 사건 발생으로 명기되어 있었고 예상이란 단어는 없었다.

왜 이렇게 판단 착오하기 쉽게 자료를 만들었을까? 왜 불명확한 사건을 널리 홍보할까? 홍보 관련하여 피해자들의 보도가 속출하고 있는데 나는 도대체 사태 파악이 안 됐다. 그리고 또 의문되는 것이 종교의 역할과 목적이었다. 나의 예상으로 종교란 사람들에게 도움이 되는 활력소 역할을 하는 것으로 알고 있었다.

사람이 태어나서 성장해 수명을 다하기까지 많은 위험과 어려움이 있다. 이런 난관을 극복하기 위한 지혜와 용기가 필요한데 사람은 완전하지 못하고 부족하다 보니 종교에 의지해 정신적 힘을 얻는 것이다.

결과적으로 사람이 생활하는 데 도움이 되고 힘이 되는 역할을 해야 하는 것이 종교의 기능인데 이 책자의 내용대로라면 휴거 되고 천국 가는 것이 좋은 것으로 묘사되어 있었다. 그렇다면 현세에

살기보다 천국이 좋다는 이야긴데 이 말은 곧 현재 생활에 문제가 있으니, 천국을 선호하는 것이 아니냐? 하는 생각과 함께 나는 자신이 세상을 비관하며 자신을 한탄하던 경험을 떠 올렸다. 그러면서 언뜻 생각나는 것이 있었다. 확실히는 모르겠지만 세상에서의 역할을 비관하는 사람이 교인 중에도 많이 있구나 하는 생각이 들었다. 현재의 생활에 만족한다면 무엇 때문에 휴거와 천국을 준비하고 선호하겠는가?

내가 세상을 비관하고 방황할 때 나에게 힘을 준 것은 성경도 불경도 아니었고 부모 형제, 선배 후배, 상사 동료, 친구도 아니었다. 나에게 힘을 준 것은 평범한 주위의 사물이었다. 책상, 의자, 작업복, 침대 등 이런 평범한 사물을 통해 나는 자신이 필요한 사람임을 깨달았고 존재원리를 발견하였으며 이 원리를 활용하여 자신의 사명을 알게 되었고 지금은 이 원리를 이용하여 내가 내린 모든 결론에 대해 원인 세계의 해명을 기다리고 있다.

생활에 지친 사람에게 필요한 것이 천국일까? 존재원리일까? 생각하다 존재원리라고 생각했다. 왜냐하면 천국이든 지옥이든 어디든 간에 필요한 존재가 중요하지 불필요한 존재라면 천국 아니라 어디든 소용이 없기 때문에 결국에는 존재할 수 없기 때문이다. 그러나 존재원리를 알고 있으면 어디에 있든 존재가 가능하다.

내가 발견한 존재원리를 기준으로 발견 전후의 생활관을 비교해 보았다.

첫째, 기존의 세상은 사람의 일생이 고되고 허무했다.

사람의 일생은 인생의 고해에서 죽도록 고생하다 생로병사하고 허무하게 생을 마감한다. 이를 피하려면 깨달음을 얻어야 하고 깨달음을 얻기 위해서는 고행과 수도를 해야 한다. 이것은 보통 인적이 드문 깊은 산 속이나 광야에서 남모르게 이루어진다. 사람은 출생시부터 죄인이고 죄 사함을 받기 위해서는 종교 활동을 열심히 해야만 한다. 살기 위해서는 경쟁에 이겨야 하며 처세에 능해야 하고 모든 면에 뛰어나야 한다. 이를 위해서는 배가의 노력이 필요하며 잠도 적게 자고 먹고 싶은 것도 참아야 하고 목표를 달성할 때까지 어떤 일이 있어도 인내해야 한다. 높은 학력과 많은 재산, 건강한 신체, 사회적 지위 즉 객관적 평가가 사람의 성공척도였다.

그러나 내가 존재원리를 통해 깨달은 것은 이와는 전혀 달랐다. 모든 사람은 필요하기에 존재하고 주어진 자기의 역할을 다하고 보람되게 생을 마감한다. 장래 부여된 사명을 완수하기 위해 출생하며 당당한 창조주로부터의 자녀들이다. 출생 시부터 죄인이라는 것은 말도 안 되고 살기 위해서 경쟁에 이기려고 열심히 노력할 필요도 없다. 이미 경쟁에 이길 수 있는 능력이 부여되어 있어 이를 알고 활용하면 되기 때문이다. 또 다방면에 뛰어날 필요가 없고 자신에게 주어진 역할만 수행하면 된다. 높은 학력, 많은 재산, 건강한 신체, 높은 사회적 지위 이런 것들이 성공척도가 아니고 자신의 역할을 얼마나 충실하게 수행했느냐 하는 주관적 기준에 따라 성공 여부를 판단하게 된다.

둘째, 기존의 세상은 사람이 왜 사는지 알 수 없었다.

모든 사람이 부귀영화를 추구하지만, 이것이 존재 이유는 아니다. 보통 기존의 생활관습으로 선인들에 의해 만들어진 일정 계획에 따라 생활하면 된다. 존재 이유 이런 것은 몰라도 상관이 없다. 천국 가고 극락왕생하기 위해 사는 사람도 있는 것 같은데 이것은 착각이다. 이것은 바램이요 소망이고 미래의 문제지 현재의 문제가 아니다. 지금 문제는 왜 우리가 여기에 서 있고 존재하느냐? 하는 현재의 당면문제이다. 사랑이니 자비니 인덕이니 하는 것은 생존 방법 또는 수단이지 내가 판단 시 존재 이유는 아니었다. 인간 완성에도 있는 것 같았다. 군자, 선비, 보살, 진인, 도사는 이상적인 완성된 인간상이다. 그러나 이런 인간상에서도 존재 이유를 찾을 수 없었다. 생존 요령과 수단은 많이 있었다. 인덕을 쌓아야 하고 근면 성실해야 하고 삼강오륜을 준수해야 하고 그러나 왜 태어나고 존재하는지 문제는 알 수 없었다. 그러나 나는 깨달았다. 사람은 스스로 태어나지 않았음을 알았고 스스로 태어나지 않았다는 것은 누군가 또는 다른 세계가 있음을 의미한다는 사실을 이것을 인간 창조의 세계라고 판단했고 자신의 존재 이유를 명확하게 알았다 그것은 사명이었다.

셋째, 인간의 불화 문제 원인 해석

예를 들어 병들고 실패하고 불운하고 한 원인과 결과를 기존에는 과로, 과욕, 박복, 전생, 인과응보 등의 원인으로 이를 교정하기 위해서는 휴식, 수신, 살풀이, 건강보조 식품의 복용 등이었다. 그러나 변경 후에는 자신의 역할에 태만하다든가 또는 다른 사람의 역할을 하려고 하는 것이 아닌가 하는 원인 분석을 하였으며 이를 수정하기 위해서는 자신의 역할을 다하고 있는지 스스로 확인하는 것이었다.

　이외에도 많은 변화가 있었다. 그리고 깨달은 것이 종교의 중요성이었다. 왜냐하면 사람은 스스로 태어날 수 없기 때문에 자신이 왜 태어났는지 반문하지만 이를 알 수가 없고 인간창조 세계를 가정하지 않는다면 이의 문제를 해결할 수가 없다. 그렇다면 종교에는 여러 종교가 있는데 어느 종교가 올바른 종교인지 나는 알 수 없었다. 그러나 확실한 것은 인간창조의 세계가 있다. 그래서 나는 이 세계를 원인 세계라고 정의했던 것이다. 물론 이 세계의 범주에는 종교에서 주장하는 배후세계도 포함시켰다. 왜냐하면 결국 객관성이 결여돼 그렇지 원리는 같기 때문이다. 그리고 나는 기독교 교주로부터 사명을 받았다. 이것은 내가 정의한 원인 세계가 기독교에서 주장하는 배후 세계 예를 들어 하늘나라, 천국과 같다는 간접 증거가 된다. 나는 1986년 화정동 교회에서 김진화 목사로부터 사명 확인을 받고 이의 실현을 검토 시 문제점을 발견하고 이의 해명을 원인 세계에 요구했던 것인데 사실 나는 이 역할 감당이 부담됐다. 종교란 것이 얼마나 복잡하고 말 한마디 잘못하면 졸지에 지탄의 대상이 되는 것이다. 이런 것보다 사실 좋은 역할이 얼마나 많이 있느냐? 사업가, 연구자, 학자 등 그래서 더 세밀하게 문제점을 파악하고 요약했는지 모른다. 그리고 나의 마음 한구석에는 설마 해명이 되겠는가? 하는 회의도 있었다. 이론적으로 보면 맞는 질문이었다. 그러나 현실적으로 보면 해명이 불가한 듯한 질문이었다. 그리고 지금 6년이 경과되었다. 나는 자신이 무언가 잘못하는 것이 아닌가? 하는 의문이 들었다.

'명확하게 사명을 알았으면 됐지, 이에 대한 검증은 또 뭐냐? 현실적으로 어떻게 검증을 한다는 말이냐?'

그러나 나는 아무리 생각해도 내 생각을 지울 수 없었다.

'사명의 내용이 나에게 국한되고 끝나는 일이라면 검증 과정이 없어도 얼마든지 좋다. 그러나 제삼자에게 의사전달해야 하는 문제다. 명확한 검증과 증거가 필요하다. 그런데 이게 과연 기다린다고 검증될 문제인가?'

그러나 나로서는 다른 방법이 없었다.

다음날 회사의 점심시간에 신문을 읽던 김 대리가 나에게 갑자기 질문했다.

"김 대리님! 다미선교회라는 말이 무슨 말인지 알아요?"

"그냥 교회 이름이지 무슨 특별한 의미가 있나?"

"다미선이란 말은 다가올 미래를 준비하라는 책 제목에서 앞글자만 따서 만든 것이고 이 책은 이장림 목사가 썼는데 요즘 시한부 종말론이라고 신문에서 떠들썩하잖아요!"

"그래? 그거 몰랐네."

김 대리는 서울 사람으로 나보다 다섯 살 연하로 나를 잘 따랐다. 그는 자칭 문학 지망생이었는데 평소 시사 문제에 밝았다.

"근데, 휴거 일시는 어떻게 판단한 거야?"

"그건 저거예요. 계시받은 어린이들이 있는데 진군, 하군, 권양 세 사람이고 이들은 모두 북한에 들어가 순교한다고 하는데 이 아이들이 계시를 받았다 그러잖아요."

"그래, 김 대리가 확실히 아는 게 많네!"

"노스트라다무스는 들어봤어요?"

"무슨 예언가 아냐?"

"맞아요, 이 사람이 예언을 했는데 인류의 종말이 온다고 지금 세상이 난리가 났잖아요."

예언하면 나는 연상되는 것이 성경이었다. 예수의 탄생, 그리고 예수가 베들레헴이라는 작은 마을에서 출생하리라는 것도 성경에 미리 예언되어 있다고 말을 들은 적이 있다. 그리고 요한계시록이란 예언서를 읽은 적이 있는데 이를 이해하기 어려웠던 기억이 있다.

김 대리의 설명은 계속됐는데 이 예언자가 1, 2차 세계대전은 물론이고 많은 역사적 주요 사건을 예언했는데 귀신같이 모든 예언 내용이 실현되었고 문제는 이 사람이 인류의 종말을 예언했는데 그 시기가 1990년대라고 했다.

김 대리의 말을 들으며 나는 문득 이런 생각이 들었다.

'종말론 신도가 확산하기까지 다미선교회의 교리뿐 아니라 세계적으로 유명한 예언가의 예언이 있었구나! 그렇다면 이를 파악해 봐야겠다.'

이날 저녁 나는 회사 앞 서점에 들러 예언가에 대한 책을 찾았다. 제목은 노스트라다무스이고 표지에는 -대예언 완전 해독 1991년판 -중동 전쟁 발발 -3차 대전돌입 -인류 멸망 -신의 마지막 선택 모두 노스트라다무스의 예언대로 실현되었다는 글귀와 이마 부위에 십자가가 그려져 있는 사람의 얼굴 그림이 있었는데 나는 무언가 으스스한 느낌을 받았다. 뒤표지를 보니 휴대용 원형 시계 그리고 문구가 있는데 내용은 이랬다.

「깊은 밤 비밀의 서재에 들어가 혼자 놋쇠의 삼각대에서 쉬고 있는 데 희미한 불길이 정적 속에 생겨나 믿을 수 있는 말을 나에게 고한다」 (여러세기 1장1번)

나는 책의 내용을 파악해 들어갔다.

노스트라다무스는 1503년 12월 14일 프랑스 프로방스 지방 생레미에서 태어난 인류사상 최대의 예언자다. 유럽에 흑사병이 만연하였을 때 의사로서 현대의 의학 기술을 발휘하여 많은 생명을 구했으며 만년에 인류 역사의 모든 비밀을 담은 예언서 '여러세기'를 저술하였다. 그의 사후 4백 년 동안 인류 역사는 그의 예언대로 적중되어 왔고 불가사의하달 수밖에 없는 그의 예지 능력은 신의 대리자로서 인식되고 있다. 무서운 것은 2000년을 전후하여 인류의 종말을 예언하고 있는 것이다.

나는 인류 종말에 대해 언급한 부분을 확인했다. 그것은 짧은 시였는데 내용은 이랬다.

「1999년 7의 달 하늘에서 공포의 대왕이 찾아와서 앙골모아의 대왕을 되살아나게 한다. 그 전후 화성(火星)이 행복 속에 통치하리라」 (10장 72번)

이 책의 해석으로는 그 발생 시기가 1999년 8월이나 12월 또는 2000년 1월이고 공포의 대왕이란 외계인의 내습, 지자기의 소멸. 혜성 또는 운석의 충돌, 인공위성의 낙하, 오존층의 파괴 등 여러 가지 설이 있었다. 앙골모아의 대왕이란 통합 아시아란 주장이 있었는데 전체적으로 해석이 복잡했다. 그리고 나는 재미있는 부분을 발견했다. 참된 구세주가 등장한다는 내용이었는데 그 구세주가 아시아와 깊은 관련이 있다는 예언이었다. 다시 말하면 아시아에서 구세주가 출현한다는 내용이었다.

「아무리 기다려도 다시 유럽에 나타나는 일은 없다. 그것은 아시아에 나타나리라. 동맹의 하나가 위대한 헤르메스에서 생긴다. 그는 동양의 모든 왕을 넘을 것이다」(10장 75번)

나는 이 책의 내용에 대해 우선 안심했는데 그것은 인류 종말의 시기가 1992년도가 아니라 1999년도나 2000년도라는 내용이었다.

그리고 구세주가 나타난다고 했으니 인류 멸망이라는 말은 서로 모순이 된다. 그래서 나는 무언가 큰 변화가 있을 것이라고 이해했다.

'21세기가 되면 무엇인가 큰 변화가 있구나 그리고 아시아에서 구세주가 출현한다고 하는데 이것은 뭐지?'

일단 나는 당장 문제도 안 되는 것을 사람들이 너무 우려하고 있구나 하고 판단했다. 그리고 의아하다는 생각을 한 것이 왜 수년 뒤에 있을지도 모르는 일을 갖고 지금 이 난리인가? 라는 생각도 들었다. 나는 먼저 교회에서 받은 미래를 준비하라는 책자를 떠 올렸다. 그 책자에도 계시 된 많은 어린이가 있다고 하는데 이것은 추정이지 확정이 아니다. 그렇다면 노스트라다무스의 예언도 추정이지 확정은 아니다. 내가 판단할 때 이렇게 된 것 같았다. 말하는 사람은 추정 근거를 기준하여 예상 일시나 예상 사건을 이야기하는데 이를 듣는 사람은 확정 일시나 확정 사실로 받아들였다. 그러면 이를 주장하는 사람은 확실하게 예상 또는 추정이란 말도 함께 전달해야 하는데 왜 이를 빼고 전달해 사람들이 동요를 일으키게 하는 것일까? 지금 당장은 이 때문에 많은 사람이 피해를 보고 있었다. 가정파탄에 직장이탈, 학생은 학업 포기, 낙태, 자살 등. 그리고 예상 일시를 듣는 사람도 조금만 생각하면 예상인 것을 알 수 있는데 왜 이를 확정 일시로 받아들이고 있는 것일까? 내가 판단 시 말하는 사람이나 듣는 사람 모두 문제가 있었다. 그러나 우선은 말하는 사람 쪽에 있었다. 말을 정확하게 해야 듣는 사람이 착오가 없는 것이고 실수를 안 하기 때문이다. 그러면 문제는 주장하는 사람인데 교회나 예언가는 왜 이런 내용을 유포했을까? 나는 도대체 알 수 없었다.

'왜 이런 추정 사건을 유포했지? 그 이유가 뭐지?'

나는 궁금했지만 그 이유를 알 수는 없었다. 그러나 나는 직감적으로 느꼈다.

'확실히는 모르겠지만 무언가 있구나.'

그리고 휴거를 준비하라는 책자의 표지와 문구를 다시 음미했다. 「급한 소식, 예수 공중재림과 휴거를 준비하라, 92년 10월 28일 지상 최대의 인간 증발 사건발생」

수일 후 나는 궁금하던 이유를 우연히 알았는데 그것은 이장림 목사의 구속 뉴스를 통해서였다. 구속 사유가 사기 혐의였다.

이날 나는 우연히 숙소 휴게실에서 저녁 뉴스를 보았는데 보도를 보다 깜짝 놀랐다. 이 목사가 수갑을 차고 수사관들이 양쪽에서 이 목사를 끌고 승차시켜 어디론가 태워 가는 장면과 함께 사기 혐의로 구속되었다는 아나운서의 말이 빠르게 들려왔다. 나는 판단했다.

'이제 종말론 사건은 끝났구나! 많은 사람이 피해에서 벗어나겠구나.'

보도의 주요 내용에 따르면 이 목사가 종말론을 내세워 신도들로부터 34억 원을 받아 개인적으로 유용한 사실을 확인하고 사기, 외환관리법 위반 등으로 구속했다고 했다.

다음날 나는 신문에 보도된 이 목사 구속 내용을 상세히 파악했다.

「종말론 이 목사 사기 혐의 구속」

「종말론 불안 확신에 쐐기 -신도 자살 무단가출 직장이탈 등 속출 -휴거일 넘긴 만기의 3억 환매채 소지 -10. 28 휴거 종말론으로 물의를 일으킨 이 목사가 사기 및 외환관리법 위반혐의로 24일 오후 구속 수감됐다」

나는 사기혐의 부분을 자세히 보았다.

이 목사는 다미선교회를 세운 뒤 예배를 개최하면서 세상의 모든 물질적 가치를 포기하면 예수가 공중 재림하는 92년 10월 28일에 휴거될 수 있을 것이라고 속여 이를 믿은 신도들로부터 재산을 매각토록 하는 등의 방법으로 모두 34억 3천여만 원을 헌납받아 가로챘다는 것이다.

나는 이때 확실하게 예상 또는 추정이란 단어를 사용하지 않은 이유를 알았다. 이 목사에 대한 소개와 함께 그가 어떻게 종말론을 제시하게 되었는가 하는 경위도 나와 있었다.

이장림 목사는 1948년 2월 경남 진주에서 출생해 K교 신학대 1년을 수료한 뒤 10년 가까이 기독교 출판사인 생명의 말씀사에서 번역부장으로 근무했다. 지난 87년 5월 시한부 종말론자인 미국의 펄시 콜레(89)의 저서 1백 가지 천국의 비밀을 번역 출간한 데 이어 다가올 미래를 대비하라는 책을 저술 발간하면서 시한부 종말론을 소개하고 스스로도 가정예배를 통해 휴거론을 전도하던 중 신도 수가 늘어나자 1988년 8월 다미선교회를 설립했다. 일단 나는 안심했다.
 '이제 많은 신자가 가정으로 복귀해 종말론으로 야기된 사회불안이 끝나겠구나! 왜냐하면, 전국에 있는 종말론 신자들이 이 뉴스를 보았을 것 아니냐? 그러면 모두 허위라는 사실을 알고 허탈하겠지만 체념하고 생활에 전념하겠지.'
 그러나 이 목사 구속 후에도 종말론 신자들의 피해가 보도되었는데 나는 크게 문제를 안 삼았다. 이는 신도들의 신념이 소진되는 과정에서 발생되는 갈등으로 곧 진화될 것으로 보았다.

 이 목사가 구속되고 난 후 열흘 정도 지난 10월 4일 일요일 저녁 뉴스를 보던 나는 깜짝 놀랐다. 교회에 화재가 발생해 십여 명의 신도가 사망했다. 화재 원인은 방화인데 교회에 불만을 품은 신도 가족이 휘발유를 뿌려 방화했다고 했다.
 '아이고, 이 사람들이 드디어 일을 냈구나!'
 나는 종말론 신자들이 신념의 소진 과정에서 발생시킨 돌출 행동으로 짐작하고 계속 뉴스를 주시했다. 시커멓게 타버린 건물 내부를 배경으로 살아남은 신도 한 명이 당시의 참혹했던 상황을 설명했다.
 "갑자기 펑 하는 소리와 함께 불이야 하는 소리가 났고 시커먼 연기가 솟아올랐습니다. 불길은 삽시간에 바닥에 깔려있던 카페트를 타고 사방으로 번졌는데 이 과정에서 유독가스가 발생하여 많은 사람이 건물을 빠져나오지 못했습니다."
 그런데 나는 보도 중에 이상한 말을 들었다. 사망자 수가 더 늘어날 것 같다는 방송인의 발언이 있었는데 그 이유는 수혈을 거부하기 때문이고 수혈을 거부하는 것은 이 교회의 교리라고 했다. 나는 언뜻 이건 또 뭐냐 하는 의문을 가졌다.

'아니! 수혈을 거부해 죽는다니 이게 말이나 되는 소리냐? 그리고 교리가 그렇다는데 이게 무슨 소리냐? 뭔가 잘못됐겠지……!'

다음날 신문을 통해 내가 확인한 것은 교회 참사로 인해, 사망 14명 중상 24명이라는 보도였다. 한 마디로 참혹했다. 보도 내용을 요약하면 이랬다.

「교회 불 질러 14명 사망 -강원도 원주 아내 불러 달라 반응 없자 범행 -출입구 휘발유 붓고 방화 교리 이유 수혈 거부 사망자 늘 듯 -참사현장 내부가 전소된 채 신도들의 신발과 신발장 등이 어지럽게 널려 있어 당시의 처참했던 모습을 보여 주고 있다 -부부 종교적 갈등이 빚은 참화 -부인의 광신적 행동에 충동적 범행 -카펫서 유독가스 발생 인명피해 커 -중화상 신도 수혈 거부 계율 지키다 끝내 숨져」

신문을 보고 나의 판단이 잘못되었음을 알았다. 이 교회는 종말론 교회가 아니고 다른 교회인데 신도와 가족 간의 불화가 원인이 되어 발생한 사건이었다.

'다행이다. 종말론 교회는 아니구나! 그런데 이 교회는 또 뭐냐? 무슨 교리가 수혈 거부 계율이 다 있지? 아이고 이거 교회란 게 복잡하구나!'

나는 교회라면 다 같은 줄 알았다. 왜냐하면 교회는 교본이 성경인데 같은 교본을 갖고 교육함으로 사소한 차이가 있다 해도 결국에는 같은 줄 알았다. 그러나 그게 아니었다. 성경은 같은데 나의 판단으로 성경 보조자료가 다른 것이었다. 이를 쉽게 말하자면 이렇다. 내가 다니던 국민학교 시절 중학교 입학을 위해서는 입학시험을 봐야 하는데 학생들이 많이 사용하는 책으로 전과라는 책이 있었다. 이 책은 교과서 보조자료로 교과서 내용을 알기 쉽게 풀이해 놓았는데 이에는 동아 전과, 국민 전과 등 수종의 책이 있었고 예상 문제집이라고 해서 또 수종의 책이 있었다. 중고교 때도 마찬가지였다. 고교 때는 아예 교과서는 무시하고 정통종합영어, 수학정석 같은 참고서를 중심으로 공부하는 학생들이 많았다. 교과서를 중심으로 교육을 해야 하는데 참고서를 중심으로 학습하다 보니 여러 문제가 많았다. 우선 부교재가 많았다. 과목당 2~3권 하는 참고서를 준비했고 같은 내용인데 반복해서 학습해야 했다. 그나마 교육은 시험제도가 있어 정답을 찾을 수 있는데 지금 종교 문제란 교과서는 하나인데 참고서가 많고 시험이 없다 보니 정답을 알 수 없는 형국이었다. 그러다 보니 종말론 교리, 수혈 거부 계율 등이 있는 것 같았다. 종말론 교회의 부교재는 먼저 내가 받아온 '예수 공중재림과 휴거를 준비하라', '7년 환난과 마지막 구원' 같은 책이고 이번에 불탄 교회는 또 다른 부교재가 있겠지. 이 교회 부교재는 무엇일까? 하는 생각이 들었다. 나는 이 교회의 부교재를 중심으로 교회 상황을 파악해 보았다.

「독특한 성경해석 -잇단 물의 -Y의 증인 어떤 교단인가?」
　내가 파악한 이 교회는 집총거부, 국기에 대한 경례 거부, 수혈 거부로 널리 알려진 교회였다. 집총 거부라는 말에 나는 이 교회가 어떤 교회인지 알 것 같았다. 나는 주위에서 이 교회 사람들을 많이 경험했다. 내가 살던 동네에서 장사하는 조그만 가게가 있었는데 이

가게 주인이 이 교회 신자였다. 미군 부대에서 일하다 나와 가게를 하며 생활했는데 일요일이면 항상 깨끗한 옷을 입고 어딘가 다녀오는 모습을 나는 무심코 보았다. 이를 기억하는 이유는 이분이 이상하게 네모난 까만 가방을 옆구리에 끼고 다녔는데 당시 그런 가방을 갖고 다니는 사람은 드물었다. 그 가게에는 아이들이 모두 넷인데 사내애만 있었다. 둘째가 나와 한 살 차이로 가까운 친구였다. 어린 시절 동네 애들은 여러 놀이를 하며 자랐는데 구슬치기, 딱지치기, 도둑놈 잡기, 정월 대보름이 되면 깡통에 횃불 돌리기, 나무에 올라가 도토리 따기, 개울가에 고기잡이 등을 하며 함께 자란 친구였다. 이 집 형제들의 이름은 맏이 구이 둘째가 덕이 셋째가 윤이 넷째가 항이였다. 가게 앞에는 넓은 마당이 있었고 나는 이곳에 내려가 구슬치기를 하며 놀았는데 둘째인 덕이와 같이 학교도 다니며 친하게 지냈다. 하루는 덕이를 통해 말을 들었는데 자기 부친을 따라 교회에 가 보았다고 했다. 그의 부친이 많은 사람 앞에 나가 말하는데 큰 소리로 의젓하게 연설을 잘한다는 말을 들었다. 이때 나는 그의 부친이 교회에 다니는 사실을 알았다. 그러나 나는 어려서 그것이 무슨 교회인지는 몰랐다. 이 교회에서 집총 거부를 한다는 사실을 안 것은 고교를 졸업하고 직장에 다닐 때였다. 형한테서 구이가 형무소에 가 있다는 얘기를 들었다. 구이와 나의 형은 서로 친구였다. 동네 근교 중학교를 같이 다녔는데 서로 소식이 닿았던 것 같다. 내가 중학교 다닐 때쯤, 덕이네는 이사해 소식을 모르고 있었다.

"아니? 구이형이 성격이 상당히 착한데 왜 형무소에 가지?"

"군대를 안 가잖아. 그 교회 사람들은 군대를 안 가거든 군대 대신 해서 형무소 간 거야."

그리고 얼마 후 나는 셋째인 윤이를 동네에서 우연히 만났다. 그는 네모난 까만 가방을 들고 아는 사람과 함께 이웃집 대문을 기웃거리며 전도를 하고 있었다. 내가 아는 체를 하자 그는 나에게 인사를 하며 전도 중이라 말하고 나에게 두 권의 책을 권했다.

"형! 이 책을 드릴 테니 한 번 읽어보세요."

"그래, 고맙다."

내가 그 책을 보니 얇은 두께에 제목은 '파수대'였다. 책을 보며 나는 어려서 부친 생각이 났다. 아버지는 누가 주더라며 가끔 파수대 책을 가져왔는데 나는 글의 내용보다 그림을 많이 보았던 기억이 났다. 넓은 초원에 사람과 사자 같은 맹수가 같이 어울려 사는 모습이었는데 주변의 나무에는 과실이 열려 있고 시내가 흘러 상당히 평화로운 모습의 그림이었다. 그리고 나는 이상하다는 생각을 한 적이 있었는데 책이 한 권이 아니라 두 권이었다. 겨우 수 페이지밖에 안 되는 얇은 책이었는데 왜 두 권으로 나누어 만들었지? 하고 생각한 적이 있었다. 그리고 기억되는 것이 두 권의 책이 서로 차이가 있었는데 표지의 인쇄 색깔이 달랐다. 하나는 황색 다른 하나는 연녹색이었다.

내가 친구인 덕이와 통화를 한 것은 H엔진에 입사하고 나서 한참 후였다. 서울 집에 갔다가 우연히 덕이 부친을 만났다.

"아저씨, 안녕하세요?"

"너 길동이 동생이지?"

"네! 덕이 잘 있어요?"

"그럼, 잘 있지. 내가 전화번호를 일러줄테니 전화해 봐."

내가 통화해 보니 덕이는 아주 반가워했다. 내가 어떻게 지내느냐고 묻자, 금은세공 기술을 배워 주문을 받아 집에서 일하며 생활한다고 했다. 나는 언뜻 이 교회는 신도 상호 생계 문제를 지원해 준다는 말을 들은 적이 있었는데 일단 잘 됐다고 생각했다.

그리고 내가 듣기로 이 교회 신도는 집총을 거부하는 이유로 고등학교도 안 간다고 했다. 당시 내가 고교 때 교련과목이 있었고 나도 군사 교육을 받았다. 제식훈련, 총검술, 총기 관리, 화생방, 응급조치 등을 교육받았고 매주 월요일마다 시행하는 운동장 조회도 교련 조회와 일반조회로 구분되었는데 나의 경우에는 교련 조회가 많았다. 교복에 요대를 두르고 신발 위에 각반을 찬 다음 교모를 쓰고 조회를 했다. 보통 분열이라고 하여 학급 단위로 대열을 만들어 연단 앞으로 중대장과 기수를 선두로 행진하곤 했다.

근데 이런 것 때문에 고등학교 진학을 안 한다니 고교를 안 가면 취업은 물론, 사회생활 하는 데 어려움이 많을 텐데 그래도 괜찮은가? 하는 생각이 들었다. 이러한 경험을 근거로 나는 추정을 했다.

'혹시 파수대라는 이 책이 이 교회의 부교재 아닌가?'

나는 신문 내용에서 이를 확인할 수 있는 문구를 찾아냈다.

「대표적 선교 간행물은 파수대다」

이때 나는 의문을 가졌다.

'왜 교과서를 위주로 안 하고 부교재 위주로 교육을 하지?'

나는 이 목사의 구속 경우를 떠올리며 결국 누군가 부교재로 인해서 개인 이득을 취하는 사람이 있는 것 아닌가? 하는 의문이 들고 혹시 교과서가 너무 어려워 부교재가 발행되는 것 아닌가 하는 생각도 들었다. 그러나 결국, 부교재도 발행 목적은 교과서의 이해와 숙지에 있는 것이었고 나의 경험으로 판단할 때 부교재를 잘만

활용하면 오히려 교과서만 공부하는 것보다, 효과가 있음을 알고 있었다. 그렇다면 뭐냐 하고 자문하다 나는 결국 불량 교재가 있는 것 아닌가? 하는 생각이 들었다.

'만약 그렇다면 누군가 나서서 부실 교재 이용으로 인한 문제점을 호소하고 교과서 사용을 권장해야 할 텐데 그리고 이를 아는 사람들이 분명 있을 텐데 이들은 왜 가만히 있지? 분명 누군가 부실 교재로 인한 피해를 보고 있을 텐데 누군가 나서 이의 문제점을 지적하고 교과서 위주의 교육을 호소해야 하지 않을까?'

수일 후 나는 대한 예수교 장로회총회(합동정립) 증경총회장 목사 손홍식 명의의 성명서를 보았다. 신문에는 종말론에 대한 사이비 및 이단의 거짓 예언임을 밝히는 성명서라고 되어 있었다.

「92년 10월 28일의 예수 공중재림 및 성도의 휴거설은 사이비 기독교 집단 혹은 이단이 유포한 거짓 예언에 불과합니다. 우리 대한 예수교 장로회총회 및 총회신학교는 한국교회와 사회에 혼란을 야기시키는 시한부 종말론의 허구성과 병폐를 심히 우려하고 있습니다. 사회의 해이한 분위기와 기독교의 무기력함을 틈타 독버섯처럼 발호한 시한부 종말론에 대하여 국가의 공권력이 동원되고 전 국민의 관심이 고조되는 현실을 직시하는 가운데 본 교단과 신학교는 심히 유감스러운 마음으로 이에 대한 우리의 입장을 천명합니다.

1. 성경에서 탁월한 그리스도의 재림교리
2. 재림시기에 대한 성경 계시의 침묵
3. 재림의 날짜 예언은 악령의 역사로 나타난 거짓 예언
4. 성경대로 진행할 진정한 기독교 운동의 필요

비록 주님이 내일 오실지라도 오늘은 그분이 분부하신 명령을 쫓아 교회 본래의 사명을 수행하고 진정한 기독교 운동을 전개함으로 하나님께 영광을 돌리는 한국교회와 성도가 되시길 당부합니다. 1992년 10월 2일 대한예수교장로회총회 손홍식외 11명」

우선 나는 다행이라고 생각했다. 이 성명서의 주인공은 교과서인 성경을 중심으로 교육하는 사람이라는 판단이 섰다. 특히 나의 확신이 가는 문구가 '내일 주님이 오실지라도 오늘은 교회 본래의 사명을 수행한다'는 내용이었다. 그리고 성명서 내용에서 중요한 사실을 발견했다. 그것은 예수의 재림과 기독교의 관계를 알 수 있는 문구였다.

「성경에서 탁월한 그리스도의 재림교리」
「예수 그리스도의 재림은 기독교 신앙의 핵심이요 요체입니다. 택차구원의 종결이요 인류구속 역사의 정점입니다. 성육신의 초림으로 이미 시작된 종말은 그리스도의 영광스러운 재림으로 완전 성취됩니다. 따라서 그리스도의 재림은 성경해석의 열쇠가 되며 진정한 기독교 운동의 축이요 목표가 됩니다. 그리스도의 재림이 없다면 기독교는 그 생명력을 잃게 됩니다. 그러나 그리스도의 재림은 초림이 역사 속에 실현되었듯이 반드시 성취됩니다. 그날 이후 세상 역사는 종결되고 영원한 새 하늘과 새 땅의 역사가 시작됩니다. 참으로 그리스도의 재림은 기독교의 전부입니다. 가장 중대한 소망의 교리입니다」

나는 이 문구를 다시 요약했다.

예수의 재림은 기독교 신앙의 핵심이요 요체다. 구원의 종결이다. 성경해석의 열쇠가 되며 기독교 운동의 축이요 목표가 된다. 기독교의 전부다.

나는 무엇인지 잘 모르겠지만 예수의 재림이 상당히 중요하다는 사실을 알았다.

'무엇인지는 잘 모르겠지만 예수의 재림이 상당히 중요하구나! 예수의 재림이라면 이분이 다시 세상에 온다는 얘기인데……'

그러면서 내가 예수를 만났을 때의 광경을 다시 떠올렸다. 처음 이분을 봤을 때 나는 사람을 못 보았다. 사람보다 먼저 내 눈에 보인 것은 커다란 빛기둥이었다. 빛기둥을 쳐다보다 기둥 아래 있는 사람을 보았고 이분의 맑은 음성을 들었고 이분의 얼굴을 본다며 내가 얼굴을 번쩍 쳐들었을 때 상대 얼굴은 못 보고 빛만 보았다. 그 빛을 보고 눈을 뜰 수가 없어 손을 더듬어 방으로 들어갔었다. 그 뒤로 20년이 지난 지금 나는 나의 사명을 알고 있지만 왜 이러한 일을 나만 경험했느냐? 하는 등의 문제로 계속 원인 세계로부터의 해명을 기다리고 있는 중이다. 이분에 대해 이상한 점은 많았다.

이분 뒤에 있던 빛기둥은 뭐냐? 그리고 내가 곰곰이 생각하니 먼 거리에서 내 앞으로 잠깐 사이에 걸어왔는데 어떻게 빨리 이동했느냐? 내가 목격했을 때 분명 모든 건물과 다른 사람이 안 보이고 나와 이분 둘만 만났는데 왜 다른 사람들과 건물이 안 보였을까? 사람 얼굴은 안 보이고 왜 빛만 보였을까? 내가 모든 것을 알 수는 없다. 그러나 분명한 것은 나의 역할 수행에 필요한 두 가지 의문은 반드시 확인해야 한다는 입장이었다. 그런데 이의 검증을 한다며 기다린 지가 도대체 몇 년이냐? 그리고 예수 이분의 재림이 예언되어 있는 것 같은데 그렇다면 예수의 재림과 내가 이 분을 만난 것은 무엇일까?

나는 나의 사명을 아는 것으로만 의미를 두었는데 무언가 다른 의미도 있는가? 하고 자문해 보았지만 이를 알 수는 없었다. 단지 판단할 수 있는 것은 무언지 모르지만, 나의 사명이 상당히 중요하다는 느낌을 받았다.

일단 나는 성명서 발표 사실을 접하고 먼저 이 목사 구속과 성명서까지 발표되었으니, 종말론 교회 사태는 끝났다고 생각했다. 그러나 현실은 내 생각과 같지 않았다.

이 목사가 구속된 이후 이 목사의 자필 편지가 공개되었다.

'최근 휴거가 없더라도 주님이 오실 때까지 조용히 기다리는 마음이 중요하다. 사회적 물의를 일으킨 것을 사과한다.'

그러나 신도들은 이 목사의 설교 모습을 담은 비디오를 대형 화면으로 보며 영상예배를 했다. 그리고 이들 중 상당수가 휴거 일자가 다가오자, 휴거를 맞기 위해 이미 가족들에게 작별 인사를 하거나 가출한 뒤 교회에서 집단 합숙을 하고 있었다.

이런 상황에서 10월 27일부터 검찰과 경찰의 비상령이 내렸다. 전국의 주요 종말론 교회에 경찰병력을 배치했는데 이는 신도들의 집단자살 등 극단적 행동이 우려되기 때문이었다. 경찰들은 교회 출입구에 지켜서 교회 관계자와 신도들의 동향을 감시했다. 경찰에서 우려하는 것은 휴거가 안 될 시 실망에 따른 신도들의 집단 난동, 자살 등의 예측 불가능한 돌출 행동이었다. 나는 이러한 동태를 보며 만약의 경우 발생할지도 모를 사태에 대해 크게 우려는 안 했다.

그것은 이 목사 구속에 따른 보도와 그의 사과 편지 공개, 장로교 총회 명의의 성명서 공표로 신도들의 믿음이 저하되고 있음을 감지했기 때문이다.

내가 방문했던 다미선교회 전하지부에는 저녁 일찍부터 전투경찰이 수십 명 배치되고 구급차, 소방차, 경찰차가 언제 일어날지 모르는 사태에 대비해 경광등을 밝히고 비상대기를 하고 있었다.
휴거 시간이 가까워지는 밤 10시경이 되자 수백 명의 사람이 밀집해 가족의 안위를 걱정하며 밖에 서 있었다. 이 중에는 멀리 서울 등 객지에서 식구를 찾아 나선 사람도 많이 있었다.
한 60대 노파는 며느리를 찾아 서울에서 왔고 한 30대 남자는 친모를 찾아 부산에서 올라왔다. 교회 내 신도들이 열광적으로 찬송가를 부르자 한 남자가 욕설을 퍼부었다.
"도대체, 이 책임을 누가 질 것이지? 아니, 남편보다 휴거가 더 귀중하다고 하니 집에 들어오나 봐라."
이 남자는 아내와 외동딸을 찾아 왔는데 기다리는 동안 분통이 터진 것이었다.
"가정을 파탄시키는 것이 종교냐?"
친딸과 사위를 찾으러 온 한 노인도 분개했다. 자정이 다 되었을 때 사람들은 카운트다운을 세기 시작했다.
"열, 아홉, 여덟, 일곱……."
"열두 시다. 올라가라! 올라가! 저기 뭔가 떴다 떴어……."
자정이 지나 얼마 후 며느리를 찾아온 노파가 기다리다 못해 교회 내부로 들어갔다. 교회 안에는 많은 신도가 멍한 표정으로 앉아 있었는데 책임자인 듯한 사람이 앞에 나서 귀가를 종용했다.

"이제 모두 집으로 돌아갑시다."

신도들이 그래도 꼼짝없이 앉아 있자 계속되는 책임자의 권유 발언이 있었다.

"여러분! 낙심하지 말고 주님 오시는 그날까지 더욱 열심히 기도합시다."

10월 29일 새벽 1시경 휴거가 불발로 끝났지만, 신도들은 허탈해하면서도 조용히 귀가했다. 우려했던 이상 행동도 없었고 돌출사고도 없었다.

6
선비와 소녀

1992년 12월 나는 울산시 태화강 둔치에 나가 있었는데 이는 현대그룹 정주영 회장이 대선 출마를 했고 당일 후보 연설이 있기 때문이었다. 헬리콥터가 멀리 동녘 하늘에서 급히 날아왔고 둔치를 중심으로 선회하더니 착륙하자 정 후보는 곧바로 미리 마련된 연단에 올라 유세를 시작했다. 카랑카랑하면서도 힘 있는 목소리가 확성기를 통해 흘러나왔다.

"울산의 애국시민 여러분 반갑습니다. 차가운 겨울 날씨에도 불구하고 이 자리에 참석해 주신 여러분께 깊은 감사를 드립니다. 나는 마음먹기에 따라서 누구보다 안락하고 호화로운 사생활을 즐길 수 있는 처지에 있습니다. 그러나 오늘날 우리가 맞고 있는 국가적 위기 상황을 외면한 채 나 혼자만 편하게 살 수는 없습니다. 나는 남은 생을 국가와 사회를 위해, 무엇인가 보탬이 되는 일을 하려고 깊이 생각해 왔습니다. 중소기업체를 비롯하여 오늘날 우리 경제가 침체의 늪에서 벗어나지 못하는 것은 정부에 실물경제를 아는 사람들이 없기 때문입니다. 내가 대통령에 당선된다면 임기인 5년 동안에 우리나라 경제를 50년 앞당겨 세계가 부러워하는 경제 대국으로 만들 것을 약속합니다."

유세 연설을 들으며 나는 언뜻 정 후보에 대한 나의 경험을 떠 올렸다. 내가 정 회장을 처음으로 가까이 본 것은 입사 후 얼마 지나지 않아 기계공장에서였다. 이날 나는 회장의 공장 방문계획을 알고 있었다. 보통 회장은 회사를 내방 시 사내 영빈관에서 숙식하고 아침 일찍 현장에 내려가 상황을 파악하곤 하였는데 이날은 엔진 현장을 순시할 예정이었다. 엔진에는 귀빈 방문이 많은 이유가 있었는데 이는 첨단 가공 장비와 대형 엔진의 시운전 모습은 관람자의 높은 신뢰를 유발하였고 물량 수주로 연결되곤 하였다. 귀빈의 방문 경우를 대비해서 귀빈통로를 선정해 두었는데 기계공장 남문에서 시작해 중앙통로를 경유해 조립공장 시운전장으로 이어지는 행로였다. 관람이 끝나는 북단 대형 문을 나서면 동해바다가 전개되며 대형 선박들이 정박해 있어 방문자에게 깊은 인상을 심어 주었다. 보통 귀빈의 방문계획이 전일 통보되는데 이때는 귀빈통로를 중심으로 깨끗하게 청소했다. 이때 통로에 있던 부품 정리가 동시에 진행되곤 했다.

나는 출근하자마자 작업 진행 상황을 파악하기 위해 현장에 내려 갔는데 가면서 보니 공장 남쪽 문 앞에는 사장님을 비롯하여 중역들이 회장의 내방을 기다리며 대기하고 있었다. 내가 담당하는 현장은 북쪽에 있었는데 나는 프로펠러 축을 가공하는 가공장비 상황을 파악하고 있었다. 장비에서는 절삭유가 원인인지 가공 면에서 하얀 연기가 일고 있었는데 이를 이상하게 생각했다. 겨울이라 절삭유가 냉각되어서 그런가 하며 주시하였는데, 평소 못 보던 세 사람이 현장에 들어왔다. 맨 앞 사람은 두툼한 작업복을 입고 털모자를 썼는데 건장하니 조금 뒤뚱거리는 걸음이었다. 나는 언뜻 생각하였다.

'중공업 하청소장인 모양인데 여기는 왜 왔지? 이상하다!'

내 할 일이나 하자며 그들과 마주 보고 지나쳤는데 뒤따라가던 사람이 나에게 말을 걸었다.

"잠깐 말 좀 물어봅시다. 혹시 사장님 어디 계신지 아십니까?"

이분은 복장이 깨끗했고 목소리는 속삭이듯이 조용하며 겸손했다. 언뜻 명찰을 보니 H중공업 문화부 소속 차장이었다. 나는 이상하게 생각했다. 이분이 왜 감히 높으신 분을 찾는지 이해가 안 됐다.

"영빈관 가까운 대문에 계십니다."

"말씀 좀 전해주십시오. 회장님 오셨다고."

"알겠습니다."

나는 거수경례를 했다. 정신이 번쩍 났다. 한참을 뛰어 남문까지 가자, 나는 숨이 찼다. 사장 이하 중역들 모든 사람이 무슨 일인가 하고 나를 주시했다. 나는 부서장인 곽 차장을 통해 보고했다.

"회장님 오셨습니다. 저쪽으로."

나는 손을 들어 북문을 가리켰는데 사장님을 포함해 많은 사람이 북문을 향해 갑자기 뛰기 시작했다.

이들이 북문에 도착했을 때 갑자기 대문에 딸린 작은 문이 열리며 정 회장이 문턱을 넘어 들어왔다. 달리던 중역들은 갑자기 부동자세로 서서, 거수경례를 하고 사장님은 모자를 벗어 고개를 숙여 인사를 했다. 회장은 눈으로 인사를 받으며 앞으로 걸어 나갔는데 과묵하니 말이 없었다.

나는 멀리 떨어져 상황을 살펴보며 속으로 생각했다.

'저분이 그 유명한 정 회장이구나! 그런데 이상하다 내가 왜 저분을 몰라보았지?'

회장은 별다른 특징은 없었고 보통 작업자와 똑같은 복장이었다. 내가 있던 작업장에는 나 이외에도 여러 사람이 있었지만 아무도 그의 신분을 알아채지 못했다. 거기다 나는 서로 얼굴을 마주 보고 지나쳤는데도 신분을 알아보지 못하고 인사도 안 한 것이다. 이런 결례가 있을 수 없었다.

그 후 회장을 가까이서 본 것은 회사 내 단조공장 사무실에서였다. 나는 업무차 사무실에 들렀는데 누가 나에게 정 회장이라고 말해주어 창밖을 보니 회장이 있었다. 그는 해안초소에 있던 군인들과 담소를 하고 있었다. 군인들은 울산경비사령부 소속 사병들인데 사내 방파제에서 해안 경계 근무를 서고 있었다. 소규모 단위 병력의 인원인데 가끔 바다를 향해 포를 쏘아 대포 소리가 사내에 크게 울리고는 하였다. 방파제는 파도가 크게 치는 경우 부분적으로 붕괴되는 경우가 있었는데 이런 경우 방파석을 날라 보수를 하였다. 회장은 보수 현장을 둘러보다 초소에 있던 군인들과 담소를 하는 것이었다. 언뜻 보니 수행원도 안 보이고 공사 작업자 수명이 안전모를 쓰고 있었다.

단조공장은 방파제에 근접해 있어 파도가 심한 경우 공장이 침수되기도 하였는데 사무실은 이층에 있어 방파제 상황이 잘 들어왔다.

조금 있으니까, 회장은 손을 들어 앞을 가리키기도 하였는데 이는 작업자에게 무언가 지시하는 것 같았다. 조금 떨어져 모르는 사람이 본다면 그들 모두 회사작업자였다. 전혀 신분의 차이가 없었다. 나는 이상하게 생각했다.

'아니, 그래도 저분이 국내 재벌그룹의 총수인데 고귀한 신분의 당사자가 왜 이런 공사판까지 직접 와서 작업자와 똑같은 위치에서 작업하듯 서 있을까?'

나는 이해가 안 되었다.

그리고 내가 다시 회장을 본 것은 사내 체육관에서였다. 그는 가끔 사원들을 집결시켜, 조회를 하였는데 그때마다 체육관 강당에서 훈시하였다. 조회 분위기는 웅장했다. 만여 명을 수용하는 넓은 공간에 연단 위에는 중역들이 의자에 앉아 있고 단상 아래 넓은 공간에는 사원들이 꽉 차 있었다. 회장이 입장하고 간단한 국민의례로 식이 시작되는데 훈시 중 많이 쓰는 내용이 기능 올림픽 금메달 얘기였다. 그는 우리 민족의 장인정신과 기술을 극찬하며 우리가 세계에서 제일가는 제품을 만들 수 있다고 강조했다. 그 근거로 제시한 것이 바로 기능 올림픽 대회에서 우리 선수들이 수년간 연속 세계제패를 했다는 내용이었다. 보통 그는 훈시할 때 원고나 메모한 내용 없이 연설하였는데 설교 내용은 조리 있고 요약되게 하였으며 훈시 시간은 길지 않았다.

1992년 2월 나는 고교 선배로부터 전화를 받고 선배가 근무하는 사무실을 방문했는데 이때 회장이 설립한 국민당 당원 가입을 권유

받았다.

"형님, 안녕하세요?"

"어 왔어! 반갑다. 그래 잘 지내고?"

악수하고 난 후 그는 다시 자리에 앉더니 서류봉투를 찾아 양식 문서를 꺼내 나와 함께 간 후배에게 양식을 주며 말했다.

"저기 책상에 가서 이 서류를 작성해서 갖고 와."

"이게 무엇입니까?"

"음, 국민당 원서야."

"알겠습니다."

적다 보니 도장이 없었다.

"형님, 저 도장을 안 가져왔는데요."

"그래? 그러면 지장 찍어."

나는 바로 원서를 작성해 후배와 함께 제출했는데 선배는 서류를 받으며 말했다.

"이번 일요일 오후 2시에 체육관에서 창당대회가 있으니까 꼭 참석해라."

"예, 알겠습니다."

이렇게 해서 나는 졸지에 국민당 당원이 되었다. 고교 선배 권유라서 누구라도 거절할 수 없었다.

그리고 수일 후 사내 체육관에서 거행되는 창당대회에 참석해 보니 그 넓은 체육관이 사람들로 꽉 차 있었다. 남녀노소 할 것 없이 많은 사람이 참석하였다.

정 회장이 연단에 올라 창당을 선언했고 '나의 깨끗한 정치 신념' 이란 제목으로 창당사를 낭독했다.

"지금 우리 사회는 문자 그대로 총체적 위기에 직면해 있습니다. 정치는 국정과 민생문제는 뒷전에 두고 당리당략과 대권 다툼에만 골몰해 국민의 정치 불신을 증폭시키고 있습니다. 정의로워야 할 사회는 부패, 사치, 낭비, 퇴폐풍조의 만연으로 도덕성이 무너지면서 살인, 강도, 절도, 성범죄, 마약 등 온갖 사회악이 활개 치고 있습니다. 정치와 사회상이 이렇듯 어지러우니 경제 또한 순조로울 수가 없습니다. 각종 물가와 공공요금이 치솟는 가운데 무역적자는 지난해 사상 유례없는 190억 달러를 육박했고 올해 경기 전망도 매우 어두운 것으로 예측되고 있습니다.

나는 평생 땀흘려 이룩한 부와 타고난 천부의 건강과 많은 경험을 바쳐 참신하고 양심적이며 정의감에 불타는 애국 동지들을 규합하여 국가를 위기에서 구출하자는 일념에서 새로운 정당을 출범시키려는 것입니다. 나라가 위기에 처했을 때는 경제인이고 종교인이고 문화인이고를 막론하고, 뜻 있는 유능한 인사 모두가 발 벗고 나서서 이 총체적 위기를 극복하는 데 힘을 모아야 한다고 믿고 있습니다. 우리는 나라가 곤경에 처했을 때 자신의 본업을 던지고 구국의 길로 나섰던 자랑스러운 선인들의 전통을 기억하고 있습니다.

하늘은 스스로 돕는 자를 돕는다는 말이 있습니다만 나는 이 말을 국민은 스스로 돕는 자를 돕는다는 뜻으로 확신하면서 국민 여러분의 격려와 성원을 간절히 바라마지 않습니다. 감사합니다."

이어서 만세삼창이 있었다.
이날 이후 나는 국민당 집회 행사에 여러 번 참석하였는데 이에는 부산의 시립체육관 대구의 수성천 등의 집회가 있었다.

대구 집회에 참석했을 때였다. 이날 행사는 오래 걸렸다. 행사가 끝나자 주위는 엉망이었다. 선거 홍보물이며 신문지 등이 주위에 널려 있었다. 많은 사람이 야외에 운집하다 보니 부산물이 생긴 것 같았다. 나는 같이 간 동료들과 함께 포장마차에서 뜨신 음식을 먹다 재미있는 광경을 보았다.

방패연을 날리는 사람이 있었는데 연이 한 개가 아니고 수십 개가 되었다. 자세히 보니 연줄은 하나인데 연은 계속 올라가 수십 개도 더 되어 보였다. 보통 방패연은 한 개를 올려 빙빙 돌리기도 하고 하늘 높이 올리기도 하는데 이것은 많은 연을 계속 올렸다. 꼭대기 있는 연은 안 보일 만큼 높이 올라가 있는데 연들이 일정 간격을 두고 하늘을 날고 있었다. 나는 연 날리는 것이 신기했다. 그리고 속으로 생각했다.

'저 사람이 딴 것은 모르겠는데 연은 정말 귀신같이 잘 날리는구나. 그런데 연을 잘 날린다고 다른 일을 잘할 수 있을까?'

그것은 알 수 없었다. 그러다 문득 나는 정 후보를 생각했다.

'기업경영을 잘한다고 정치를 잘할 수 있을까?'

그것은 알 수 없었다. 그러나 이제까지 내가 들은 바로는 하나를 잘하면 열을 잘한다는 것이었다. 회사에서도 그랬다. 잘 노는 사람이 일도 잘 한다는 말을 많이 들어왔다. 그러나 내가 내린 결론은 부정적이었는데 그 판단 근거는 존재원리였다. 모든 사물에 역할이 있듯 정 회장은 평생 기업 일만 해온 사람인데 이제 어느 날 갑자기 전혀 다른 분야에 진출한다는 의미인데 나는 회장의 입장이 아무래도 납득이 안 됐다. 기업가는 기업을 경영하고 정치가는 국정에 전념하는 것이 국가 전체적으로 부가가치가 높다. 만약 정치가가 기업을 운영하려 하고 기업가가 정치를 하려 한다면 하기도 어렵거니와 전체적으로 일대 혼란이 일어날 것이다.

나의 판단 시 정 후보는 기업가로 성공한 사람이다. 그는 일을 많이 했다. 일찍부터 해외로 눈을 돌려 중동에 진출해 회사 발전은 물론이고 국가 경제발전에도 크게 기여했다. 아산만 간척지 개발로 국토를 확장 시켰으며 올림픽 유치 등으로 그의 역량을 발휘하기도 하였는데 그는 주로 일을 하면서 성장해 온 인물이다. 그러나 정치는 달랐다. 6·25 전쟁, 3·15 부정선거, 4·19 학생의거, 5·16 군사혁명, 8·15 저격사건, 10·26 대통령 시해사건, 5·18 광주사태 등 그것은 한마디로 치열한 싸움의 연속이었다. 분명 정 회장과 그의 참모들이 이 사실을 알고 있을 터인데 왜 대선 출마를 했을까? 분명 본인도 알고 있을 것인데 왜 그랬을까? 나는 이해가 안 됐다.

'무엇이 있구나.'

나는 먼저 사내 방파제 위에서 작업자들과 함께 있었던 정 후보를 생각하며 판단했다.

'그는 일하기를 좋아하는 사람이지 절대 권력을 추구하거나 탐할 사람이 아니다. 그런데 왜 대선 출마를 했을까?'

대구시 집회가 있던 그날 숙소로 돌아온 나는 얼마 전 회사에서 받은 책자가 생각이 났다. 제목은 '시련은 있어도 실패는 없다'였다. 정 후보가 저술한 책이었는데 당원 교육용 교재로서 배포된 것이었다. 책 내용은 주로 그의 창업 일대기였다.

강원도 통천군 송전면 아산리에서 1915년 출생했다며 자신을 소개하는 글이 눈에 들어왔다.

'지금 나이가 78세구나. 상당히 고령인데…….'

-소 판 돈 70원을 들고 서울로 -쌀가게 점원으로 취직이 되고 -아도 자동차서비스 자동차수리소 -현대건설 -6. 25전쟁 -해외건설시장 도전

나는 책 읽기를 중단했다. 내가 찾고자 하는 것은 대선 출마 동기이지 성공 일대기가 아니었다. 나는 수일간 그의 당선 여부보다 출마 동기가 궁금했다. 그러나 나로서는 그의 대선 출마 동기를 아무리 노력해도 알 수 없었다.

나는 정 후보에 대한 단상을 끝내고 연단을 주시하며 오늘 유세 연설에 집중했는데 이는 혹시라도 동기를 파악할 수 있을까? 하는 마음에서였다. 후보의 유세가 끝나자, 김만길 경남도위원의 선창에 따라 만세삼창이 있었고 뒤를 이어 카퍼레이드가 있었다. 방탄유리가 장착된 무개차 위로 정 후보가 바로 서서 유권자들을 내려다보며 답례의 손을 흔들었다. 무개차 바로 앞에는 국민당 청년전위대 소속 청년들이 목에 빨간색 삼각건을 두르고 구보를 하며 손에 잡은 흰색 띠를 당겨 줄을 맞추어 전진했는데 다른 손을 흔들며 구호를 크게 외쳤다.

"정―주―영―대통령, 정―주―영―대통령, 정―주―영―대통령."

청년들이 밧줄을 이용해 후보가 탑승한 무개차를 끌고 가는 형상이었는데 이 모습은 마치 청년들과 함께 조국을 이끌어가는 정 후보의 미래를 상징적으로 과시하는 것 같았다. 정 후보는 특유의 중절모를 쓰고 손을 흔들어 유권자들의 환호에 답례했다.

태화강 둔치에서 유세가 있던 날 나는 숙소에서 왕 후보에 대한 자료를 다시 파악해 보았다. 왜냐하면 이제 선거일이 며칠 안 남았기 때문에 빨리 출마 동기를 파악하기 위함이었다. 나는 자료를 읽다 잠시 생각에 잠겼다.

'5공화국 민자당 정부가 이 나라를 제대로 이끌어 왔다면 그리고 외채 5백억 달러가 껌벅거린다. 이게 무슨 말이냐?'

나는 이해가 안 됐지만 문제되는 부분을 기준으로 빨리 내용을 파악해 나갔다. 그러다 '국보위의 기업 통폐합'에 관한 글을 읽을 수 있었다.

'특히 국보위 시대 아우 인영이 옥고까지 치르면서 일군 창원중공업 공장을 일전 한 푼 못 건지고 강탈당했던 사건은 내 머릿속에서 지울 수가 없다.'

이것이 무슨 말인가 하고 의문을 가졌는데 아래 다시 상세하게 그 과정이 나와 있었다. 이를 요약하면 쉽게 말해서 회사를 빼앗겼다는 내용이었다. 나는 언뜻 창원공장에 대해서 들은 바가 있어 그 규모가 얼마나 큰지 짐작이 갔다. 왜냐하면, 국내에서 선박용 대형엔진을 생산할 수 있는 업체가 현대엔진과 이곳 창원중공업이기 때문이다. 나는 엔진공장에 근무하고 있어 이곳 창원공장에 대한 말을 많이 들어 왔다. 쉽게 말해 현대엔진과 같은 정도의 시설을 보유한 공장을 돈도 못 받고 빼앗긴 것이다. 나는 정 회장의 심정이 이해가 갔다. 정치하는 사람은 국가운영을 기업가는 기업을 운영해야 하는데 정치가가 기업을 강탈해 가니 그렇다면 기업가도 정치를 해보자 이렇게 된 것 같았다. 왜냐하면, 또 기업을 강탈당할 수 있는데 누구라도 가만히 있을 수는 없는 것이다. 잘못하면 그룹 전체 회사의 안전과 관련되는데 예방 차원에서라도 가만히 있을 수는 없는 것 아니냐! 이런 상황에서 팔십을 바라보는 고령임에도 유세를 하며 전국을 다니고 있는 것 같았다. 기업이라는 것은 공장만 있다고 해서 운영되는 것이 아니다. 생산 이전에, 수주해야 하고 이를 위해서는 상당한 경험과 신용이 있어야 한다. 행인을 상대로 영업하는 노점은 주인이 바뀌어도 현상 유지가 가능하지만, 공장은 달랐다. 창원공장에서 생산하는 품목은 원자력 부품인데 이는 주로 발전소에 들어가는 부품을 의미한다. 그러면 향후 수년간 품질보증도 해야 하고 항상 거래업체와 긴밀하게 유기적으로 움직여야 한다. 이를 위해서는 신뢰가 기반 되어야 하는데 공장주가 바뀌면 거래처에서 수주하기가 어려울 수밖에 없다. 기업 하는 사람으로서는 재산이 문제가 아니라 일을 할 수 없는 고충이 보통 큰 것이 아니다.

나는 나름대로 정 후보의 동기를 파악하며 기업가도 참 어렵구나, 판단했다. 그러나 이 일로 대선을 결심하지는 않았다고 생각을 했는데 왜냐하면 정 후보는 6·25 전쟁을 겪으며 기업을 일으킨 사람으로 이보다 더한 고난도 경험했기 때문이다.

수일 후 나는 일부러 시내 시립도서관을 찾았는데 이는 내가 갖고 있던 자료만으로는 6공화국의 상황을 알 수가 없어 지난 신문 등 관련 자료를 찾아보기 위해서였다. 6공화국이 시작된 1988년부터 국내외 주요 기사를 읽어 가며 내용을 파악했다. 나는 결국 자료 내용을 '자살'과 '방화'라는 두 단어로 상황을 요약했는데 이는 총체적 난국을 전제로 했을 때 서민들의 행동 양태를 알 수 있기 때문이었다. 나의 판단 시 세상은 난리고 희망은 없고 당장 어려울 때 서민으로서 울분을 달랠 방법은 이 두 가지 모습으로 표출된 것 같았다. 내성적이고 남에게 해를 주기 싫어하는 사람은 조용히 자살하고, 타인에게 위해를 가해서라도 자신을 구하려는 사람은 세상을 향해 무차별하게 방화를 한 것 같았다.

-한해 자살 7천여 명 -최근 두 달 집세 비관 15명 자녀 동반 자살

나는 보통 일이 아니라고 판단했고 또 이 중에 정 후보의 4남이 자살한 사실을 알게 됐다.

-H알루미늄 회장 호텔서 음독 -우울증 비관,

'아니 어떻게 이런 일이?'

나는 이해가 안 되었다. 집세를 비관하여 죽은 사람은 집세를 마련 못해 그렇다고 쳐도 이건 또 뭐냐? 대기업의 총수로 있는 사람이 그러나 무슨 사정이 있었겠지. 이때 나는 판단했다.

'왕 회장의 심기가 남달랐겠구나. 자살한 자식을 둔 부모의 심정이 오죽 비통했겠는가!'

나는 무언가 막연하지만 정 후보에 대한 의문이 풀린 것 같은 느낌이 들었다.

'부모로서 자식에 대한 마음이 다 그렇겠지만 죽은 자식을 나무라겠는가? 그 자식이 속해있던 배경과 처해있던 환경에 분개했을 것이고 결국에는 세상을 원망했을 것 아니냐!'

나는 판단했다. 전쟁이 나도 서로 살려고 발버둥을 치고 난리를 치는데 자결하는 사람이 이처럼 많다는 것은 무언가 전쟁보다 더 심한 상황이라는 현실을.

한 해 자살 7천여 명이 뭐냐? 이건 자살자 입장에서 보면 생존환경이 전시보다 더 어려운 것이다. 총체적 난국이란 말의 의미가 실

감 나게 느껴졌다.

　방화에 대해서도 나는 파악에 들어갔다. 불⋯ 불⋯ 전국이 불난리 전국적으로 방화 사건이 잇따르고 있는데 서울에서만 25일 동안 117건의 방화 사건이 있었고 그중에는 화염병 투척 방화도 있었다는 보도가 있었다. 방화란 남의 집에 불을 지르는 것으로, 인명은 물론 재산 피해가 크게 발생할 수 있는데 강도와 달리 방화자가 무슨 이득을 취할 수 있는 것도 아니다. 한, 두 사람이 범행할 수도 없는 일이 전국적으로 자행되고 있는 것이다. 나는 기사 제목을 반복해 뇌까리다 자살과 같은 맥락에서 판단했다. 전쟁이 나도 불특정 다수의 사람에게 일부러 방화하지는 않는다. 이것은 방화자에게 있어 전시보다 더한 극한 상황임을 판단하게 하는 어떤 무엇이 있는데 그것은 어려운 현실이 아닐까? 라고 나는 생각했다. 그리고 불에 관한 경험을 떠올렸다.

　수년 전 회사에서 부서 야유회를 갔는데 언양 신불산이었다. 이 산은 정상 부근에 있는 넓은 갈대밭으로 유명했는데 이곳을 찾는 사람들이 많았다. 그 한쪽에 샘터가 있어 우리 일행은 자리를 잡고 밥을 지어 식사했다. 인원은 모두 20여 명 되었는데 식사가 끝나고 출발 전 주변 청소를 했고 이중 누군가 소각한다며 쓰레기를 불에 태웠는데 그만 불이 풀밭으로 번지면서 갈대밭으로 확산하기 시작했다. 누군가 "불이야 불" 하고 계속 소리를 질렀고 모두 난리가 났다. 나도 급히 배낭을 벗어 놓고 발로 비벼 불을 껐는데 소용이 없었다. 나는 갈대밭에 불이 번지면 큰일이라고 생각하며 순간적으로 두려움을 느꼈다. 옷을 벗어 불을 때리고 샘터에서 물을 날라 오고 애를 썼지만 모두 소용이 없었다. 바람까지 불어 이제는 잘못하면 인명피해까지 발생할 수 있었다. 이제 갈대밭에 불이 붙었구나 하고 체념했는데 갑자기 기적 같은 일이 벌어졌다. 한 여사원이 소나무 가지를 꺾어 불을 내려치는데 순식간에 거짓말같이 불길이 잡혔다. 이분이 동작도 빨랐다. 이리저리 뛰며 불을 잡았는데 이분이 아니었으면 불은 도저히 못 잡았다. 하도 신기해 물어보았다. 어떻게 솔가지로 불 끄는 방법을 알았냐고, 그러자 어려서 시골에서 자랐는데 이때 산불 경험이 있어 안다고 했다. 이때 나는 생각했다. 경험이 정말로 중요하다고, 불이 났을 때 모두 당황했지만, 경험자는 침착하게 불을 껐다. 나는 이러한 경험을 살려 판단했다.

'불이 나면 일단 모두 나서 불을 꺼야 한다. 불을 끄는데 남녀노소, 빈부귀천, 지위고하가 있을 수 없다.'

그러면서 나는 정 후보의 입장이 이해되었다. 전국이 불난리 그리고 이런 성황에서 많은 사람이 자살하고 그중에는 자식도 포함되어 있었다. 나는 이 불의 의미가 사회 불만의 표출이었으며 사회몰락을 기도하는 것 같이 느껴졌다. 전국이 불난리고 사람들이 죽어 나가는데 정 후보로서는 도저히 그대로 있을 수 없던 것이다. 정 후보는 전직 박정희, 전두환 대통령과 현직 수반을 모두 가까이서 경험한 사람으로 이러한 전국적인 난리를 보고 가만히 있을 수 있었겠는가? 나는 갑자기 4.19 의거 때 시위에 나섰다가 경무대에서 쏜 유탄에 맞아 사망한 어린 여학생이 생각났다. 그리고 이 소녀가 어머니 앞으로 남긴 유서의 문구를 떠 올렸다.

'어머니 저는 민주주의가 무엇인지 모릅니다.'

나는 또 정 후보의 모습이 생각나며 그의 말이 떠올랐다.

"우리는 나라가 곤경에 처했을 때 자신의 본업을 던지고 구국의 길로 나섰던 자랑스러운 선인들의 전통을 기억하고 있습니다."

그리고 나는 정 후보가 걱정되었다. 정 후보와 여학생, 78세 노선비와 중2 여학생, 노인과 소녀 이들은 나라 걱정에 물불을 안 가리고 구국의 일념으로 앞에 나섰다. 여학생은 경무대원이 쏜 유탄에 맞아 사망했는데 정 후보도 잘못되는 것 아닌가? 나는 걱정되었다. 이제 나는 정 후보의 심정이 충분히 이해가 되고 납득이 됐다.

이날 오후 나는 숙소로 돌아와 정 회장이 기고한 글을 다시 확인해 보았다. 그리고 노사업가와 어린 여학생을 생각하다 자신을 돌아보게 되었는데 참담하기 끝이 없었다. 정치생태를 누구보다 잘 아는 기업가가 민주주의를 모르는 어린 소녀가 몸을 던져 나라를 구하려고 앞장서고 있는데 나는 자신에게 주어진 역할을 너무 외면하고 있는 것이 아닌가? 하며 다시, 자문했다.

'저렇게 모르는 사람들도 실천하는 모습을 보이고 있는데 나는 나의 역할을 아는 사람이 역할 감당을 안 하고 검증한다며 가만히 기다리고 있는데 이것은 현실도피 아닌가?'

그리고 또 자신이 잘못된 사실을 검증하고 있는 것이 아닌가? 하는 의구심도 계속 마음속에 일어났다. 근래 내가 자신의 역할에 대해 할 수 있는 일이라고는 두 가지가 있었다. 하나는 나의 판단에 오류가 없나? 스스로 자문하며 성서를 읽는 일인데 영어 성경을 읽기 위해 영어소설을 읽었다. 다른 하나는 한문 공부를 자습하였는데 이는 '세상'이란 단어의 의미를 알기 위해서였다. 이 단어는 내가 받은 말씀에서 제일 먼저 시작되는 단어로 평범한 말인데 전체적인 의미를 파악하려면 그게 아니었다. 주위에 한자를 아는 사람이 없어 토정비결 책을 사다 독학하다 구운몽이라는 한문 소설책을 구해 읽고 있었는데 문자 배열이 영어와 비슷해 부족해도 혼자 읽고 있었다. 또한 한문을 알기 위해 한문 서예를 배웠고 중국어도 배웠다. 그러나 이를 배우는 근본 목적이 세상이란 단어 하나를 알기 위한 것이었기에 깊숙이 파고 들어가지는 않았다. 그러니까 영어와 한문을 독학으로 계속 공부하였는데 이는 나의 역할을 위해 무언가 준비를 하는 것이었다. 그러나 이런 행위가 무슨 소용이 있는가? 노인과 소녀가 희생해 이룩한 현실에 안주하는 것이 아닌가? 나는 검증 과정 없이 나의 역할을 수행할까? 하는 생각을 여러 번 해보았는데 이의 결과는 항상 부정이었다. 나는 속수무책으로 기다리는 수밖에 다른 대안이 없었다.

12월 18일 대선 결과 김영삼 후보가 당선되었다는 보도가 있은 후 2개월 정도 지나 정 회장의 정계 은퇴 선언이 매스컴을 통해 보도되었다. 나는 문득 그의 연설문 문구를 떠 올렸다.

'앞으로 5년이라는 결정적으로 중요한 시기를 다른 후보에게 맡긴다면 우리는 영원히 선진국이 되자는 꿈과 희망을 버려야 할 것이다.'

그리고 나도 모르게 또 어린 소녀의 편지 문구를 떠올렸다.

'어머니, 저는 민주주의가 무엇인지 모릅니다.'

그리고 5년 후 국내 경제는 극도의 상황을 향해 치닫고 있었는데 결국 외환위기 사태가 초래되었다. 이는 심각한 자금난을 겪던 한보철강과 한보그룹의 모기업인 한보가 부도처리 되면서 촉발되었는데 그 피해 규모는 수천억 원이 예상되었다. 여기에 경기회복 지연과 자금 악화설 등이 이어지며 실세금리가 상승하고 환율이 상승하며 외환의 사재기가 성행하였다. 이런 상황에서 많은 기업이 정상적인 기업 운영을 포기하였다. 삼미기업 외 다수 기업이 법정관리를 신청했고 자금 압박을 못 견디고 부도 위기에 내몰렸다. 전국적으로 '금융공황설'이 확산되었는데 이는 중견기업들이 부도 위기에 빠진 반면, 금융기관들은 거꾸로 자금 회수에 안간힘을 쓰는 등 금융시장의 이상 현상이 증폭되고 있기 때문이었다. 정가에서는 현직 대통령에 대한 수백억 대선 자금설이 나왔는데 이는 모그룹 회장이 대통령 측에 자금을 전달했다는 내용이었다. 그리고 수일 후 대통령의 차남이 구속되었다. 그는 여러 기업으로부터 수십억 원을 받았는데 알선수재 혐의였다. 정치와 경제가 동시에 흔들리고 있었다. 기업들은 어음부도에 시달리다 월 1할 사채도 쓰고 있고 금융기관들은 기업으로부터 자금을 회수하기 바쁘고 금융당국인 재경원과 한국은행은 금융개혁 추진을 구실삼아 금융정책 기능과 통화관리 등을 둘러싼 권한 싸움에 몰두하고 있고 금융당국을 조정해야 할 행정수반은 대선자금 수패설과 차남의 구속으로 초상집 분위기였다. 금융위기 대책이 있을 수 없었다. G그룹이 부도위기에 빠지자 상황은 더욱 악화되었다. G그룹은 재계 8위인 기업군으로 협력 및 하청업체만 5천 개를 넘었다. 기업에는 '줄도산'이란 말이 나오더니 정부에서는 '국가부도위기'란 말이 흘러나왔다. 나는 이때 처음으로 '국가부도', 'IMF 구제금융', '모라토리움' 이란 단어를 들었다.

이러한 상황에서 사회가 불안정해졌다. 전국적으로 허다한 사람들이 대량 해고되었고 환율이 급락하자 물가는 오르고 서민들 삶은 더욱 어려워졌는데 이때 노숙자가 다수 출현되었다. 이들은 역사나 지하도 공간에 자리를 차지하고 무리 지어 기숙하며 생활하였는데 그 수가 많아 아무도 제재할 수가 없었다. 일부 해고자들은 퇴직 사실을 숨기고 등산을 하였는데 이는 마땅히 갈 곳도 없고 세인의 이목을 피하기 위함이었다.

7
사명의 검증

1994년 10월 나는 영어회화 교육모임에 나가고 있었다. 교육 내용은 생활영어 회화로 외국인 선교사가 주관하여 교육하였다. 이날도 선교사가 주재하며 자유토론 방식으로 회화교육을 하였는데, 자유토론이란 교육생들이 강사에게 질문하고 선교사는 교생에게 답변하는 형식을 말한다. 강사에 대한 신상정보는 물론이고 미국에 대한 모든 의문사항을 질문하고 답변을 했다. 보통 미국의 교육제도라던가 지리, 행정제도 등이 토론 주제가 되었다. 선교사들은 대부분 미국의 유타주에서 생활하고 유타대학에 재학 중인 경우가 많았다. 교육생들은 보통 15명 정도 참석을 했는데 이중 절반이 젊은 여성이었다. 나중에 알았는데 이들은 대개가 울산대 등 영문과 출신들이었고 남자들은 대부분이 재직 중인 직장인이었는데 이들은 영어를 잘했다.

나에게 있어 이 교육과정의 목적은 당장 회화 실력을 향상하는 것이 아니라 외국인과 가까이서 대화를 경험해 봄으로 외국인에 대한 거부감을 없애고 외인에 대한 자신감을 갖는 데 있었다. 나는 주로 청취하는 편이었고 가끔 강사가 질문하면 답변하곤 했는데 문의 내용은 고향, 취미, 직장 등이 있었다. 한 사람씩 돌아가며 자기소개를 하는 경우가 있었고 앞에 나가 개인 신상을 발표했는데 나를 빼고는 모두 잘했다. 모든 교육 내용이 영어로 진행되지만, 설명하는 경우에는 한글 단어를 사용하기도 했다.

이날 교육이 끝나고 모두 자리에서 일어나 귀가하려고 할 때 교육 강사가 아닌 다른 선교사가 들어와 교육생에게 안내했다. 오늘 또 다른 교육이 있는데 모두 하는 것이 아니고 지원자만 참석한다고 했다. 그러면서 지원자는 가지 말고 자리에 그대로 앉아 있으라고 했다. 주위를 보니 대부분 사람이 나갔는데 나는 강사에 대한 예의가 아니라고 생각해서 밖으로 나가지 않고 그대로 자리에 앉아 있었다. 나를 포함하여 4명이 남았는데 선교사는 간단한 종교교육을 했다. 이해하기 쉽게 영어와 국어를 혼용하여 설명했는데 의사 전달에는 전혀 문제가 없었다. 강사는 칠판에 글을 써가며 설명했는데 교육도 반 시간 정도로 상당히 짧았다. 교육 내용도 간단한 것이었다.
하나님은 실존하며 선지자를 통하여 그의 뜻을 사람들에게 전달하는데 선지자 중 한 사람이 바로 이 사람이라며 사진을 보여 주며 그 책을 읽어보라며 교육생에게 한 권씩 배부해 주었다. 이 선지자의 이름은 요셉 스미스이고 책은 이 교회에서 사용되는 성경으로 책명은 몰몬경이다. 그런데 설명 도중 나는 깜짝 놀랐는데 이는 설명 앞부분 때문이었다. 강사는 칠판에 영어로 쓰고 국어로 번역하며 설명했는데 그 내용은 이랬다.

God is being. But we cannot see him. Only through prophet we can see him. (하나님은 생존해 있다. 그러나 우리 사람은 하나님을 볼 수 없고 선지자를 통해서만 하나님을 볼 수가 있다.)

이를 쉽게 요약하면 이렇다. 선지자의 눈에는 신의 모습이 보이지만 일반인의 눈에는 신이 안 보인다는 것이다. 나는 생각했다.

'아니! 이게 말이 되는 소리인가? 어떤 사람은 볼 수 있고 어떤 사람은 볼 수 없다는 말인데……'

그때 선교사는 또 부가 설명했다. God(하나님), Prophet(선지자), Human being(인간)이란 단어를 칠판에 쓰고 삼각형을 그렸다. 삼각형 맨 위에 하나님이 있고 중간에 선지자가 있고 맨 하단에 인간이 있는데 하나님은 중간에 있는 선지자에게 그의 모습을 보이고 말씀을 하는데 선지자는 보고 들은 내용을 인간에게 전달하며 또한, 인간은 기도로써 하나님께 간구할 수 있다고 했다.

이때 설명을 들으며 정신이 번쩍 들었는데 이 말은 내가 그렇게 기다리던 물음에 대한 해명이었다. 이건 완전 족집게 해명이었다. 어떻게 이런 일이 일어날 수 있지? 하며 나는 당황했는데 분명 현실이었다.

이건 완전 정통 해답이었다. 그동안 나는 내가 본 예수를 다른 사람들은 왜 못 보았느냐? 하는 의문을 갖고 있었는데 선교사 설명대로라면 누구나 다 예수를 볼 수 있는 것이 아니다. 나는 나도 모르게 속으로 외쳤다.

'첫째 의문은 해명이 되었구나!'

더 쉽게 요약을 하면 누구한테는 보이지만 아무나 볼 수 없다는 의미였다. 이는 나에게 주시는 명확한 해명임을 나는 즉시 알았고 마음속으로 조용한 감동을 느꼈다.

 '나의 첫 번째 의문은 해소되었구나! 드디어 기다리던 해명을 우연한 기회에 얻게 되었구나.'

 나는 날아갈 듯이 기뻤다. 받은 책을 꼭 읽어보라는 강사의 당부가 있었고 교육은 잠시 후 끝났다. 이분 선교사의 이름은 Martin Elder(마틴 장로)이다. 이분은 선교목적으로 책 소개를 하고 몰몬경을 주고자 했던 것이다. 내가 받은 책에는 교회 약도와 선교사의 집 전화번호 그리고 마틴과 이의섭 장로의 이름이 나란히 표기되어 있었다. 마틴 장로는 체격이 크고 회화교육 강사로는 참석이 드물었던 분이다. 이날 저녁 나는 숙소로 돌아와 그간의 경위를 곰곰이 생각해 보았다.

 내가 영어를 배우려고 노력한 이유는 언젠가 나에게 영어로 된 성경을 읽어보라며 당부했던 사람의 권유를 기억했기 때문이었다. 하루는 시내에 나가 영어 성경 한 권을 어렵게 구했다. 그러나 이 책은 새 책이 아니고 누가 사용하던 책이었다. 사용-장소가 병원이었는지 심한 소독약 냄새가 났다. 나는 책을 읽으려고 노력하였으나 내 실력으로는 어림도 없었다. 당장 읽을 수는 없지만 언젠가는 읽겠다고 다짐하고 책을 소장하기만 했다. 그러던 중 1991년 4월경 나는 우연히 회사 앞에 있는 서점에 들렀다 영어 소설책을 한 권 구입했다. 제목은 '폭풍의 언덕 (Wuthering Heights)'이었는데 시사영어사에서 발간된 책이었다. 영어 원문과 한글로 해석이 되어있어 영어를 아는 사람은 쉽게 읽을 수 있었다. 나는 우연히 책의 첫 페이지를 보았는데 문장 해석이 안 돼 몇 번 노력하다 포기하고 생각했다.

'이상하다! 왜 간단한 문장인데 해석이 안 될까? 내가 오기로라도 이 문구를 해석해야겠다.'

나는 그날로 책을 구입해 영문 소설을 독해했는데 두 번 정독하고 나자 영어에 재미가 들었다. 당시 내가 근무하던 부서에서 영어는 전혀 소용이 안 되는 곳이었다. 그러나 나는 이 책을 네 번 읽고 나자 꾀가 났다.

'이 책의 영어 문장은 익숙하니까 이제 반대로 한글 번역을 보고 영어로 써 내려가는 영작 연습을 해 보자.'

즉 기존에는 영어를 한글로 해석했는데 이제는 한글을 영어로 역번역을 하는 것이다. 나는 역번역 연습을 혼자 계속했는데 영어에 대한 재미를 느낄 수 있었다. 나의 판단으로는 그랬다. 내가 그동안 경험했던 영어 참고서는 문법 위주로 되어있어 재미가 없었지만, 소설은 달랐다. 이야기 줄거리가 있어 재미가 있었다. 재미를 느끼다 보니 나도 모르게 열심히 하게 되었고 효과도 컸다. 나는 또 국내에서 발행되는 영어 신문을 구독해 읽었는데 모르는 부분이 많았지만, 단어를 찾아가며 계속 노력을 했다.

이러던 중 1994년 4월 동료와 함께 오토바이를 타고 늦게 퇴근했는데 뒤에 타고 있던 방 과장이 불쑥 말했다.

"김 대리! 영어 회화 교육하는 데가 있는데 오토바이 타고 같이 갈까?"

"그래! 어딘데?"

"미포 정문에서 조금 올라간 데야. 가까워."

그렇게 해서 시작된 것이 영어 회화교육이었다. 이때 나는 소설을 통해 영어에 대해 상당한 재미를 느끼고 있었고 회화교육 기회가 우연히 주어진 것이다. 내가 방 과장을 따라가 보니 근교에 있는 교회였다. 흰색 와이셔츠에 검은색 뿔 명찰을 단 외국인 선교사가 교육하고 있었다. 나에게 이름을 물어보고 고향을 물어봐 대답하고 방 과장과 함께 자리에 앉았다. 방 과장은 인천 강화도 사람인데 다방면에 뛰어난 인재였다. 나와는 같은 회사에 근무하는 이유도 있지만 방송대학 경영학과를 같이 졸업한 동기였기 때문에 가까이 지내던 사이였다. 참고로 이교회 이름은 말일성도 예수그리스도 교회이고 보통 몰몬교라 부른다.

 나는 지금까지의 과정이 너무도 신기했다. 하지만 결국 첫째 문제에 대한 해명은 끝난 것이다. 곰곰이 생각해 보니 기억에 떠오르는 것이 있었다. 고교 때 읽은 소설 '쿠오바디스'에서도 나와 유사한 사례가 있었다. '쿠오바디스'라는 말은 소설책 제목인데 폴란드 작가인 센키비치가 썼고 '쿠오바디스 도미네'에서 유래된 말이다. 이 말의 뜻은 주여 어디로 가시나이까?인데 사도 베드로가 예수를 보고 물은 말이다. 이때 베드로는 예수를 보았지만, 같이 가던 일행은 예수를 볼 수 없었다. 기독교인에 대한 박해를 피해 로마에서 탈출하던 베드로는 예수께서 로마로 걸어가는 모습을 보고 스승의 뒤를 따라 로마로 들어가 결국 로마 군인에게 잡혀 화형을 당한다. 나는 생각했다.
 '명백한 설명도 있고 역사적 사례도 있고 이제는 두 번째 해명만 남았구나.'

 그러나 나는 마음 한편에 첫째 의문에 대한 해명은 받았지만 설마 두 번째 의문에 대한 해명은 어려울 것이라고 예상하고 있었다. 상식적으로 아무리 생각해도 종교 활동을 안 하는 사람이 종교 일을 할 수은 없는 것이다. 첫 번째 문제는 우연히 해명되었지만 두 번째 문제는 정말 어려워 해명이 어려울 것이라는 마음이 있었다.

그러나 두 번째 문제에 대한 해명을 받자, 이것은 우연이 아니고 필연이라고 생각하며 원인 세계에 대해 일종의 무섭고 두려운 경외감을 느꼈다. 나로서는 도저히 있을 수 없는 일이 벌어진 것이다.

두 번째 문제에 대한 해명도 우연한 기회에 나를 찾아왔다. 첫 번째 해명을 받고 3년 뒤인 1997년 7월 나는 문화인류학 책을 읽고 있다가 깜짝 놀라 일어나 잠시 생각에 잠겼다.

'내가 기다리던 해명이 바로 이것 아닌가?'

이 책의 내용대로라면 정식교육을 받고 신앙생활을 하는 사람은 물론이거니와 배우지 못하고 신앙생활을 안 한 사람도 얼마든지 종교인의 역할을 할 수 있다고 했다. 신으로부터의 능력이 부과되어 신과 인간의 중계자 역할을 담당한다는 것이다. 이 글의 내용은 이렇다.

「신과 인간의 중개자」

초자연적인 존재와 인간을 연결하는 종교적 중개자는 크게 사제(司祭, priest)와 샤먼(shaman) 또는 무당(巫堂)으로 불리는 종교적 기술자가 있다. 사제는 종교적 중개자로서 역할을 전담하는 목사, 승려, 신부 등을 말한다. 이들은 각자 역할과 지위를 표시하는 일정한 제복을 입고 특별한 머리 스타일이나 장식을 하고 있으며 일정한 교육과정을 거쳐서 자신이 속한 종교의 의례와 의식을 일정한 형식에 맞추어 수행해 나갈 수 있는 지식을 갖춤으로 자격을 취득한다.

이러한 사제는 교리에 대한 지식과 의례에 대한 공식적인 절차를 잘 알고 있어 교육받은 대로 자기의 역할을 수행해 나가지만 개인적으로 종교에 관한 특별한 능력이나 힘을 가지는 것은 아니다. 따라서 비록 병든 신도를 위해 빨리 건강을 회복하도록 기도를 올려주는 목사가 있어도 그 환자의 병이 아무런 차도가 없거나 오히려 더 악화가 되었다고 해서 그 목사를 탓하거나 비난하지 않는다. 또한 죽은 사람의 영혼이 저세상에서 편안히 쉬도록 기도하는 신부나 승려에게 확실히 그 영혼이 저세상에서 기도대로 되었는지 증명을 해 보이기를 요구하는 사람은 없다. 사제는 일반인이 잘 알지 못하는 종교의례를 대신 정확하게 집행해 주는 것일 뿐 그 효과에 대한 궁극적 책임은 없다.

이에 비하여 샤먼은 몇 가지 독특한 면을 지닌다. 대부분의 샤먼은 종교적 중개자의 역할을 하나의 전적인 직업으로 삼고 있지 않다. 그들은 농사를 짓거나 상업에 종사하거나 기타 여러 가지 생업에 종사하면서 종교적 중개가 필요한 특수한 경우에 일시적으로 그 역할을 담당한다. 그리고 샤먼이 되기 위해서는 특수한 능력, 즉 초자연적인 힘을 동원하거나 그것을 자기 자신 속에 끌어들임으로써 초자연적 존재와 통신을 할 수 있는 기술을 가져야 한다. 이러한 능력을 갖기 위한 일정한 공식적인 교육이나 훈련 과정은 없다. 따라서 누구든지 원한다고 해서 샤먼이 될 수 있는 것이 아니다. 어떤 특수한 자질이 갖추어져 있는 사람에게 한해서 가능하다.

그러한 자질과 능력은 이상한 꿈을 꾼다든가 어떤 계시에 의하여 보통 사람의 능력으로는 불가능한 일을 해낸다든가 혹은 환상에 젖거나 발작을 일으키거나 심한 병을 앓는 것을 통하여 인정된다. 일단 샤먼이 될 수 있는 자질이 확인되면 여러 가지 개인적인 경험과 연습 기간을 거쳐서 초자연적 존재와 통교를 해 보임으로써 차차 그는 종교적 중개자로서의 인정을 받게 된다. 샤먼은 비정상적인 일의 발생에 대한 원인이나 숨은 의미를 밝혀내기도 하며 질병을 고치고 심지어 예견되는 한 사람의 운명을 바꾸는 작업까지도 한다. 또는 조상신이나 어떤 신과 특별히 대화하고 싶은 사람을 위하여 중간에서 전령이나 통역의 역할도 담당한다. 따라서 보통 사람들이 원하는 초자연적 존재와 관련된 일의 효과는 관여된 샤먼의 능력에 따라 결정되는 것으로 여겨진다.[10]

내 나름대로 이 내용을 요약하면 이렇다.

종교교육을 받고 종교기관에서 자격을 취득하기도 하지만 종교 교주 또는 신으로부터 직접 말씀이나 능력을 받아 자격을 획득하는 경우도 있다는 것이다. 그렇다면 나는 당연히 교주를 통해 직접 자격을 획득했다는 의미이다. 또 자격을 획득했다는 의미는 내 판단으로 당연히 자질이 있다는 내용을 포함하고 있었다. 자질이라는 것은 결국 자격요건에 해당하는데 요건이 미달인 사람이 자격을 취득할 수는 없는 것이다.

나는 이것이 우연인가 필연인가를 자문하다 결국은 필연이란 결론을 내렸는데 그 근거는 내가 정리한 존재원리였다. 내가 사용하고

---

10) 문화인류학, 한상복, 이문웅, 김광억 공저, 한국방송대학교출판부, 1997년 p232~3

있는 사물들이 우연히 사용되고 있을까? 아니다. 다 필요하니까 돈을 주고 취사선택해서 산 것이지 우연히 존재하는 사물은 없다. 필요하니까 만들고 사고 한 것이다. 그렇다면 나에게 발생한 이 책의 독서 과정은 우연일까? 아니다. 필연이란 생각을 하며 이 책을 읽게 되기까지의 과정을 곰곰이 생각해 보았다.

내가 한문을 배우려고 노력한 것은 두 가지 이유에서였다.

첫째는 영어소설 역번역을 하는 과정에서 우리 말을 정확히 알아야 할 필요가 있었는데 우리말을 정확히 알기 위해서는 한문을 배워야 한다고 판단했다.

둘째는 예수 이분의 말씀 시작이 '세상'이란 단어인데 이 의미가 무엇인가? 하고 계속 확인하는 과정에서 여러 사전을 통해 확인하나 아무래도 충족되지 않았다.

그래서 내가 직접 확인을 하고 싶은 욕구를 느꼈다. 1992년 8월 '구운몽'이란 한문 소설을 구해 독학으로 공부를 했다. 소설을 택한 이유는 영어소설 경험 때문이었는데 효과가 크고 빠르지 않을까 해서였다. 한자 사전인 자전은 영어사전과 달리 단어 찾는 시간이 많이 걸렸다. 어떤 경우는 한 단어를 찾는 데 반 시간이 걸린 적도 있었다. 그런데 문제가 있었다. 독학으로 공부하다 보니 해석이 맞는지 잘못한 판단이 있는지 스스로 파악이 어려웠다. 하루는 이 문제를 어떻게 하나? 하고 생각했다.

'결국에 한문이란 것이 중국어 아니냐? 방송대에 중문학과가 있으

니 여기에 입학해 배우도록 하자.'

이렇게 해서 나는 1993년 초에 방송대 중문학과에 편입을 했다. 그런데 이것도 문제가 있었다. 중국어는 성조라고 하여 음의 높고 낮음에 따라 4개의 음으로 구분되며 이를 조합해 발음하는데 나는 이의 적응에 소홀했고 한문을 배울 목적이었기 때문에, 한문 과목은 충실했어도 다른 과목은 소홀히 했다. 이러한 내가 중국어를 열심히 배워야겠다고 생각한 것은 동남아시아에서 해외 근무 경험을 하고 나서였다. 나는 1996년에 6개월간 말레이시아에 나가 관리 일을 했는데 이때 말레이시아에는 중국인 화교가 많고 영어, 중국어, 말레이어가 공용으로 사용되는 현실을 보고 다시 중국어를 배워야겠다고 생각했다. 1997년에는 열심히 해 보겠다며 교양과목 중 학점취득을 못 한 국사, 문화인류학, 교육의 이해 3과목을 나는 틈틈이 공부하였는데 문화인류학은 이 중 한 과목이었다.

나는 드디어 해명을 받았구나 하며 속으로 놀랐다. 이제 두 번째 해명도 끝난 것이다.

두 번째 해명까지 끝난 이상 더 핑계 댈 것이 없었다. 그동안 검증을 한다며 대책 없이 기다리며 과연 이것이 해명이 가능한 일인가? 하며 의구심을 갖고 있었는데 이제 더 이상 할 말이 없었다. 그러나 당장 어떻게 할 수 있는 방법은 없었다. 단지 결심을 확정한 것이지 여기에서 어떻게 더 나아가 할 수 있는 방법이라든가 계획을 세울 수는 없었다.

그러나 일단 나의 역할에 대한 추진을 준비해야 한다며 나름대로 준비가 가능한 대책을 세웠다. 우선 회사업무에 대해서는 내가 아는 바를 정리하여 이를 표준화하여 전산 개발을 추진하기로 했고 언제라도 나의 일을 할 수 있게 판단 근거, 증빙 등을 정리하기로 하였다.

내가 자신의 역할에 대한 판단과 검증을 끝내고 실행 준비를 하고 있을 때 사회 분위기는 심상치 않았다. 이는 외환위기 사태로 인해 국민 전체가 고통 속에 있었기 때문이다.

이때 나는 거래업체를 방문하였는데 이는 거래 내역을 확인하기 위해서였다. 자사의 주력 생산품은 선박인데 이는 수출품으로 외화로 수금하기 때문에 문제가 없었지만, 내수품인 건설 플랜트장비, 전동기, 굴삭기 등 중장비제품 거래처는 타격을 입을 수밖에 없었다. 물론 평상시라면 영업사원들이 거래처 상대를 하고 있어 이들이 업체 방문을 하는 것이 정상인데 지금은 비상 상황이라 타부서 직원들이 거래 상황을 확인하는 것이었다. 나는 대동한 직원과 함께 업체를 찾아가 대표자를 만나 거래 내역을 확인하였는데 일 자체가 어려운 것은 아니었다. 그러나 외부 사람들을 만나 보니 이들의 고충을 알게 되었다.

하루는 주소지로 업체를 방문하였는데 가게주인이 바뀌어 있어 대표자를 만날 수 없었다. 수소문 끝에 어렵게 사주를 만날 수 있었는데 연유를 물어보자, 부도를 맞아 가게가 다른 사람 손에 넘어갔다는 것이다.

"아직 사업자 등록증을 반납 안 해서 거래는 할 수 있는데 어떻게 이 상황을 극복해야 될지 모르겠고 대책 없이 여기저기 돌아다니고 있습니다."

누가 봐도 답답한 심경이었다.

방문 후 수일 뒤에 사망한 대표자 소식을 듣기도 하였는데 신기하게도 이분은 내가 방문했을 때 가게를 거의 정리한 상태였다. 내가 방문한 지역은 울산 말고도 서울과 인천이었는데 다행히 이곳 소재 업체들은 큰 문제가 없었다.

'다행이구나.'

이들이 작업하는 주요 작업처가 영종도 신공항 건설공사 현장이었다. 관급공사이다 보니 별 타격이 없었던 것 같았다.

이런 식으로 어수선한 사회에 휩쓸려 나는 나의 할 일을 찾지 못하고 직장에 충실한 생활을 계속하고 있었다. 나로서는 사명에 대한 검증을 받았다고 해서 내가 어떻게 할 수 있는 방법이 없었다. 이렇게 나도 모르게 시간을 보낸 지가, 3년이 지난 어느 날이었다.

국가부도 위기가 시작된 지 수년이 지났지만, 그 여파는 아직도 계속되고 있었다. 이때 나는 서울에서 업체 방문을 하는 등 출장업무를 계속하고 있었는데 하루는 심각한 경험을 했다.

2000년 2월 나는 자사와 업무 인계 관계에 있던 한라중장비 업무차 서울 잠실에 있던 시그마타워빌딩에서 업무를 보고 잠실역을 지나 버스 정류소로 가던 길이었다. 노숙자 둘이 바닥에 앉아 있는데 벽 쪽을 향해 돌아앉아 있어 나는 지나가다 무심코 보았는데 여자였다. 부부인 것 같았다. 얼굴이 꺼메 몰랐는데 머리 모양을 보고 알았다. 얼굴과 몸이 부어 그런지 옷을 많이 껴입어 그런지 몸이 비대해 보이며 맨바닥에 주저앉아 있었다. 날씨도 찬데 박스 종이라도 깔지 바닥에는 아무것도 없었다. 지나가는 사람 앞에 그릇이라도 놓아 동냥이라도 하든지 그런데 아무것도 없었다. 내가 쳐다봐도 관심이 없는 듯 고개를 돌리고 벽만 바라보고 있었다. 나는 기가 막혔다. 노숙자면 노숙인답게 구걸도 하고 행인에게 시비도 걸고 해야 사람들이 적선도 하고 고충 해결을 위한 노력을 한다. 그런데 이 사람들은 아무것도 없고 아무것도 안 하고 될 대로 되라는 자세였다.

나는 이때 큰일났구나! 생각했다. 왜냐하면, 그들에게서 방황하던 나 자신의 모습을 발견했기 때문이었다. 만사가 귀찮고 생활에 대한 의욕도 없이 초라하게 하루를 연명하던 자신의 과거 모습과 그들의 자세가 너무도 닮았기 때문이었다.
나는 다행히 존재원리라는 자연법칙을 발견해 방황에서 벗어날 수 있었지만, 저들은 어떻게 곤경을 이겨낼까? 생각하니 큰일이었다.
'아무리 노숙자지만 타일 바닥에 저리 앉아 있으면 병을 얻기 쉬운데……'
나는 만류하고 싶었지만, 아무것도 할 수 없었다. 왜 그들과 나는 입장이 다르기 때문이다. 내가 말한다고 들을 사람들이 아니다. 잘못하면 괜히 싸움만 된다.

본사에 돌아와서도 내내 마음이 아팠는데 저들을 도울 방법이 없을까? 생각하며 방황하던 나의 모습을 떠올리다 저들에게 필요한 것은 존재원리라고 생각하였다.
존재원리는 어떤 곤경에서도 자신을 지킬 수 있고 어려움을 극복할 수 있다고 판단했는데 이는 본인의 직접경험 때문이었다. 존재원리는 사람이 생존하는 법을 가르쳐 주는데 이를 통하여 장래 희망을 줌으로 어떤 고난도 이겨낼 수가 있다.

그러나 이는 내 생각이다. 저들에게 존재원리를 소개할 수 없는 것이 저들과 나는 입장이 다르기 때문이다. 나는 잘 나가는 대기업의 중견 사원이고 저들은 갈 곳도 없고 희망도 없는 노숙자다. 내가 아무리 옳은 말을 한다고 해도 그들과는 입장에서 차이가 있어 상대가 안 된다.

또한, 존재원리라는 법칙이 아무리 옳다고 해도 나 자신의 판단이고 자신만의 경험이지 객관적으로 증명되었거나 입증된 법칙이 아니다. 그러나 만약 저들과 같은 조건에서 실제로 이 원리를 이용하여 성공할 수 있다면 당연히 얼마든지 존재원리를 추천하고 권유할 수 있다

이에 나는 다시 더 심각한 혼란에 빠졌다. 존재원리의 실험을 해야 하는데 만일, 실패하면 이는 패가망신하는 것이지만 성공하면 많은 사람을 곤경에서 구할 수가 있다.

나는 어떻게 해야 하나 고심을 했는데 나름대로 장기적인 계획을 세웠다. 내가 저들과 같은 실업자가 되어 존재원리를 적용해 성공한다면 이 원리를 많은 사람에게 추천하고 권고할 수 있다.

그렇다면 구체적으로 원리를 어떻게 적용할 것이냐? 다행히 나는 나의 사명을 알고 있으니까, 사명에 따른 나의 길이 있을 것이다. 비록 내가 지금은 아무것도 모르지만, 나는 예수께서 보내기로 약속한 보혜사라는 할 일이 있는 사람이다. 만약 내가 실업자가 되어 노숙자와 같은 어려움에 처해 나에게 주어진 보혜사의 일을 할 수 있다면 나는 성공했다고 말할 수 있고 내가 경험했던 존재원리는 어려

움에 처한 사람에게 얼마든지 권유하고 추천할 수가 있다. 그런데 보혜사의 일을 하겠다는 사람이 보혜사에 대해 아무것도 모르면서 과연 일을 해낼 수 있을까? 나는 자신이 없었다. 그러나 존재원리라는 원칙에 따르면 나는 모르고 자신이 없지만 보혜사가 맞다면 주어진 일을 할 수 있는 것이다. 겁이 나고 두려웠지만 한편 궁금하기도 했다. 그래, 무엇인지 모르지만, 이 길을 따라가 보자 분명 원인세계에서 사명에 따른 인도가 있을 것이다. 실패하면 한 사람으로 끝나지만 성공하면 많은 사람을 구할 수 있다.

'그런데 이게 내 생각이지 현실적으로 이 판단이 맞나?'

조용히 자문해 보았다. 분명 현실 세계에서는 어떡하든지 취업하고 퇴사를 면하려고 애를 쓰고 있는데 자진퇴사라는 것은 말도 안 되는 소리였다.

나는 한 회사에서만 이십여 년을 근속해 왔는데 갑자기 퇴사해 실직자가 된다면 생계 대책이 없고 세상 물정을 모르니 어떤 위험이 기다리고 있는지도 모르고 이제 나이도 오십이 되어 다른 전망이라고는 전혀 없었다.

또한, 큰 문제가 있었는데 나는 아직도 예수로부터 받은 말씀의 뜻을 모르고 있었고 교회를 나간다거나 하는 종교 활동도 안 하고 있었다.

내가 믿고 의지할 것은 아무것도 없었고 오직 하나 존재원리가 있었다. 그런데 위험을 감수하고 실험할 필요가 있을까?

2000년 8월 나는 담당 팀장인 정 과장과 협의하여 퇴사할 뜻을 밝혔다. 그러나 정 과장은 허락을 안 했다. 왜냐하면, 생계 대책이 없는 사람이 어느 날 갑자기 건강 사유로 퇴사한다고 하는데 누가 허락하겠는가?

"아니! 김 과장 퇴사하면 무엇을 하려고 그래요? 계획이 있어요?"

"계획 없어. 한 일 년 정도 쉬다가 건강이 회복되면 그때 가서 일자리 알아봐야지."

"아니 대책도 없는 사람이 무작정 퇴사하면 어떡하자는 얘기입니까? 일단 이 얘기는 없던 걸로 합시다."

내가 곰곰이 생각하니 정 과장 말도 맞았다. 내가 입장을 바꿔 생각해도 충분히 이해가 갔다. 이 어려운 시국에 퇴사하면 나의 현재 나이로 어디 가도 취직은 못 할 거고 이십여 년간 H중공업에서의 업무경력이 원가관리 일인데 같은 직종 취직이란 상상할 수도 없었다. 그리고 지금 내 나이가 마흔일곱인데 어디 가서 무엇을 한단 말인가? 지금 세상이 대학을 졸업해도 일자리가 없어 자살하는 사람도 발생하는 판인데 생계 대책도 없이 무작정 퇴사하면 어떡하자는 말인가? 나의 입장에서 회사업무가 어렵고 힘이 드는 것도 아니었다. 회사에서 요구하는 것만 한다면 나의 경험이나 실력으로 전혀 문제가 없었다. 몸에 조금 이상이 있다고 하나 이 정도는 병도 아니었고 만약 심한 병이라면 더욱 직장에 안주해야 하는 것이 원칙이었다. 그리고 직장생활을 오래 하다 보면 누구나 적지 않은 정도의 스트레스는 다 받고 있었다. 급여 수준이나 진급도 전혀 문제가 없었다. 대기업 관리부 과장 직급에 조금 노력하면 차장으로 진급할 수 있고 입사해서 그동안 고생한 것에 비하면 지금은 정말로 편한 것이었다. 그리고 이렇게 근무하다 정년퇴직하면 연금을 받으며 편안한 생활을 할 수 있고 그때는 시간이 많으니, 공부도 많이 할 수 있다.

가능하면 해외 유학도 다녀오고 얼마나 좋으냐? 나는 사업부 창설부터 근무해 온 사람으로 한 부서에서 계속 근무한 사람은 나 한 사람이었다. 경험도 다양하니 많았다. 그러고 보니 회사의 문제점을 잘 알고 있고 이의 해결 방안도 잘 알고 있었다. 나도 회사의 장기 발전을 고려해 본인 스스로 업무개선을 추진해야겠다는 의무감을 절실히 느끼고 있었고, 회사에 대하여 할 일도 많았다. 나는 많은 경험과 스스로 연구를 통해 문제점과 개선 방안을 많이 준비하고 있었기 때문이다. 또 나는 업무개선을 좋아했다.

그런데 회사업무도 중요하지만, 나의 사명을 추진하는 것 또한 중요한 것이었다. 나는 휴직도 생각해 보았다. 그러나 결국 내가 퇴사를 결심한 것은 두 가지 이유 때문이었다.

첫째, 대화자 상호 간의 입장 차이를 없앤다.

분명 내가 전하는 말은 어려운 사람들에게 도움이 되어야 하는데 실직자가 백만 명을 넘어서는 상황에서 대기업 간부사원의 위치에 있는 사람의 말이 설득력이 있겠느냐는 의문이었다. 대등한 위치에서 대화하고 의사전달을 하기 위해서는 이들과 같은 위치에서 판단하고 대화해야 한다고 생각했다.

둘째, 존재원리의 검증이었다.

제삼자에게 의사전달을 할 때는 확실하게 검증된 사실을 말해야 하는데 내가 판단한 원리 중 검증이 안 된 내용이 있었다. 이론적으로 아무리 옳다고 해도 검증을 거쳐야 한다는 것이 나의 주관이었다. 원인 세계와 사명에 대한 검증은 끝났지만, 자신의 역할을 다하는 것이 자신의 가치를 가장 극대화할 수 있고 자신이 존재할 수 있다는 결론에 대해서는 어떻게 검증할 것이냐? 이것은 내가 아무리 생각해도 내가 위험을 감수하고 몸을 던져 스스로 검증할 수밖에 없었다.

어떤 상황에서도 자신에게 부여된 역할을 다하는 것이 생존할 수 있는 바른 방법이라면 나는 어떡하든 살아남을 것이 아니냐? 하는 생각이었다. 이런 판단을 근거로 퇴직을 결심했는데 생계 대책 앞에서는 나도 할 말이 없었다.

수일간 나는 또 곰곰이 생각해 보았는데 내가 추진하고자 하는 일은 내 개인적인 일이 아니고 어떻게 보면 많은 사람에게 관련된 문제였다. 개인적으로 보면 나와 예수 이분과의 문제이지만 크게 보면 인간 창조의 세계와 인간과의 문제였다.

이런 상황에서 개인의 안위와 영화는 의미가 없었다. 당연히 누가 해도 해야만 되는 일이었다.

내 입장은 확고해졌다. 그리고 내가 경험한 길고 복잡한 사정을 누구에게 의논할 수도 없었다. 또한, 업무 상황도 내가 아는 바를 정리하여 이미 개발을 끝내 놓았고 아무리 생각해도 더 스스로 변명의 여지도 없었다.

나는 다시 퇴사 의사를 밝혔고 결국 2000년 10월 허락을 받았다. 단 퇴사 시기는 2001년 이후로 하되 현재 진행 중인 노사 임금 협상이 타결되는 날로 하는 조건이었다. 2001년 1월 15일 나는 H중공업 엔진원가부에서 22년을 근무하고 퇴사했다. 직장을 자퇴하고 노숙자와 같은 실업자가 됐다. 이제 나는 존재원리에 의지해 살아야만 한다.

이제 나는 실업자가 되어 나의 할 일인 보혜사의 길을 찾아 나의 일을 해야만 한다. 그런데 일을 한다는 사람이 구체적으로 어떻게 할 것인지 방법을 모르는 상태에서 과연 일할 수 있을까? 모르겠다. 일단 나는 새로운 길로 들어서고 말았다.

8
뉴욕 9.11 테러

　회사를 나와 다른 일은 안 하고 나의 일에 집중하려고 했는데 이는 존재원리를 기준으로 판단한 것으로 잘은 몰라도 나에게 주어진 일을 하면 어떻게든 생활 유지는 될 것 아니냐? 하는 판단이었다. 그래서 어떡하면 말씀을 전할 수 있을까? 생각하다 글을 써 주위에 알리기로 했는데 글쓰는 요령을 배우기 위해 울산 기능대 평생교육원에서 모집하는 문예창작과에 들어가 작문법을 배우기로 했다. 교육원이란 정규 교육이 아니고 일종의 문화 취미 교육으로서 글 쓰는 요령을 배우는 것이었다. 일주일에 하루 4시간을 수업했는데 여기서 나는 문학 일반에 대한 교육을 받았고 주요 내용은 시, 수필이었다. 종교에 대해 잘 아는 바도 없고 종교 일은 해야 하는 상황에서 언젠가는 나의 경험을 글로 적어야겠다는 생각에 시간이 될 때 이를 준비하기로 한 것이다.

　이렇게 시간을 보내고 있던 어느 날 미국에서 9.11테러가 발생했다. 미국의 주요 도시인 뉴욕과 워싱턴이 테러공격을 당했고, 매스컴을 통해 테러 현장을 목격한 것은 9월 12일 새벽 3시경이었다. 나는 이상하게 일찍 잠이 깨어 뉴스를 통해 알았는데 워싱턴에는 국방부 건물이 공격을 받았고, 뉴욕에는 무역빌딩이 테러를 당해 붕괴되는 장면이 보였다. 고층빌딩에 대형 여객기가 날아와 충돌하더니 검붉은 화염이 일고 폭음이 들리더니 기체는 폭발했고 건물은 붕괴되었다. 이 과정에서 많은 사람이 눈처럼 하얀 먼지를 뒤집어쓰고 공포에 질려 현장을 대피하는 모습이 생생하게 보도되었다. 나는 한동안 정신이 없었다.

'아니! 어떻게 이런 일이 발생했지?'

뉴스를 보도하는 해설자의 안내 중 '자살테러'라는 말을 들었는데 나는 언뜻 이해가 안 됐다.

'아니! 자살테러라면 범행자도 같이 사망하는 것 아니냐?'

나는 이해가 안 되었다.

'어떻게 이런 일이 발생했지? 미국에 전화를 해봐야겠구나.'

이는 여동생이 워싱턴에서 생활을 하고 있기 때문인데 이때 나는 뉴욕과 워싱턴이 같은 근교인 줄 알았다.

뉴스에서는 전화가 불통이라던데 다행히 발신은 잘 됐다. 전화 받는 남자 목소리가 났다.

"Hello." (여보세요)

"This is in Korea and I am Jinseok-kim." (여기는 한국이고 저는 김진석입니다.)

"Parden?" (누구라고요?)

"Jinseok-kim." (김진석입니다.)

잠시 침묵이 흐르고 동생에게 하는 말인 것 같았다.

"Your brother." (당신 오빠야.)

"오빠예요?"

"그래. 나다. 집에 괜찮으냐?"

"여긴 괜찮아요."

"그래, 다행이다. 지금 여기서 텔레비전 보니까 거기 난리 났던데."

"저쪽 펜타곤 건물 있는 데가 그렇고 여기는 조용해요. 거기는 지금 몇 시예요?"

"음. 새벽 4시야. 내 그만 들어갈게. 잘 있어라."

"오빠, 고마워요. 제가 전화 드릴게요."

통화를 끝내고 나는 안심했다. 생전 전화 한번 안 하던 사람이 전화해도 괜찮을까 망설였는데 다행이라고 생각했다.

뉴스에서는 연속 테러에 따른 추가 테러를 예상하고 도시를 탈출해 교외로 대피하는 사람들과 이로 인해 공동화된 뉴욕 맨해튼의 전경이 보도되고 있었다. 매스컴에서는 연일 테러 관련 보도가 이어졌는데 테러 피해국인 미국은 테러 주범으로 오사마 빈 라덴을 지목하고 빈 라덴이 은신하고 있는 아프가니스탄 국가를 공격한다는 것이었다. 그리고 공격 준비는 빠르게 진행되어 갔다.

9월 13일: 미 대대적 보복공격 태세

9월 14일: 미 아프간 공격 임박, 테러 주동자 빈 라덴 지목, 타격 목표물 설정, 군 배치 돌입

9월 15일: 미 전시체제 돌입, 공군기 출격 대기, 예비군 5만 소집키로

9월 17일: 빈 라덴 3일 내 안 넘기면 공격

이러한 보도를 접하며 내가 계속해 의문을 가진 것은 왜 자살테러냐? 하는 것이었다. 상식적으로 판단하면 테러 범인은 살아야 하는 것이 정상인데 왜 범행자는 한두 사람도 아니고 여러 사람이 그들의 몸을 범행도구로 사용해 수많은 희생자를 내고 자신도 죽음를 택하느냐는 의문이었다.

'왜 자신을 학살해 가며 남을 희생시키려고 할까? 그것도 수천 명의 무고한 시민을, 그 많은 사람은 다 부모 형제와 같은 사람들인데……'

문득, 나는 일본의 가미가제특공대(神風特攻隊)를 생각했다. 이 특공대는 2차대전 말 미국의 전함 기관실로 비행기를 몰고 가 기체가 폭발할 때 생기는 폭력을 이용해 적함을 침몰시켰는데 조종사가 사망하는 것은 말할 것도 없었다.

또한 나는 어렸을 때 국민학교 교과서에서 읽었던 송악산 비둘기 고지의 육탄 십 용사가 생각나기도 했다. 황금재 일병 등 열 명의 군인은 6·25전쟁 때 전장에 나가 아군의 전세가 위기에 처했을 때 소대 전원이 사수를 결의하고 이들 모두 포탄을 안고 적의 진지에 돌진해 온몸을 산화시켜 침략군을 무찌른 육탄 특공대였다. 비통한 일이 아닐 수 없다. 그것도 적군의 총탄을 맞으며 돌격했으니 아무리 조국을 위한다고 하지만 그 고통은 상상만 해도 끔찍한 것이다. 다시 있어서는 안 될 일이었다. 그러나 이분 열 명의 용사는 부모 형제를 위하여 국민을 위해 자진해 희생하였다. 나라가 위급할 때 조국을 위해 죽음으로 적군을 무찌른 것이다. 그리고 이 경우에도 아주 긴박하다던가 다른 대체 방법이 없는 등 사유가 있는 것이지 무턱대고 귀중한 자신의 목숨을 초개와 같이 버리지는 않는 것이다.

그런데 자신의 몸을 희생해 무고한 민간인을 무더기로 죽음으로 몰고 가다니 이건 상식적으로 있을 수가 없는 일이었다. 전쟁을 해도 민간인은 보호를 받는데 몸을 희생해 민간인을 살상하다니 이건 정말 말도 안 되는 경우였다.

'왜 이런 행동을 했지? 무엇인지는 모르지만, 무슨 문제가 있구나.'

나는 신문 등 관련 자료를 이용해 해명 내용을 파악해 보았지만 이의 사유를 파악할 수는 없었다. 내가 신문에서 파악한 원인은 크게 두 가지였다.

첫째는 신념의 대결이었다.

테러지명자 빈 라덴의 입장에서는 팔레스타인과 갈등을 벌이는 이스라엘에 대한 미국의 일방적인 지원과 이슬람교의 성지인 사우디 아라비아에 미국이 군대를 주둔해 이슬람교도를 모독했다는 이유이고 미국의 입장에서 사우디는 석유의 확보라는 이유로 이스라엘은 기독교 문명을 보호한다는 명분에서 불가피한 조치였다. 그래서 결과적으로는 쌍방에 대한 조정이나 타협이 불가한 대결 상태가 되었다.

둘째는 문명충돌이었다.

미국, 유럽, 러시아, 인도 진영과 이슬람, 중국, 일본 진영이 문명권 차원의 충돌을 하는데 이는 미국 등 서방 국가와 이슬람권 간에 대전을 방불케 하는 문명충돌이 발생할 가능성이 있다. 이는 이스라엘 지원, 이슬람교도 모독, 석유확보, 기독교보호, 문명충돌이란 내용이었고 이를 더 압축하면 이슬람교와 기독교의 문명충돌이란 말이었다.

　문득 생각나는 것이 근래 세계 도처에서 계속해 발생했던 이슬람과 기독교 간의 갈등이었다. 1999년도 일어난 유고의 코소보사태, 인도네시아의 동티모르사태 등 이상하게 이 두 종교 간의 갈등이 잦았다. 그러나 그렇다고 해도 종교의 궁극적인 목적은 개인과 사회 더 나아가 세계평화 아니냐? 어떻게 비행기를 몰고 가 많은 사람과 범행자 자신의 몸을 죽음으로 몰고 가느냐? 나는 아무래도 이해가 안 됐다. 나는 계속해 내용을 파악했는데 우선 먼저 이슬람과 지명자인 빈 라덴에 대한 기사를 정리했다.

　이슬람이란 '복종'이란 뜻으로 무슬림은 '복종하는 사람' 즉 이슬람 신봉자를 말한다. 절대 신 '알라'와 예언자 마호메트를 신봉하는 이슬람 인구는 전 세계 56개국에 12억 명이다. 극단을 배격하는 중용사상을 가지고 있으며 사랑과 평화를 추구한다. 종교, 정치, 경제, 사회, 문화 등 인간 활동 전체를 포괄하는 생활 그 자체이며 현세의 삶과 내세를 동일시한다. 중동에선 종교를 바탕으로 한 정치 공동체를 설립했고 그 공동체가 교회이자 국가인데 이는 이슬람의 최대 특징이다. 18세기 이후 서구 제국주의의 핍박 속에 폭력으로 이슬람 공동체 회복을 추구하는 극히 일부의 급진파가 생겨났다.

　오사마 빈 라덴은 1957년 사우디 리야드에서 '빈 라덴 그룹' 소유주의 아들로 출생했다. 1979년 구소련이 아프가니스탄을 침공하자 어려서부터 이슬람 원리주의에 심취해 있던 그는 '알카에다(이슬람 구제기금)'를 설립해 회교 반군 지도자 탈레반을 지원했으며 직접 전투에도 참가해 '아랍의 영웅'이 됐다. 1990년 미군이 사우디에 주둔

하자 그는 즉각 반미 활동을 전개했으며 이 때문에 추방돼 국적을 박탈당했다. 미국과의 악연은 이렇게 시작되었다. 그는 자신의 도움으로 집권한 탈레반의 비호 아래 1996년 아프간에 근거지를 마련하고 미국에 성전(聖戰)을 선포했다. 그리고 부친에게서 물려받은 유산을 반미 테러에 쏟아붓기 시작했다. 1993년 뉴욕 세계무역센터, 사우디 미군 막사, 케냐와 탄자니아 주재 미 대사관 폭탄테러, 지난해 미구축함 폭파 테러가 진행됐다. 그리고 그가 곧 워싱턴도 공격할 것이란 추측이 나돌기도 했다.

문득 나는 이슬람교에 대한 경험을 떠 올렸다. 1996년 4월 말레이시아의 수도인 쿠알라룸프에서 숙박하던 날 새벽이었다. 이상한 소리를 듣고 잠이 깼다. 당시 숙소는 밍꼬구 호텔(Ming-court Hotel)이었는데 이곳은 페트로나스 쌍둥이 빌딩과 인접해 있었고 H종합상사 지사 사무실과도 가까운 위치로 H그룹사 직원들이 자주 이용하는 호텔이었다. 이때 나는 회계법인과 거래처 등의 업무를 협의하기 위해 2~3일 숙박 예정으로 방문했는데 이국땅이라 그런지 조그만 소리에도 민감하게 반응했던 것 같다. 새벽이라 날은 밝지 않았는데 이상하게 무슨 소리가 들려왔다. 가만히 창문을 열고 귀를 기울이니 확성기를 통해 나오는 사람의 목소리인데 계속 방송되는 것이 아니고 말을 하다 끊어지고 무슨 고성 같기도 하고 다시 이어지며 방송되는데 나는 이상함을 느꼈다. 무슨 노래도 아니고 의사전달 목적의 방송 같으면 계속 발언을 할텐데 이건 무슨 말을 하는 듯하다 뚝 끊어지고 사라진 듯 다시 이어지며 계속되었다.

"라…… 일라하…… 일랄 …… 라……."

마침 잠을 깨고 일어난 홍 과장에게 나는 물어보았다.

"홍 과장, 지금 밖에서 이상한 소리가 나는데 저게 무슨 소리인지 알아요?"

"아! 저건 코란 읽는 소리입니다. 여기 말레이시아는 국교가 이슬람이라 이슬람교의 경전이 코란인데 아침 새벽에는 저렇게 코란을 독경하는 소리를 방송합니다."

나는 이때 어려서 새벽 4시만 되면 들려오던 교회 종소리를 생각했다.

'새벽에 종을 친다던가 경전을 읽는다든가 하는 것이 종교마다 차이가 있구나.'

코란을 독경하는 소리는 계속 이어졌는데 음량은 크지도 작지도 않았다.

"모하마단…… 라슬룸…… 라……."

그 후 내가 이슬람 종교와 관련되어 경험한 것은 많이 있었다.

하루는 내가 일하고 있던 현장에서 손님을 마중하러 차를 몰고 근교 타와우 비행장(Tawau Airport)에 나갔는데 흰옷을 입고 머리에 흰색 차도르를 두른 많은 사람을 보았다. 알고 보니 성지순례를 떠나는 사람들을 전송하기 위해 동네의 여신도들이 모두 나와 손을 흔들며 잘 다녀오라며 배웅을 하는 것이었다.

'아! 회교도는 성지순례를 하는구나…….'

왜냐하면 내가 알기로 기독교는 이런 행사가 없기 때문이다.

또, 공사 현장에는 발주처, 감리회사 등에서 손님이 현장을 방문하는 경우가 정기적으로 있었는데 보통 월마다 회의가 있었다. 이는 공사 진도를 확인하고 문제점 따위를 협의하기 위해서였다.

이때 나는 손님을 접대하며 알았는데 무슬림은 술, 담배를 안 했다. 이상하게 돼지고기는 절대 안 되고 음식도 많이 안 먹고 식후에는 찻잔을 마주하고 담소하는 것 이것이 전부였다. 나의 경험으로 이들은 신사였다. 무슬림이 모여 장사하는 시장이 있는데 여기서는 술, 담배 같은 기호품은 매매를 안 했다. 나는 이런 면에서 종교 간 차이를 점점 깊이 느끼고 있었다.

하루는 현장에 부상자가 있어 내가 차에 태워 병원에 데리고 가 치료를 받고 약을 받았는데 약봉지에 그려진 적신월사 문양에서 여기는 회교국이구나 하고 생각한 적이 있었다. 약봉지에는 보통 적십자사 문양이 있는데 이는 국제적십자협회를 상징하며 약봉지나 구급약 통에 흔히 볼 수 있는 문양이다. 그러나 이곳에서는 적십자사와 적신월사의 초승달 문양이 같이 나란히 그려져 있었다.

'아! 여기는 이슬람권이다 보니까 약봉지 문양도 차이가 있구나.'

무슬림은 또 돼지고기를 금기로 여겼는데, 어느 정도냐 하면 하루는 현장에서 야유회를 간 적이 있었다. 이날은 이슬람교의 성인 탄신일이라 현지 사정에 따라 휴무하였고 이때 국내에서 파견된 근로자가 10명 정도 되었는데 모두 함께 가까운 섬으로 야유회를 갔다. 이 섬의 이름은 시파단인데 세계적인 유명 휴양소로 거북이가 많고 바닷물이 맑고 깨끗해 사람들이 많이 찾았는데 특히 수중 체험을 하는 다이버가 많이 찾았다.

야유회 전날 밤 우리 일행은 김밥을 만들어 도시락에 넣고 섬에 들어가 점심을 했는데 이때 내가 같이 간 현지인 소년들에게 먹으라며 김밥을 주었는데 이상하게 안 먹었다. 내가 왜 안 먹느냐고 묻자,

그들은 여기 돼지고기가 들어있느냐고 물었는데 나는 처음에는 이상하게 생각했다.

'아니! 왜 김밥을 보고 돼지고기가 있냐고 묻지?'

이상하다며 자문을 하다 나는 속으로 아차 하는 생각이 들었다. 김밥을 만들 때 소시지가 들어가는데 이 소시지에 돼지고기가 들어간 것이냐고 묻는 것이었다. 나는 얼른 대답했다.

"괜찮아, 닭 소시지야."

그때야 그들은 김밥을 먹었다. 나는 닭 소시지를 준비하길 잘했다고 생각했다.

'정말로 철저하구나. 소시지에 돼지고기가 들어가는 것까지 확인하니 할 말이 없다. 그래서 닭 소시지가 있었구나.'

나는 전날 슈퍼에서 소시지를 사다가 닭고기 소시지를 보고 이상하게 생각했었다. 보통 소시지, 하면 당연히 돼지고기가 들어가는 것으로 알고 있었는데 이것은 그게 아니었다. 그래서 맛이 어떤가 하고 이를 샀는데 나의 판단으로 이들은 정말 금기에 대해 철저했다.

이러한 경험을 떠올리다 나는 문득 의문을 가졌다.

'무슬림은 왜 이렇게 철저하게 금기를 가리지? 혹시 경전인 코란과 무슨 관련이 있는 것 아닌가? 코란의 내용을 파악해 봐야겠다. 그래! 이슬람교를 이해하기 위해서는 경전인 코란을 알아보자.'

나는 코란의 내용을 파악하다 깜짝 놀랐다. 내용 중에 성경이 포함되어 있으며 예수도 신의 사도로서 신봉 대상에 포함되어 있었다.

'아니? 어떻게 이런 일이 그렇다면 결국, 이슬람교와 기독교는 경전

이 같다는 내용인데 이게 맞나?'

코란은 이슬람교의 창시자 마호메트가 619년경 유일신 알라의 계시를 받은 뒤부터 632년 사망할 때까지 계시, 설교를 집대성한 것이다. 예언자 마호메트가 40세 때 사우디아라비아의 메카 근교의 히라산(山) 동굴에서 천사(天使) 가브리엘을 통해, 계시를 받았다고 한다. 코란이란 아랍어로 '읽혀야 할 것'이라는 뜻이다. 계시받은 마호메트의 말은 초기의 사도(使徒)들에 의해 기억되어 낙타의 골편(骨片)이나 야자 나뭇잎 또는 암석의 파편 등에 불완전한 문자로 기록했는데 세월이 흐름에 따라 전승이 다양해져 그의 집성, 통일이 필요하게 되었다. 이리하여 코란의 결집(結集)이 이루어졌는데 초대 칼리프 아부 바크루가 시도하여 본격적인 결집은 제3대 칼리프인 오스만이 646년에 완성하였다.

현재 사용하고 있는 코란은 당시 정리된 형태를 거의 그대로 유지하고 있다. 무슬림들은 모세에게 내려진 구약 성서, 다비드에게 내려진 시편, 예수에게 내려진 신약 성서와 무하마드에게 내려진 코란을 비롯하여 이전의 예언자들에게 주어진 성서의 존재를 믿는다. 그러나 무슬림들은 이전의 성서들이 인간의 손으로 수정되어 왔다고 믿으며 성경은 오직 코란에 의해 확증되는 부분만 옳다고 받아들여지며 코란의 구절과 확연히 상반되는 내용들은 인간이 쓴 것으로 믿는다.

이를 요약하면 이렇다. 성경의 구약에는 많은 선지자가 있어 이들이 증언한 기록이 있는데 이를 다 신봉하는 것이 아니고 모세, 다윗, 예수와 성경에는 없는 무하마드를 예언자로서 신봉한다는 것이다. 그렇다면 나의 판단 시 맥락은 같은 것이었다.

나는 문득 이스라엘 국가의 수도 예루살렘을 방문했던 오 과장의 경험담을 기억했다. 1994년 말 내가 근무하던 H중공업에서 이스라엘 현지 발전소 공사를 수행하고 있었다. 이 공사는 사해발전공사(Dead Sea Works)로 예루살렘 근교에 현장이 있었다. 이때 내가 근무하던 부서에서 관리자 2명이 현장을 방문하면서 중도에 예루살렘 관광을 하고 기념사진을 촬영해 왔는데 내가 듣기로 예루살렘에 대한 설명 중 이상한 부분이 있었다.

"통곡의 벽 같은 관광명소가 많은데 보수를 한다든가 하는 것이 아니고 그대로 놔두어도 계속해서 성지를 순례하러 오는 관광객이 많으니까 신기하지요. 그리고 사람도 많아요. 왜냐하면, 예루살렘은 기독교 성지이기도 하지만 이슬람 성지이기도 하거든요. 어떤 경우는 성전이 지하도를 통해 서로 왕래할 수 있는데 한쪽은 기독교 다른 쪽은 이슬람교 이렇게 되어 있어요."

이 말을 들으며 나는 언뜻 이상한 것이 예루살렘이 기독교 성지라는 것은 이해가 되었으나 이슬람교 성지라는 데는 이해가 안 갔다. 그래서 이상하다며 혼자 속으로만 생각하고 있었는데 이제 이해가 되었다.

"이슬람교에서도 예수 이분을 신봉한다는 의미인데 이분을 신봉한다는 말은 이분의 말씀도 신봉한다는 뜻이 아닌가? 그렇다면 이분이 보내기로 약속한 보혜사에 대한 기록도 있을 것이 아니냐?"

나는 계속 자료를 파악했는데 예수께서 약속한 보혜사에 대한 중요한 대목을 발견할 수 있었다.

「이 성령에 대한 의미에 대해서는 논쟁이 잦다. 이것을 다음에 말하기로 하자. 성령이란 무엇인가? 아무것도 아니다. 요한복음은 예수가 성령이라고 말한다. 그는 성령이라고 불리고 우리는 예수를 또 다른 성령이 왔다고 말한다. 우리는 영어로 '또 다른'이라는 단어로 인해 혼동된다. 왜냐하면 애매모호하기 때문이다. 만약 일제 토요타 자동차가 고장나서 '당신에게 다른 것을 주겠소'란 말은 '이것은 고장나서 다른 토요타 자동차를 준다는 것'인지 '토요타 자동차 말고 다른 제품의 자동차를 주겠소'인지 애매모호한 단어다. 기독교인들은 이 땅에 나타난 다른 성령이 예수와는 다르다고 말하고 싶어질 것이다. 예수가 말한 것은 '하나님이 나와 같은 사람 하나를 보내실 것이다'였다. 무슬림은 모하마드가 예수에 의한 예언의 완성이라고 믿는다. 코란에서는 이 사람이 유대교와 기독교의 교리 책에 언급되었다고 한다. 기독교인은 유대인의 잘못된 견해 때문에 예수의 재림을 기대했었다. 많은 사람이 성경에서는 똑같은 '메시아'나 '인간의 아들'이라고 불렀지만 유대인은 이 단어에 특별한 의미를 부여했다. 유대인은 승리라는 지도자를 기대했었다. 예수가 많은 이들이 기대한 대로 되지 않자 유대인은 그가 언젠가 돌아와서 이 모든 예언을 완수할 것이라는 생각을 품게 되었다. 예수에 의하면 다음과 같은 예언이 있었다. '만일 내가 멀리 떠나지 않으면 편안케 해주는 사람이 여러분에게 오지 않으리니 그러나 내가 떠난다면 그가 당신들에게 보내질 것입니다. 그는 여러분을 진리로 인도할 것이나 하나님으로부터 들은 것만을 이야기할 뿐 스스로는 아무 이야기도 하지 않을 것입니다.」

나는 문구를 읽으며 판단했다.

'아이고! 이거 복잡하게 되었구나. 그렇다면 지금 예수께서 보내기로 약속한 보혜사는 기독교와 이슬람교에 공통적으로 관련된다는 이야기인데……. 어떡하다 이렇게 됐지?'

그리고 다음 날 아침 자료를 정리한다며 도서관을 가다 버스 안에서 생각한 것이, 자살테러 예방법이었다. 나의 판단으로는 그랬다. 기독교와 이슬람교에서 공통적으로 예수를 신봉한다면 예수가 보내기로 약속한 보혜사는 당연히 이들에 의해 신봉될 것이며 테러 예방은 가능한 것이다. 그러나 이것은 어디까지나 주관적인 판단이었다. 내가 곰곰이 생각해 보니 나도 자신의 역할을 알고 이를 실천하기까지 20년 정도 긴 세월이 걸렸는데 누가 나의 주장을 신뢰하겠는가? 그래서 내가 생각한 것이 나의 체험을 글로 쓰기로 한 것인데 이는 영어소설 독해 경험 때문이기도 했다. 이는 우선 읽기 쉽고 이해가 빠르고 재미가 있으니까, 의사전달의 효과가 좋은 이유도 있었지만, 종교교육이나 경험이 부족한 나로서는 자신의 경험을 기록해 이를 자료화하는 수밖에 없었다. 나의 경험으로 볼 때 아는 것과 이를 실행하는 것은 엄청난 차이가 있는 것이다. 나는 단지 이런 사실이 있다는 것만 알고 넘어가기로 했다.

그리고 이틀 후인 9월 19일 미국 대통령의 십자군 전쟁 발언을 취소하는 일이 일어났다.

'아니? 십자군 전쟁이라면 수 세기 전에 일어난 옛날이야기 아니냐? 왜 이런 말이 나왔지?'

조지 부시 미국 대통령이 '십자군 전쟁(crusade)을 벌이겠다'고 말했다가 중동 국가들과 미국 내 아랍계 교민사회의 반발에 부딪쳐

이틀만인 18일 취소했다. 십자군 전쟁은 이슬람교를 믿는 아라비아가 예루살렘을 정복하자 영국, 프랑스, 독일, 이탈리아, 헝가리 등 유럽 국가들이 다국적군을 결성해 1095년부터 1270년까지 8차례에 걸쳐 벌인 성지 탈환 전쟁이다. 부시 대통령은 지난 16일 '이번 전쟁은 새로운 종류의 악에 대항하는 투쟁이며 테러를 응징하는 십자군 전쟁'이라고 말했다. 부시 대통령의 발언이 보도되자, 미국 내 중동 전문가들과 해외 언론은 아프가니스탄을 압박하려면 중동 국가들의 협력이 절실한데 왜 하필 이슬람을 자극하는 단어를 사용하냐고 반발했다고 AP 등이 보도했다. 한 연구원은 이슬람교도에게 십자군 전쟁이라는 용어는 기독교 세력이 팽창주의와 식민주의를 상징한다며 아프간 공격에 대한 중동 국가들의 지지를 얻으려면 미국이 중동과 이슬람 세력이 아닌 '빈 라덴'이라는 테러리스트 개인을 응징하려 한다는 점을 분명히 해야 한다고 했다. 한 대학교수는 기독교 세력이 '지하드(성전)'라는 낱말을 듣고 오싹한 것처럼 이슬람 세력도 '십자군'이라는 말을 들으면 기분 나쁠 것이라고 말했다. 한 신문은 사설을 통해 부시 대통령은 마음 내키는 대로 총을 쏘는 서부 시대 총잡이가 아니라는 점을 명심해야 한다고 꼬집었다. 비판 여론이 고조되자 백악관 대변인은 18일 세계 여러 국가가 단결해서 악한 세력을 격퇴하자는 뜻으로 한 말일 뿐 이슬람을 폄하하거나 공격하려는 뜻은 없었다는 사과 성명을 발표하고 대통령 발언을 취소했다.

나는 즉시 십자군 전쟁에 대한 내막을 파악해 들어갔다.
십자군 전쟁은 11세기 말부터 13세기까지 8차례에 걸쳐서 이슬람교 세력이 그리스도의 무덤을 파괴하고 예루살렘 성지를 강탈함으로써 유럽의 기독교 세계가 이를 탈환하기 위해 일어난 쌍방 간의 전쟁이다. 십자군이란 명칭은 이 전쟁에 참가했던 사람들이 의복에 십자가 표식을 붙인 것에서 유래되었다. 십자군 전쟁이 일어나기 전에 이미 기독교 영향권에 있는 동유럽과 소아시아가 이슬람교 세력에 의해 점령되기 시작하였다. 633~643년에는 시리아, 메소포타미아, 이집트 등의 나라들이 669~798년에는 아프리카 북부가 그리고 711~719년에는 스페인이 정복되어 서유럽 기독교 세계가 위기를 느끼고 불안해하였다. 1010년에는 무슬림 교도인 하킴 군주가 당시 무슬림 교도들에게까지 존중되어 온 성지들을 강탈하고 예루살렘에 있는 그리스도의 무덤을 파괴하였으며 1048년 이래 터키의 셀주크 왕조가 동로마 제국의 소아시아 국경을 압박하기 시작하였다. 1070~71년에는 셀주크 터키족이 지중해 동해안에 진출하여 팔레스타나 성지를 점령하고 순례자들을 박해하였다.

그런데 초기 교회 때부터 순례는 기독교인의 신앙생활에 있어서 중요한 요소의 하나였으므로 성지의 순례자를 방어하고 보호하는 것이 모든 기독교인의 의무로 생각되었다.

그리고 십자군에 참가하는 사람들은 두 가지의 동기를 가졌는데 그리스도를 위해 자기 생명을 바치겠다는 개인적인 신앙 차원의 서원이고 다른 하나는 십자군에 참가하는 동안 자기 가족과 재산을 교회가 보호하는 물질적인 이익과 대사를 획득하는 것이었다.

십자군 선발대는 1096년 출발하였고 이 십자군에는 많은 농민이나 기사들과 같이 그리스도와 함께 가면 반드시 승리할 것이라는 신앙을 가진 훈련받지 않은 사람들이었다. 이들은 라인강 유역에 가서 많은 유대인을 학살했다. 왜 유대인들을 학살했는가 하면 이들 중에는 유대인에게 빚진 자들이 많이 있었다. 그래서 빚을 갚지 않으려는 의도에서였다. 이들은 콘스탄티노플에 도착해서 니케아를 점령하러 갔다가 이슬람족에게 전멸당하고 일부만 살아 돌아온다. 이렇게 1096년 시작되었던 십자군 운동은 1291년까지 약 200년 동안 계속되었다.

이 전쟁을 통해 서방 사람이 경험한 것은 좀 더 영적이고 정신적인 것에 관심을 가지도록 했다. 이 사람들이 처음에 시작할 때는 예수가 활동했던 거룩한 성지로 가면 무언가 거룩한 자취가 있을 것이라고 생각했다. 그러나 성묘 교회에 가 보니 아무것도 없는 빈 무덤이었다. 여기에서 사람들이 느낀 것은, 성경에 나와 있는 대로 왜 산 자를 죽은 자 가운데서 찾느냐는 생각이 들었다. 그래서 사람들이 보다 높은 정신적 세계를 가지게 되었다.

나는 전쟁의 동기나 결과가 너무도 허망하다고 생각했다. 200년 동안 전쟁을 했으니 그 와중에 민간인 피해는 이루 말할 수 없이 컸을 것이다. 유럽의 국가가 합세하여 동방 국가를 공격하였으니, 이것은 내 판단으로 전쟁이 아니라 세계대전이었다. 이러니 침략을 당한 국가들은 얼마나 울분을 느꼈겠는가? 그리고 전쟁 결과로 얻은 것은 아무것도 없었다. 서방 국가에 쓰린 패망만 안겨준 것이다. 결국 예루살렘 성지로 인해 일어난 세계대전이었다. 종교 교주는 평화를 가르쳤는데 신도들은 성지를 이유로 허망한 전쟁을 한 것이다.

'이러한 역사적 배경과 경험에 의해서 두 종교 간의 뿌리 깊은 반목과 질시가 있었구나! 그래서 잘못하면 이번 전쟁도 세계대전으로

확산한다는 우려가 있었구나!'

그리고 다음 날 9월 20일 나는 주위에서 들은 이야기를 근거로 추정해 볼 때 싸움은 막을 수 없다고 판단했다. 그것은 교육 강의를 받고 나서였는데 이때 강사는 이충호 교수였다. 이분은 영국 대학에서 시행하는 고급 영어 교육 과정을 이수하신 분으로 직장에 재직하며 U대 평생교육원에서 교육을 했다.

"여러분들은 미국 뉴욕 맨해튼가에 안 가보셨지요! 정말로 대단합니다. 빌딩이 밀림처럼 꽉 들어차 있는데 굉장합니다. 그리고 쌍둥이 무역빌딩은 미국경제의 상징입니다. 무역빌딩에서 세계 경제를 움직이고 있는데 이 빌딩이 공격을 받았다는 것은, 미국의 자존심을 꺾은 것이나 다름없기 때문에 어떤 형태로든 싸움은 될 겁니다. 만약 미국에서 테러에 대한 응징을 안 한다면 미국 국민이 가만히 있지 않을 겁니다."

나는 이때 판단했다. 세상일이 생각과 엄청 다르다는 것을 알게 되었는데 그것은 당연히 제삼자는 싸움을 말리려고 하지만 피해 당사자로서는 도저히 묵과할 수가 없는 것이다. 피할 수 없는 싸움이었다.

'일단 어떤 형태로든 싸움은 불가피하구나! 그렇다면 기존 파악하던 것을 더 상세하게 파악하자! 일단 내 나름대로 준비는 하자.'

나의 판단대로라면 이번 전쟁은 불가피하니 어떡할 수 없고 지금의 추세대로라면 두 종교 간의 싸움이 또 발생할 소지가 많다. 그렇다면 미래의 싸움을 예방해야 한다는 생각도 있었고 이번 싸움이 수년간 지속되는 싸움이 될 수도 있다는 보도가 있었는데 이에 대한 준비를 위해서라도 기존 파악하던 내용을 상세히 알아야 했다.

나는 가까운 도서관을 찾아 코란의 주요 문구에 대한 상세 내역을 파악했다. 일단 이슬람교에서 주장하는 주요 문구를 기준하여 내역을 파악했다.

'무슬림은 모하마드가 예수에 의한 예언의 완성이라고 믿는다. 코란에서는 이 사람이 유대교와 기독교의 교리 책에 언급되었다고 한다. (코란 7장 157절을 보라)'

코란 7장 157절: 또한 그들은 예언자이며 '움미'인 선지자를 따르는 아들이라 그들은 그들의 기록인 구약과 신약에서 그 선지자를 발견하리라. 그리하여 그분께서는 그들에게 옳은 것을 명령하였고 그릇된 것을 금지하였으며 그들에게 성결한 것을 허락하시고 그들의 무거운 짐과 멍에들을 벗겨주시니 그분을 믿고 그분을 존경하며 그분을 도와 그분에게 계시된 빛을 따르는 이들은 번창하리라.

코란 7장 157절에 대한 해설: '움미'는 최후 선지자가 온다는 것을 예시하고 있다. 이것은 구약과 신약에 계시된 것으로 신명기 18장 15절에서 '네 하나님 여호와께서 너의 네 형제 중에서 나와 같은 선지자 하나를 일으키시리니 너희는 그를 들을지니라' 모세와 같은 율법을 계시받은 유일한 선지자는 무함맏이었으며 그는 이스라엘의 조상인 이삭의 형제인 이스마엘의 가문에서 왔다. 마찬가지로 신약 요한복음 14장 16절에서 '내가 아버지께 구하겠으니 그가 또 다른 보혜사를 너희에게 주사 영원토록 너희와 함께하시리니'라고 예수께

서도 또 다른 선지자를 백성들에게 약속하였다.[11]

나는 언뜻 모순되는 점을 느꼈는데 분명 코란에는 보혜사에 대한 언급이 없었다. 나의 판단으로는 성서중에서 코란에 의해 '확증된 부분만 옳다고 인정되기 때문에 코란에 없는 요한복음은 인정이 안 된 문구인데 왜 판단 근거로 제시되었는가 하는 의문이 들었다.
무슬림들은 이전의 성서 글이 인간의 손으로 수정해 왔다고 믿으며 성경은 오직 코란에 의해 확증되는 부분만 옳다고 받아들여지며 코란의 절과 확연히 상반되는 내용은 인간이 쓴 것으로 믿고 있기 때문이다.
나는 또 코란에 나와 있는 예수에 대한 내용을 파악했다.

예수는 외로운 한 예언자다. 이스라엘에 보내어진 선지자이다. 제자들 승천, 아담과 다를 바 없어, 십자가를 지지 아니했다. 한 선지자에 불과, 그는 하나님이 아니다, 복음서를 가지고 오다, 그는 하나님의 아들이 아니다, 메시지와 기적들, 진수성찬의 식탁을 기원하다, 그릇된 신앙생활을 가르치지 아니했다. 제자들은 스스로 무슬림이라 선언, 제한된 임무, 추종자들 동정과 자비를, 하나님 원조자들로서의 제자들, 하나의 예증으로서, 아흐맏(무함맏)이 올 것이라 예언.

나의 판단으로 코란과 성경에 묘사된 예수의 기술이 서로 차이가 있었으나 문제는 안 삼았다. 왜냐하면 사람이 똑같은 사물을 봐도

---

11) 꾸란해설, 최영길, 송산출판사. 1988, p266, 157-1

견해 차이가 있는데 사건에 있어서는 더 말할 것도 없다. 이중 중요한 구절만 선택했다.

코란 61장 6절: 예수께서 아흐맏(무함맏)이 올 것이라 예견. 또 마리아의 아들 예수가

"이스라엘 자손들이여! 실로 나는 너희에게 보내어진 선지자로서 내 앞에 온 구약과 내 후에 올 '아흐맏'이란 이름을 가진 한 선지지의 복음을 확증하느니라."

그러나 그가 분명한 예증으로 그들에게 임하였을 때 이것은 마술이라고 하였더라.

코란 61장 6절에 대한 해설: 아흐맏 또는 무함맏은 '찬양받는 자'란 언어적 의미로 그리스어의 periclytos로 번역되어 있다. 요한복음 14장 16절, 15장 26절, 16장 7절에 나오는 'comforter'는 그리스어의 paracletos의 의미 주창자, 돕는 자, 친절한 친구는 periclytos로 번역되었다. 예수가 말한 원래의 말씀에서는 아흐맏이란 이름을 가진 예언자가 온다는 것을 예언하였다. (코란 21장 107절, 9장 128절, 3장 81절 참조)

한편 예언자 언행록인 하디스에서도 선지자 무함맏의 이름은 다섯 개로 그중의 하나가 아흐맏이라고 전하고 있다. (내게는 다섯 가지의 이름이 있으니 무함맏, 아흐맏, 하-르, 마-히, 그리고 아-끼브)[12]

---

12) 꾸란해설, 최영길, 송산출판사, 1988, p1073

코란 3장 81절: 아흐맏이란 이름을 가진 예언자가 온다는 참조 구절이다. 하나님이 예언자들과 성약을 하사 성서와 지혜를 주셨도다. 그런 다음 한 선지자가 진리와 함께 너희들에게 오나니 그를 믿고 그를 도울지어다. 이에 확증을 하는가? 너희들에 내린 나의 성약을 지키는가? 그들이 대답하여 가로되 '확증하나니다', '그러면 증인의 신도가 될지어다. 나는 증인으로써 너희와 함께 있을지니'라고 말씀하셨도다.

코란 3장 81절의 해설: 구약 신명기 18장 18절에 무함맏이 온다는 것이 예언되어 기록되어 있고 아랍국가의 창설은 이사야서 42장에서 언급되고 있는데 케다르(kedar)는 이스마엘의 아들로 그 이름이 아랍국가 이름으로 사용되고 있다.

신약에서도 마찬가지로 요한복음 14장 16절, 15장 26절, 16장 7절에 서 무함맏이 예언되고 있다. 여기에 나오는 'The Comforter' 어휘는 기독교에서 해석하는 성령(The Holy Ghost)으로 풀이될 수 있다. 왜냐하면 성령은 이미 하나님으로 존재하고 계시면서 예수를 도우며 안내하고 있기 때문이다. 'Comforter'란 단어는 그리스어의 Paracletos라는 단어가 번역된 것으로 그것은 Periclytos라는 단어가 잘못 와전된 것이다. 이 Periclytos라는 어휘는 문자 그대로 무함맏 또는 아흐마드다.[13]

구약 신명기 18장 18절: 내가 그들의 형제 중에 너와 같은 선지자 하나를 그들을 위하여 일으키고 내 말을 그 입에 두리니 내가 그에

---

13) 꾸란해석, 최영길, 송산출판사, 1988, p94

게 명하는 것을 그가 무리에게 다 고하리라.

나는 이러한 내용을 요약하여 다음과 같은 결론을 내렸다.

첫째, 코란에는 보혜사에 대한 언급이 없고 대신 성경에 없는 아흐만(무함맏)이 올 것이라고 예견한(코란 61장 6절) 문구가 나온다.

둘째, 코란을 해석한 문구에서는 요한복음의 보혜사 문구를 근거하여 코란의 문구를 해석하고 선지자의 출현을 예고하며 이 선지자가 아흐만임을 주장하고 있다.

셋째, 코란 해석에서 요한복음의 기록이 잘못되었다는 가정하에 코란의 문구를 해석하고 있다.

나는 이 결론을 검토할 때 여러 가지 의문이 들었다.
'왜 신약성경에는 없는 내용이 코란에는 있지? 왜 코란에 없는 문구를 근거하여 코란의 내용을 판단하고 주장을 하지? 성경 기록이 잘못되었다는데 이건 또 무슨 말이냐?'
첫째 의문은 이해가 갔다. 이는 기록자에 차이가 있을 수가 있는데 실제 신약에도 여러 복음서로 구분되어 있고 이는 기록자를 기준하여 구분되는 것이다. 그렇다면 당연히 신약에 없는 부분이 코란에 있을 수도 있다.
그러나 둘째 의문은 아무리 생각해도 알 수 없었다. 왜 코란에 없는 문구를 근거하여 코란의 내용을 판단하고 주장을 하지? 신약 성서중 코란에 없다는 말은 인정하지 않았다는 의미인데 인정이 안 된 문구를 근거로 함부로 판단하지는 않을 텐데 왜 이렇게 됐을까? 혹시 신약을 다 인정하고 사용하는 것은 아닐까? 그러나 이건 분명히 아니었다. 예수에 대한 신약과 코란의 내용은 많은 차이가 있었다. 신약은 하나님의 아들 또는 하나님이었으나 코란은 '마리아의 아들 예수'로 표현하고 있다.[14] 그리고 또 단어의 와전은 뭐냐? 단어 기록이 본래 단어가 아닌 다른 단어로 변경되어 기록되었다는 의미인데 이게 말이 되는가? 그렇다면 이것을 어떻게 설명해야 되지? 하며 나는 생각하였으나 어떻게 된 것인지 판단이 안 섰다. 그러나 나는 이렇게 이해하기로 했다.

'해석 문구란 결국 개인의 판단과 주관이 아니냐? 개인의 판단과 주장은 예상 또는 추정이지 확정은 아니다.'

나는 문득 종말론 교회 일을 생각하며 같은 맥락으로 파악을 했다. 종말론 교회 사건은 1992년 10월 28일 24시에 예수 재림이 일어나고 신도들은 휴거되어 천국으로 간다며 전국적으로 소동을 벌인 사건이다. 나의 판단으로 전달자는 추정 또는 예상이었는데 수신자는 확정으로 받아들여 많은 신자가 피해를 보았다. 24시라는 시간은 추정이고 예상이지 확정 시간이 아닌 것이다. 이것을 확정으로 판단한 사람들이 얼마나 많은 피해를 보았던가? 직장이탈과 학업 포기 가정파탄에 자살 등 생각만 해도 끔찍했다. 그리고 아직도 종

---

14) 코란 61장 6절: 또 마리아의 아들 예수가 "이스라엘 자손들이여 실로 나는 너희에게 보내어진 선지자로써 내 앞에 온 구약과 내 후에 올 '아흐맏' 이란 이름을 가진 한 선지자의 복음을 확증하느니라"

교 간의 갈등이 끝나지 않은 것 같았다. 이 싸움의 실체가 과거에는 성지를 점령하기 위해 오랜 기간 허망한 전쟁을 하였지만 성지 싸움은 끝나고 지금은 교리 싸움을 하고 있는 것 같았다. 그중에서도 중요한 것이, 예수가 생전에 보낸다고 약속한 인물이 있었는데 이를 기독교에서는 성령으로 이슬람교에서는 사람으로 믿고 있었다. 그리고 곧 이 사람이 이슬람교 교주라는 해석 문구가 있는 것이다. 명확한 것은 서로 모른 채 이에 대한 믿음과 해석을 갖고 있었다.

나는 일단 결론을 내렸는데 이는 기독교나 이슬람교나 공통적으로 보혜사 관련 문구가 상당히 중요하다는 것이었다. 그리고 이슬람권에서도 경전에는 명기가 안 되어 있지만 보혜사에 대한 이해는 하고 있다는 사실을 확인했다.

수일 후 나는 미국에서 군사 작전명을 변경한다는 소식을 들었는데 '무한 정의'에서 '항구적 자유'로 명칭이 바뀌었다. 그리고 전면전이 아닌 테러와의 싸움으로 그 규모가 당초보다 상당히 축소되었다. 나는 우선 다행이라고 생각했다. 보도된 내용은 이랬다.

미국 대테러 전력 초강경에서 작전상 후퇴. 미 국방장관은 25일 이번 테러와의 전쟁은 대규모 침공 작전이 없는 장기전이 될 것이라고 말했다. 또한 그는 이번 전쟁은 2차 세계대전 당시 노르망디 상륙 작전처럼 D-데이가 있는 것이 아니며 대규모 침공 작전을 벌이지 않겠다고 덧붙였다. 또 이번 작전의 명칭도 '무한 정의' 작전에서 '항구적 자유' 작전으로 바꾼다고 발표했다. 그리고 백악관 대변인은 대테러 전쟁은 현 정권을 다른 정권으로 교체하기 위한 것이 아니라면서 미국은 탈레반 정권의 전복을 시도하지 않겠다고 말했다. 미국 대통령도 이날 백악관에서 일본 총리와 정상회담을 한 뒤 열린 기자회견에서 미국은 탈레반 정권의 전복에는 관심이 없다며 아프가니스탄 국민에게 오사마 빈 라덴을 응징하는 데 협력해 달라고 촉구했다.

나는 미국이 발표한 '항구적 자유' 작전에 대해서도 파악했는데 내용은 이랬다. 미국이 수행할 보복 전쟁인 '항구적 자유' 작전의 목표와 전략이 속속 드러나고 있다. 핵심 내용은 전쟁은 신중하고 제한적으로 수행하며 대규모 지상군을 투입한 침공 작전은 없을 것이란 점이다. 대규모 군사력이나 명목상의 응징으로는 테러 뿌리뽑기 작전이 성공을 거둘 수 없다는 현실적인 판단에 따른 것이다. 미국이 대규모 지상군 투입을 꺼리는 이유는 또 있다. 우선 미국이 공격의 명분을 확고하게 갖추지 못하고 있다는 점이다. 오사마 빈 라덴이 비행기 돌진 테러의 주범이라고 주장하면서도 아직 물증을 대지 못하는 상황이다. 물증 없이 아프가니스탄에 전면 공격할 경우 이슬람권을 중심으로 한 국제적 비난 여론에 직면하고 보복 테러도 당할 수 있다. 공격목표가 명확하지 않다는 것도 부담이다. 천연 요새 같은 아프가니스탄 지형에서 빈 라덴의 행방을 찾기가 여간 힘든 일이 아니다. 섣부른 공격으로 민간인들의 피해만 초래할 경우 미국은 궁지에 몰릴 수 있다. 게다가 전투 병력이 직접 투입되면 적잖은 사상자를 낼 게 뻔하다. 경제적 요인도 무시할 수 없다. 미국이 대규모 공격을 시사하면서도 이를 계속 미룬 결과 경제적 불확실성은 증폭됐다. 뉴욕 증시는 사태의 조기 수습 기대감이 무너지면서 지난주 15%나 떨어져 대공황 이후 하락 폭을 기록했다. 이번주 들어 오름세로 돌아서긴 했지만, 여전히 살얼음장 같은 장세며 전쟁이 예측

가능한 상태로 정돈된 뒤 투자하겠다는 관망 분위기가 지배적이다. 공격 지연과 주가 하락은 소비심리 위축으로 이어져 25일 발표된 미국의 9월 소비자 신뢰지수는 아래로 곤두박질했다.

나는 또 테러 범인들이 소지했던 것으로 추정되는 테러 행동 지침서가 발견되었다는 소식을 접했다.
「'알라신을 위해 죽음을 대비하라' 테러 지침문건 발견」
지난 9월 11일 뉴욕과 워싱턴에 대한 비행기 돌진 테러를 자행한 범인들이 공격을 준비하는 과정에서 지침으로 삼은 문건이 발견됐다고 워싱턴 포스트가 28일 보도했다. 이 신문은 미 연방수사국(FBI) 수사관들이 아랍어로 필사된 5쪽 분량의 문건을 이번 테러 공격의 주범으로 추정되는 모하메드 아타의 짐 가방에서 발견했다고 전하면서 단독 입수한 문건의 내용을 소개했다. 이 문건의 1~4쪽에는 한 선지자가 100명으로 1천 명의 이교도와 대적해 싸운 이슬람의 역사에 관한 내용과 기도문으로 구성돼 있으며 마지막 남은 쪽은 '비행기에 탑승할 때'라는 제목과 함께 기도문으로 보이는 내용이 담겨 있다. 문건의 내용은 이랬다.
'누구나 죽음을 혐오하며 두려워한다. 그러나 죽음 이후의 삶과 죽음 이후의 보상을 아는 신자만이 죽음을 향해 나아가는 사람이 된다. 마지막 날(테러를 결행하기 전날) 밤 수많은 도전에 직면하겠지만 이 도전에 맞서고 이를 100% 이해해야만 한다. 신과 그의 사자(使者)에게 복종하라. 유약해지는 상황에서 서로 싸우지 말고 흔들리지 마라. 신은 흔들리지 않는 사람과 함께 할 것이다.'
이 문건은 이처럼 마지막 날에 계속 기도하며 알라신의 도움을 구하고 코란을 계속 낭송하라고 강조하고 있다. 임무 실행에 앞서 기도로 의지를 다질 것을 지시하고 있다. 문건은 계속 이어졌다.

'마음을 정화하고 모든 현세의 문제로부터 벗어나라. 유흥과 헛된 시간은 지나고 심판의 시간이 도래했다. 신의 용서를 구하기 위한 얼마 남지 않은 시간을 잘 활용해야 한다. 너희들이 인생에서 남은 시간이 얼마 남지 않았음을 명심해야 한다. 여기서부터 너희들은 행복한 삶, 영원한 낙원에서의 삶을 시작할 것이다.'

테러 공격을 앞두고 두려움을 극복하고 서로 간에 결속을 다지기 위해 일부 섬뜩한 메시지를 전하는 한편 임무의 완벽한 수행을 위해 행동대원들에게 신중을 기할 것을 조언하고 있다. 문건에는 또 실무적인 준비과정에 관한 내용도 있는데 그 내용은 이랬다.

'모든 준비물 즉, 가방과 옷, 유언장, 신분증, 여권, 모든 서류 등을 점검하라. 출발 전에 안전을 점검하고 미행자가 없는지 확인하라. 몸을 청결하게 하고 신발과 의복을 단정히 걸치라.'

한편 댈러스 모닝 뉴스는 펜실베니아 인근에 추락한 유나이티드 항공사의 잔해에서도 테러범들이 지침으로 활용한 문건이 발견됐다고 보도했다. 이 문건은 테러 공격 당일 무기를 점검하라는 지시와 함께 공항으로 향하는 택시를 타고 갈 때 운전기사에게 미소를 보내라는 등의 지침을 담고 있다. 또, 알라신을 위한 공격이라는 점을 명심하고 비행기에 탑승할 때 기도하고 좌석에 착석한 후에도 또 한 번 기도하라는 지시가 들어 있다. 문건은 특히 테러로 여객기가 목표물에 충돌하는 시점을 지칭하며 진리의 시간, 결정적인 시간이 도래했을 때, 옷차림새를 단정히 하고 가슴을 열어 알라신을 위해 죽음을 맞이하라. 목표물을 앞둔 최후의 순간 너희들이 마지막으로 해야 할 말은 '알라 이외에 다른 신은 없다. 모하메드는 알라의 사자다'이어야 한다고 적고 있다.

나는 이해를 위해 주요 문구를 정리해 보았다. 알라를 위해 죽음을 맞이하라. 여기서부터 너희들은 행복한 삶, 영원한 낙원에서의 삶을 시작할 것이다. 알라신을 위한 공격이란 말은 알라신과 낙원의 삶을 위해 무고한 시민을 공격하고 죽는다는 말인데 나는 도대체 이해가 안 갔다.

내가 아는 바로는 그랬다. 신은 전지전능하고 자애롭고 인간을 한없이 사랑하신다. 그런데 어떻게 이런 분이 자신을 위해 인간의 죽음을 요구하겠는가? 어떻게 인간의 질서를 파괴하는 대참사를 원하겠는가? 하는 의문이 들었다. 신을 위해 인간이 죽는다. 그러나 신은 나약하지 않다. 전지전능하다. 그렇다면 무언가 모순되는 것을 나는 느낄 수 있었다.

'이상하다. 이럴 리가 없는데……! 그렇다면 테러범들은 종교와 낙원을 추구하며 범행했다는 말인데 이것이 맞는가?'

나는 무엇이 잘못되었겠지라는 판단을 하였는데 그 근거는 존재원리였다.

첫째, 인간은 필요해서 존재하고 신의 뜻에 따라 세상에 왔는데 전지전능하신 신이 인간의 목숨과 죽음의 공격을 원할 수가 없는 것이다. 이것은 신의 이름을 격하시키는 것이다.

둘째, 자신에게 주어진 역할을 충실히 수행하지 않고 자살하는 사람이 낙원에 갈 수 있을까? 이는 부정적이었다. 왜냐하면 인간에게는 누구나 다 신으로부터 부여된 사명이 있는데 이를 저버리고 자살한다는 것은 명백히 신의 뜻을 거역하는 것이기 때문이다.

그렇다면 다른 이유인데 그것은 무엇일까? 나는 아무래도 알 수가 없었다. 언뜻 십자군 전쟁을 준비할 때 서방 국가에서 모병을 위하여 사람들에게 하던 말이 생각났지만 즉시 이를 부정했다. 왜냐하면 지금은 십자군 전쟁을 하는 것이 아니고 그 싸움의 허망한 폐해를 세상 누구나 너무도 잘 알고 있는 21세기인 것이다. 그 말은 이것이었다.

'십자군에 참여해서 죽으면 즉각적으로 모든 죄가 사하여지고 바로 천국에 갈 수 있다.'

수일 후 미국은 아프간을 전투기로 폭격에 들어갔고 아프간과 파키스탄 국경에는 난민행렬이 이어지고 있으며 이슬람 국가의 반미 시위는 확산되고 있었다.

매스컴을 통해 보도되는 시위대의 모습을 보며 나는 문득 항의 시위가 마치 노사분규 현장에서 볼 수 있는 모습과 유사하다고 생각했다. 시가행진에 화형식, 시위대와 경찰의 충돌을 보며 나는 노사분규가 끝났으면 하고 마음조이던 지난날이 기억에 떠 올랐다. 그리고 테러범들의 자살 동기에 대한 의문은 자신의 존재 이유로 절망하고 방황하던 지난날의 자화상을 떠오르게 하는 것이었다.

이후 이렇게 아프간의 미국 침공은 시작되었고 11년 5월 2일 빈 라덴이 미군에 의해 아프간에 있는 은신처에서 사살되고 21년 8월

15일 탈레반이 수도인 카불에 입성하면서 전쟁은 끝났다. 아프간에서 미군은 완전히 철수했고 9. 11테러로 시작된 아프간 사태는 종결되었다.

9
낙원의 그림자

　평생교육원에서 글 쓰는 요령을 배우던 어느 날 책 만드는 방법에 대해 알게 되는 일이 일어났다. 같이 교육을 받던 최수도 선생이 자신이 쓴 책 원고라며 명심보감 한자 교육서를 가져와 이를 보았는데 이때 책을 이렇게 만드는구나 하고 원고 작성법과 제본 과정을 알게 되었다. 최 선생은 초등학교 교사로 재직하다 퇴직하신 분으로 퇴임 후 서예학원을 운영하며 초등생 한자 교육에 많은 관심을 갖고 관련 책자를 저술하였다.
　그러던 중 하루는 본인이 쓴 책이라며 명문당에서 출판된 기본생활 한자책을 한 권 나에게 주었다. 나는 명심보감 교육서 원고를 자세히 보았는데 이는 학생들이 빈칸에 있는 예문과 같이 한자를 따라 쓰다 보면 책의 문장 내용과 뜻을 쉽게 숙지할 수 있는 그런 책의 원고였다. 필요한 경우 밑에 별도 설명도 하고 중간에 고사성어에 얽힌 일화를 넣어 지루하지 않고 재미를 느끼며 공부할 수 있게 하였는데 일단 나로서는 처음 보는 신기한 경험이었다. 그러면서 물어보니 저자가 이렇게 해서 출판사에 넘기면 나머지는 다 알아서 한다는 것이었다. 나는 최 선생이 그렇게 자랑스러울 수가 없었다. 그때 나는 속으로 다짐했다.

'그동안 몰랐었는데 책 만드는 법을 알았구나. 나도 원고를 준비해 책을 만들어야겠다.'

그리고 나는 글을 쓰기 시작했다. 존재원리를 검증하려면 나에게 주어진 사명을 알고 이를 실행해야 하는데, 나는 역할만 알고 있었지 이를 구체적으로 추진할 수 있는 아무 방법이나 실천 계획이 없었다. 또 문제가 내가 받은 말씀을 사람들에게 전하겠다고 했는데 문제는 이 말씀의 의미를 내가 모르는 것이었다. 하지만 판단하기를 나는 이 말의 뜻을 모르지만, 누군가 종교 지식이 많은 사람은 알 것 아니냐? 하는 생각도 있었고 또, 나는 전달자의 역할만 하면 되는 것인데 말씀의 의미를 모르면 어떠냐 하는 생각도 있었다.

이런 이유로 나는 나의 경험을 정리하여 글을 썼는데 이렇게 시작되어 출간된 책이 『낙원의 그림자』다. 2001년 12월에 출판되었는데 그 내용은 본인의 경험을 위주로 방황하다 존재원리를 깨닫게 되었고 이 원리에 따라 나의 할 일을 알게 되었는데 그것은 예수로부터 부여된 사명이었다. 그리고 그분은 이렇게 말했다. 이런 내용이었다.

이 책에서 중요한 부분은 예수께서 하신 말씀과 이분의 모습, 음성 상태 등이었다. 그리고 나는 어떡하든 내가 들은 말씀을 전하려고 했는데 결국 이 말의 수신자는 세상이었기 때문이다. 나는 이 책의 형식을 소설로 택했는데 그 이유는 아무리 좋은 내용이라도 재미가 없으면 사람들이 책을 읽지 않기 때문이었다.

출판 후 나는 주위 사람들에게 책을 소개하였는데 같이 공부하던 학생은 물론 연고자를 찾아다니며 기증도 하고 팔기도 했다.

하루는 서실에서 같이 서예를 배우던 임일규 선배를 찾아가 읽어 보라며 책을 주었는데 수일 후 이분은 책을 읽고 나에게 독후감을 이야기했다.

"이 책 한 권으로는 무슨 말인지 잘 모르겠고 후편을 더 써야겠어."

그러면서 나에게 신학교를 가라고 권유했다. 나는 이 나이에 무슨 신학교이냐며 반문하였는데 이상하게 이분은 계속 이를 강조했다. 나는 이분이 왜 이런 말을 하는가? 하고 이상하게만 생각했다.

또 하루는 같이 공부하던 사람이 나에게 좋은 정보를 일러주었다. 교회에 가서 책 소개를 하고 이 책을 팔면 많이 팔 수 있을 것이라고 했다. 그러면서 자기도 이 책을 들고 가 자신이 출석하는 교회 목사에게 소개하겠다고 이야기했다.

이에 나는 집 근처 교회를 방문하였는데 처음 들른 데가 울산 달동에 있는 초대순복음 교회였다. 교회에 들어가 사람을 찾으니 평일이라 그런지 아무도 없고 게시판에 신앙 도서 기증을 받는다며 담당자 이동녕 집사라고 적혀있는 안내문을 읽으며 나는 생각했다.

'그래! 우선 교회에서 책을 팔려면 신앙 도서로서 맞는지 물어본 다음에 도서 추천을 할 수 있는 것 아니냐? 담당자를 만나 이야기해 보자.'

그래서 일요일에 교회를 찾아가 담당자를 만나 이야기하고 책을 건넸는데 이때 나의 책이 신앙 도서로서 교인에게 도움이 되겠느냐는 의문에서 이를 판단해 달라고 의뢰한 것이었다. 수일 뒤 담당자를 만났는데 이분은 당장 하는 말이 이상하게 나보고 신학교에 들어가 공부하라며 신신당부했다. 내가 왜 이런 말을 듣는가? 하고 이상하게 생각되었지만 일단 알았다고 대답하고 책에 관해 물었는데 평가는 괜찮았다.

"우선 주신 책이 너무 재미있어서 밤늦도록 읽어 금방 다 끝냈습니다. 저는 후편이 있는 줄 알고 있었는데, 없다니 무언가 아쉽네요. 그리고 이 책은 내용이 좋아 목사님께도 읽어 보시라고 드릴 예정입니다."

"기독교 신앙 도서로 추천해도 괜찮겠습니까?"

"당연하지요."

그러면서 또 나에 대해 이것저것을 물어보며 어떡하든 신학교에 들어가라고 강조하였다. 그래서 나의 입장을 이야기했다.

"나는 나이도 많고 또 당장 생계가 급한 사람인데 어떻게 신학교를 가겠습니까?"

나는 여러 이유를 말했지만, 이상하게 이분은 재차 권유하였다. 일단 알겠다고 말한 뒤, 인사를 하고 자리를 피해 밖으로 나왔다. 그러나 이 사람이 나보고 왜 신학교를 가라고 당부하는지 아무리 생각해도 알 수가 없었다.

다음에 찾아간 교회가 집 근처에 있는 다사랑교회이다. 이곳 목사는 교회 건물 내에서 생활하고 있어 대면이 가능했다. 나는 소개를 한 후 경위를 말씀드리고 누가 교회에 가서 알리면 이 책을 팔 수 있다고 해 왔다며 목사에게 책을 주었는데 이상하게 수취를 거절했다. 그러면서 갑자기 어려운 질문을 했다.

"예수를 만났다고 하는데 귀신을 만났는지 어떻게 압니까?"

나는 잠시 멍하니 할 말이 없었다. 그냥 어떻게 예수인지를 알았느냐고 물으면 되는데 결론적으로 귀신을 만난 것이라는 투로 말하니 나는 당황하였는데 이는 전혀 예기치 못한 일이었다.

"맞습니다. 그것은 저도 모르지요. 그러나 저는 웬 노인이 저에게 예수라고 말해서 그런 줄 알았지요."

그러자 그는 나에게 교회 다니느냐고 물었는데 안 다닌다고 하자 그는 다시 말하기를 여기 교회를 나오다 보면 이 책을 많이 팔 수 있는 기회가 생길 것이라고 했다. 나는 일단 알았다며 대답하고 문을 나서며 다시 목사에게 읽어 보라며 들고 간 책을 권했는데 그는 계속 수취를 거절했다.

이후 나는 책을 많이 팔 수 있는 기회가 있을 것이라는 말에 이 교회에 나가기로 했다. 매주 일요일 교회 예배에 참석했는데 신도는 많지 않았고 시설은 부족해 마이크도 없이 육성으로 설교하고 찬송을 하는 작은 교회였다. 그러다 보니 목사와 대면할 기회가 많았고 나는 이분과 많은 대화를 나눌 수 있었다. 이분 이름은 유영도 목사였고 내가 근무하던 현대중공업 앞에 있는 명성교회에서 전도사로 사역을 하고 이 교회를 개척했는데 이곳에서 6년 되었다고 했다. 그러나 신도는 많지 않았다.

이분은 또 목회자가 되기까지의 과정과 신학교를 어떻게 다녔는지 그 어려움 같은 것도 이야기했다. 나도 나의 직장 경험과 생활의 어려움을 토로했는데 그 어려움은 주로 생활 현장에서 느끼는 것이었다. 나는 생계를 위해 막노동일을 하고 있었는데 이를 위해서는 용역사무소를 통하거나 노동부에서 운영하는 일일취업센터 또는 아는 사람을 통해 일을 하고 있었다. 기술이 없다 보니 닥치는 대로 일을 했는데 특히 설비일을 많이 했다. 이는 건물의 수도와 관련된 일로 수도 파이프를 설치하고 세면기, 양변기, 욕조 같은 관련 설비를 설치하는 일이다. 이를 위해서는 천공기로 건물에 구멍을 뚫기도 하고 방수작업도 해야 한다. 건물철거도 많이 했는데 이는 주택 재개발에 따라 노후 아파트를 철거하는 일이었다.

목사는 우리 집을 방문하기도 하였는데 성경책과 『못 고칠 병은 없다』라는 책을 나에게 선물했다. 또한 신도들의 경조사에 나를 불러 함께 참석하였는데 이는 신도 중에서 우리 집이 교회와 가장 가까운 거리에 있어 행사에 동행하기가 쉬운 이유에서 그랬던 것 같다.

이분을 따라 나는 지체부자유자 보호소에도 가보았고 화장터며 기도원에도 가보았다. 이런 과정을 겪으며 나의 경력이라든가 해외근무 경험담을 들려주면 이분은 아주 좋아했다. 이런 상황에서 나는 기회를 보아 다시 나의 책에 대해 이야기하고 내용이 어떤지 봐달라며 내 책을 권했다. 목사는 승낙하고 책을 읽어 보기로 했다.

목사에게 나의 책을 주고 수일 후 교회를 방문해 목사와 책에 대한 소감을 말할 자리가 마련되었는데 우선 이분은 어떻게 이런 책을 썼느냐며 놀라면서 이 책을 통해 많은 것을 배웠다며 연신 감탄했다.

"조금 아쉬운 것이 여기 이 부분, 인생의 목적을 논할 때 좀 더 자세하게 언급했어야 하는데 그래도 전체적으로는 정말 잘되었습니다. 이 책을 통해 정말 많은 걸 배웠어요. 정말 재미있게 잘 읽었습니다. 내용도 재미있고 교훈적이고 근데 어떻게 이런 책을 썼지요?"

그는 연신 감탄을 연발하였는데 이렇게 재미있고 잘된 책은 처음이라며 고마워했다. 그러면서 그는 갑자기 정색하고 물었다.

"김 선생이 생각하는 본인의 사명이 어떤 것입니까?"

나는 평소에 생각하고 있던 것을 거침없이 말했다.

"제가 잘못 판단했는지는 몰라도 저의 할 일은 책에도 나와 있지만 또 다른 보혜사의 일을 하는 것으로 알고 있습니다. 그 일 때문에 회사를 그만두고 밖에 나와 고생하고 있는 겁니다."

"내가 김 선생에게 한 가지 당부를 하겠는데 다음에 누가 물으면 이렇게 대답하세요. 이게 아주 굉장히 중요합니다. 성령의 인도를 받아 보혜사의 직분을 받았다고 얘기해야 합니다. 반드시 성령의 인도라는 말이 들어가야 합니다."

"아니! 목사님 그게 무슨 말씀이십니까? 성령의 인도를 받다니!"

나는 이게 웬 홍두깨 같은 말인가 싶어 목사에게 반문하였는데 그는 별다른 설명 없이 그냥 그렇게 말하라고만 조언하였다.

"글쎄, 그렇게 얘기하셔야 됩니다. 명심하세요."

그러면서 자신도 목회 일을 하다 보니 책을 많이 읽고 독서를 좋아하는데 이처럼 감명 깊은 책은 처음이라며 어떻게 이런 책을 썼느냐며 다시 감탄하더니 참 잘 읽었다고 다시 여러 번 반복해서 말했다.

나는 어떻게 교회를 통해서 이 책을 널리 소개할 방법이 없겠느냐고 물어보았는데 그는 지금 당장은 어렵다고 했다.

"지금 당장은 어렵고 신앙생활을 더 오래 하다 보면 경륜이 쌓이고 많은 사람 앞에서 이 책을 소개할 수 있는 기회가 있을 겁니다."

내가 어떻게 사람들에게 소개할 수 있느냐고 다시 물었는데 그것은 신앙 간증이라고 해서 자신의 신앙 체험을 많은 사람 앞에 나가 발표하게 되는데 이때 간증인은 아무나 되는 것이 아니고 수년의 신앙생활과 경험으로 주위에서 인정받은 사람이어야 한다며 이 책의 내용이 아무리 좋아도 당장은 안 된다는 것이었다. 그러면서 그는 또 이런 말을 했다.

불교에서 승려로 있다가 기독교 신자로 개종하여 독실한 기독교 신앙생활을 하고 계신 분이 있는데 이분이 신앙 경험을 토대로 책을 펴냈고 자신의 신앙을 간증하는 유명한 강사가 되었는데 이분도 처음부터 간증한 것이 아니라 수년의 신앙생활 후에 이렇게 강단에 설 수 있었다고 했다. 그러면서 목사는 나에게 다시 말했다.

"김 선생은 글 쓰는 재주도 있고 하니 신앙생활을 하다 보면 앞으로 좋은 기회가 많이 있을 겁니다."

나는 아쉽지만 달리 방법이 없었다. 그래도 언젠가는 사람들에게 널리 소개할 가능성은 있으니 이나마 다행이라고 생각했다. 목사와 대화 중에 성령의 인도를 받아서라는 말을 하라고 들었는데 이것이 무슨 뜻이고 어떤 의미인지 생각해 보았지만 이를 알 수는 없었다.

하루는 또 식사나 하자고 해 목사와 함께 교외로 나갔는데 그는 좋은 곳이라며 바닷가 인근 농장으로 나를 안내했다. 오리고기를 양념에 버무려 철판에 구워 먹었는데 음식이 아주 맛있었다. 목사는 음식점 자랑을 했는데 여기는 예약을 해야 식사를 할 수 있고 이 일대에서는 음식이 제일 맛있다고 했다. 그러면서 목사는 불쑥 이런 말을 했다.

"귀한 분을 모시고 이렇게 식사를 하게 되어 영광입니다."

속으로 이것이 무슨 말인가? 했는데 귀한 분이란 나를 두고 지칭

한 것 같은데 내가 무슨 귀한 사람인지 수긍이 안 갔고 갑자기 왜 이런 말을 하는지 이상한 생각이 들었다.

　목사는 식사 중에 여러 이야기를 했는데 주로 본인의 신앙 경험이었다. 목회 생활을 하다 보면 여러 어려움이 있는데 자신은 이에 대한 걱정을 별로 안 한다고 했다. 그 이유는 기도하면 하나님이 다 해결해 주시기 때문이라고 했다. 얼마 전에는 필요한 돈이 있어 기도를 하니까 웬 사람이 쓰라며 필요한 돈만큼 가방에 담아 왔는데 그 금액이 자그마치 오백만 원이나 되었다고 했다. 나는 깜짝 놀랐는데 그보다 더 놀라운 말을 들었다.

　"신기하네요! 어떻게 그런 일이……."

　"신도 중에 최 집사 있지요. 이분도 형편이 안 풀려서 나하고 한 달을 작정하고 매일 새벽기도를 했는데 기도하고 나서 한 보름 지났을까? 부동산 해서 한 번에 사천만 원 벌었잖아요."

　나는 언뜻 최 집사가 생각났다. 교회에서 설교 중간에 '아멘' 하면서 소리를 크게 질러 주위 사람을 깜짝 놀라게 하는 사람이었다.

　"아니! 어떻게 그런 일이……."

　나는 도저히 있을 수 없는 일이라고 생각했다. 그러나 목사의 말로는 얼마든지 그것이 가능했다. 그러면서 목사는 나보고도 같이 딱 한 달만 작정하고 새벽기도를 하면 형편이 확 풀릴 것이라며 같이 한번 해 보자며 나에게 새벽기도를 권유했다.

　그러나 나는 이를 사양했다. 나는 신앙이 부족해서 그런지 목사의 신앙 경험담이 황당한 이야기로 들렸고 또 노동일을 하려면 새벽같이 밖에 나가야 하는데 어떻게 새벽기도를 나갈 수 있냐고 생각했기 때문이었다.

그러나 나는 이런 유사한 이야기를 설교 시간에도 종종 듣게 되었다.

"예수님의 보혈로 우리의 죄가 다 씻어졌기 때문에 우리의 모든 죄가 다 사라졌기 때문에 우리에게 있는 어떤 질병도 어떤 고난도 있어서는 안 됩니다."

예수 그리스도께서 십자가에서 처형됨으로 인간의 모든 죄를 대속했기 때문에 우리 인간은 죄에서 벗어나 구원을 받았다. 그러므로 구원받은 우리에게 어떤 불행도 있어서는 안 된다. 그러면서 목사는 신도들에게 기도할 것을 권했는데 기도를 하면 모든 어려움이 제거된다는 것이었다. 그리고 예수께서 죽은 사람도 살리는 장면을 이야기했는데 그리스도가 무덤 앞에서 나사로야 나오너라 하고 외치니 죽었던 사람이 걸어 나오는 장면이었다.

또, 목사는 설교를 통해 강조했는데 기도만 하면 고난도 풀리고 어려움도 없어지고 모든 문제가 해결된다는 것이었다. 내가 보기에는 불가능이 없어 보였다.

하루는 집을 팔아 성전 건축에 헌금하였더니 더 많은 축복을 받아 더 큰 집을 사게 되었다는 설교를 하였는데 목사는 이런 기적 같은 일을 많이 알고 있었다. 그러나 나는 신앙 경륜이 짧고 믿음이 깊지 못해서 그런지 나하고는 맞지 않는 얘기라고 생각했다. 설혹 한두 사람이 그런 경우가 있다고 해도 전부 그런 것은 아니라는 판단이었는데 그러다 보니 나는 깊은 신앙에 빠지지 못하고 항상 현실 기준으로 생활해 나가다 흥미를 잃고 그만 교회 출석을 중단해 버렸다. 결국 많은 사람에게 내 책을 소개하는 간증 기회를 얻지 못했다.

10
신학연구원

주위 사람들에게 책을 소개하던 중 나는 하상근 전도사를 만났는데 이분은 내 책을 읽고 신학교에 다닐 의사가 없느냐고 물었다. 그리고 신학교에 대해 조금 구체적으로 언급하였는데 일반대학과 달리 비용도 많이 안 들고 매일 학교에 나가 공부하는 것도 아니라고 했다. 그러면서 신학교에 다닐 의사가 있으면 자기에게 말하라고 했다.

나는 이 말을 듣고 이상하게 생각했다. 언젠가 반구 기도원에서 만난 분은 나에게 조언하기를 나는 언젠가 하나님의 일을 할 것이라며 영어 성경 읽을 것을 권유했고 서실의 임일규 선배, 순복음 교회의 이동녕 집사는 내 책을 읽고 나에게 어떡하든 꼭 신학교를 가야 한다며 신신당부를 했었다. 나는 이일을 대수롭지 않게 여기고 그저 현실을 모르는 사람의 말이라고만 생각했었.

'나는 교회 다니는 사람도 아니고 생계가 급한 사람이다. 그리고 늦은 나이에 무슨 신학교란 말이냐! 현실을 몰라도 너무 모르는구나.'

그런데 누군가 또 신학교 권유를 하자 나는 이상함을 느꼈다. 그것은 왜 내 책을 읽은 사람들이 나에게 신학교를 꼭 가라고 권유하는가? 하는 의문이었다.

얼마 후 나는 신학교에 관심이 있다고 말하고 이분을 따라 부산에 있는 학교로 구경을 갔고 수업에도 참석해 강의를 들었는데 평소 내가 관심이 있던 그런 내용이었다. 나는 입학 관련 담당자와 면담을 하였는데 주요 내용은 신앙생활과 경력이었다.

예를 들면 현재 신앙생활은 하고 있는가? 어느 교회에 출석하고 있는가? 세례는 받았는가? 최종 학력은 무엇인가? 이런 내용이었다. 나는 사실대로 말했다.

"저는 교회를 안 다니고 있으며 최종 학력은 통신대학 경영학과를 졸업했습니다."

그러자 담당자는 또 다른 질문을 했다.

"어떻게 이 신학교를 알았고 왜 이 학교에 입학하려고 하지요?"

나는 뭐라고 대답해야 할지 몰랐다. 학교는 하 전도사가 구경 가자고 해서 왔고 입학은 당연히 공부하려고 하는 것이다. 내가 대답을 못 하고 머뭇거리자, 옆에 있던 하 전도사가 나에 대해 유리한 소개를 하며 그간의 경위에 대해 좋은 말을 해주었다.

"이분이 지금 교회를 다니지는 않지만, 다니던 회사에서 신우회 활동을 하며 오랜 시간 신앙생활을 해왔고 이러한 체험을 토대로 글을 써서 책으로 출간하기도 했습니다."

그러자 담당 목사는 나에게 책을 갖고 올 수 있느냐? 물었고 나는 이를 제출하였는데 입학 허가가 났다. 단, 조건이 있었는데 교회에 다니며 신앙생활을 해야만 한다는 것이었다. 이 학교명은 부산총회

신학연구원이고 내가 상담했던 담당자는 강태선 목사였다.

  2003년 초에 입학식을 갖고 교육이 시작되었는데 일주일에 이틀 출석하며 수업을 받았다. 처음 학기에는 목회상담, 성경신학, 구원론, 목회학, 구약배경사, 시가서 과목을 배웠는데 내게는 생소한 내용이었다.
  보통 신학교는 목회자를 양성하는 곳이다. 목회자는 흔히 말하는 전도사, 강도사, 목사를 말한다. 이들은 교회를 개척하거나 교회의 사역자로 설교를 하던가 기타 목회 활동을 통해 하나님의 말씀을 전한다. 신학교에 입학하기 위해서는 세례교인으로 수년간의 신앙 경륜이 있어야 하고 출석교회 담임 목사의 추천을 받아야만 한다. 또한, 입학시험이라든가 여러 검증 절차를 거치는데 이는 장래 전도 사역을 충실히 할 수 있는지 여부를 판단하기 위해서다. 그러다 보니 신학교에 입학할 정도이면 수년간의 신앙 경험과 종교 지식을 갖춘 상태임을 알 수가 있다. 그리고 신학교에 재학할 정도면 그 신앙의 깊이와 종교 지식은 더 말할 나위가 없다. 그리고 말이 신학교 학생이지 이들 신학생 중에는 교회를 개척해, 목회 사역을 하는 전도사도 수명 있었는데 이들은 학생이라기보다 현직 목회자였다.
  그러나 나는 이런 사실을 모르고 오직 성경이라던가 신학에 대해 배우겠다는 생각으로 들어갔으니 같이 공부하던 사람들과는 실력 면에서 비교가 안 될 정도였다. 나는 실력이 부족하다 보니 수업 시간에 교수 목사에게 질문이 많았는데 주위에서 핀잔을 많이 받았다. 누가 나에게 말했다.
  "지금 강의하고 계신 교수님 중에는 멀리 대전에서 오시는 분도 있는데 우리가 하나라도 더 배워야 하는 시간에 기초적인 질문을 하게 되니 수업 분위기가 깨진다. 그러니 질문을 자제하라."

그러던 어느 날 같이 공부하던 김동철 전도사에게서 심한 말을 들었다.

"김 씨 교회 다닙니까? 예수 믿습니까?"

나는 당황했는데 뭐라고 대답해야 할지 몰랐다.

'당연히 예수를 믿으니까, 신학교에 다니는 것 아니냐! 이건 완전히 사람 무시하는 말 아닌가?'

나는 그의 말을 듣기 싫었지만, 그냥 네 하고 짤막하게 대답했다.

"예수를 믿는다고 하는데 무엇을 믿습니까? 주먹을 믿습니까? 능력을 믿습니까? 무엇을 믿는다는 거죠?"

이것은 정말 할 말이 없었다. 나의 경험에 따르면 교회 다니는 사람들은 집에 우환이 있거나 말 못 할 사정이 있는 경우가 많았다. 특히 회사에서 근무할 때 보면 거의 모든 기독교인이 그랬다. 이북에 있는 식구들과 헤어져 국토분단의 아픔을 겪는 경우도 있었고 식구 중에 불치병으로 고생하는 동료도 있었다. 특히 우리나라는 전쟁과 혁명 같은 굵직한 역사적 사건을 겪으면서 많은 사람에게 말 못 할 아픔과 시련을 안겨주었는데 그동안 계속되어 온 남북긴장이라던가 미소의 대립과 같은 긴장 국면은 많은 사람에게 종교를 의지하게 하는 큰 요인이 된 것으로 나는 알고 있었다.

언젠가 다사랑교회 유 목사가 말한 대로 예수의 보혈로 모든 죄에서 사함을 받았으니, 인간의 모든 질병과 고통은 죄와 함께 사라져야 한다. 예수를 믿기만 하면 구원을 받게 되니까 예수의 이름을 찬미하며 기도로서 간절히 간구하던 많은 신도를 나는 기억하고 있다.

기도만 하면 하늘에 계신 하나님이 모든 소원을 성취해 준다고 약속을 했고 이 말씀을 믿고 많은 사람이 신도가 되어 하늘의 영광과 땅의 평화를 위해 간절하게 기도하고 있다.

그런데 나의 경우는 남들과 조금 달랐는데 죄 사함을 받고 구원을 얻으려는 것도 천국을 갈망하는 것도 아니었다. 내가 왜 살아가는가? 라는 문제를 갖고 이를 알려고 노력하다 모든 사물이 그렇듯이 나에게도 주어진 역할이 있다는 사실을 알게 되었고 마침내 나는 그 역할을 찾아냈는데 종교 관련 일이었다. 이 일은 내가 원해서 하는 것도 아니고 예수께서 직접 하신 말씀과 기록된 예언을 통해 알게 된 나의 사명인 것이다. 이 일을 수행하기 위한 방안의 하나로 나의 경험과 예수의 말씀이 기록된 책을 출간하였고 누가 열심히 다니다 보면 책을 많이 팔 수 있을 것이라고 해 교회에 출석했고 또, 신학교 입학 때 입학 조건이 교회에 출석하는 것이었는데 나에게 무엇을 믿느냐고 물어보니 나는 당황할 수밖에 없었다.

내가 대답을 못 하자 그는 또 내게 물었다.

"교회 다닌 지 얼마나 됐습니까?"

내가 얼마 안 됐다고 말하자 그는 자신이 운영하는 교회에 방문하라고 권유했다. 얼마 후 나는 미리 전화하고 가르쳐준 교회를 찾아갔다. 그와 대화를 해 보니 그는 나에 대한 이해를 못 하고 있었다. 보통 신학교에 입학하여 수업을 받을 정도면 기본적인 소양과 실력이 갖추어진 상태에서 교육을 시작하는데 소양이란 수년에 걸친 신앙생활로 출석교회 목사의 추천을 받고 실력이란 이런 기초 위에 성경 지식을 더해 세례를 받는 것을 말한다, 보통 이 정도는 돼야 강의를 들을 수 있는 능력이 되는데 이런 소양과 능력이 안 되는 사람이 같이 수업을 하니까 다른 학생들이 피해를 보는 것으로 판단하고 있었다. 나는 이에 대해 할 말이 없었다. 왜냐하면 모든 것이 사실이니까.

그러나 나는 그에게 나의 입장을 설명했는데 비록 내가 부족한 것이 많지만 확실한 것은 사명감을 갖고 공부하고 있고 어떤 일이 있더라도 나는 꼭 해야 할 일이 있다고 했다. 그는 격앙된 듯이 말했다.

"그 할 일이 뭡니까? 그걸 어떻게 알았지요?"

"제가 잘은 모르지만, 성경에 기록된 또 다른 보혜사의 일을 해야 하는 것으로 알고 있습니다."

그러면서 내가 이러한 판단을 내리고 알게 되기까지의 과정을 글로 써서 책으로 만들었는데 여기 이 책이라며 책을 전도사에게 주었다.

얼마 후 그는 나에게 그의 소감을 전해왔는데 그 내용은 이랬다.

세상에는 옛날부터 많은 목회자가 있었고 정통신앙을 가진 목자는 많은 열매를 거두었고 삼위일체 하나님을 증거하였는데 이것을 벗어난 사람들은 언제나 사회적으로 물의를 일으켰고 많은 사람을 잘못된 길로 가게 하였는데 성령은 삼위일체의 한 하나님이시며 사람이 아니라는 것이었다.

그러면서 그는 나에게 예수를 정확히 알고 가까운 교회에 나가 진정과 심령으로 하나님께 예배하기 바란다고 했다.

나는 내가 부족하고 모자라다 보니까 주위에서 말을 많이 듣는구나 하고 더 열심히 공부해야겠다고 생각했다.

이런 과정을 겪으며 나는 수업을 계속 받았는데 교육을 받을수록 성경 지식을 깨달았다. 교육을 통해 성경을 부분적으로 이해하기도 하였지만 주위의 권유로 성경책을 처음부터 끝까지 통독하기도 하였다. 그러면서 깨닫는 것이 과거에는 나의 경험과 이론을 상식 기준으로 판단하였는데 이제 나는 성경 중심으로 판단할 수 있는 능력을 갖게 되었고 또한 과거에는 성경의 어느 한 부분 구절에 근거하여 판단하였으나 이제는 성경의 커다란 흐름 속에서 판단할 수 있는 안목도 갖게 되었다.

이런 과정에서도 나는 내가 할 일에 대하여 계속 확인하였는데 기회가 될 때마다 내가 예수로부터 받은 말씀의 뜻을 교수에게 물어보곤 하였다.

한 번은 수분의 교수를 포함하여 교육생 모두가 조희정 전도사 집에 초대받아 방문한 적이 있었는데 대화할 수 있는 기회가 있었다. 나는 이 자리에서 교수에게 이 말의 뜻을 물어보았는데 교수는 대뜸 대답해 주었다.

"그것은 진리를 알라는 거야, 진리를."

나는 깜짝 놀랐다. 교수께서 너무도 쉽게 말을 하기에 오히려 내가 당황했다.

'진리를 알라고 말씀하시는데 진리가 무엇이지? 그리고 이분은 어떻게, 왜 진리를 말할 수 있지?'

그러나 나는 이 질문을 말로 하지 못했다. 초대받아 모인 자리이다 보니 음식도 들고 여러 이야기를 계속 나누기 때문이었다. 일단 상세한 것은 물어보지 못했지만, 나로서는 좋은 경험이었다. 입학 상담 시에 학장인 김명룡 목사에게도 내가 들은 말씀의 의미를 물어보았는데 그는 대뜸 이렇게 말했다.

"그런 것은 아주 흔한 말로 주위에서 많이 들을 수 있는 겁니다."

그러면서 말씀의 의미를 알려주지 않았고 대신 다른 말을 해주었다.

"예수님 뒤로 허연 빛기둥을 보았다고 했는데 그것은 영광이라는 것으로, 아무나 볼 수 있는 게 아닙니다."

그리고 그는 더 이상의 대화 자체를 회피하는 것 같았다.

나는 이런 식으로 여러 경로를 통하여 앞으로 내가 할 일에 대해 집중적으로 파악하고자 노력하였다.

또한, 성경에서 말하는 진리에 대해서도 여러 교수에게 질문하였는데 이는 '그가 모든 진리로 너희를 인도하시리라'[15]는 성경 구절을 생각했기 때문이었다. 이는 내가 장래 할 일이다. 수업 시간이나 교인들이 흔히 말할 때 인용을 많이 하는 문구인데 '나는 곧 진리다'[16]라는 성경 문구가 있다. 그러나 나는 이 말의 뜻을 알 수가 없었다. 진리라는 것은 내용이 있게 마련이다. 예를 들어 물은 높은 곳에서 낮은 데로 흐른다던가 지구는 태양을 돈다든지 하는 내용이 있어야 하는데 이 내용이 무엇인지 알 수가 없었다. 나는 이 진리의 내용을 밝혀달라며 틈이 날 때마다 질문했는데 아무도 답해주지 않았다. 하루는 이를 집중적으로 교수에게 물었다.

---

15) 그러하나 진리의 성령이 오시면 그가 너희를 모든 진리 가운데로 인도하시리니 그가 자의로 말하지 않고 오직 들은 것을 말하시며 장래 일을 너희에게 알리시리라 (요16:13)

16) 예수께서 가라사대 "내가 곧 길이요 진리요 생명이니 나로 말미암지 않고는 아버지께로 올 자가 없느니라." (요14:6)

"목사님, 여기 이 책상이 진리가 될 수 있습니까?"

"그게 무슨 말이야? 책상하고 진리하고 무슨 상관이 있어?"

"그러면 예수님은 자신이 진리라고 하셨는데 사람이 어떻게 진리가 될 수 있습니까?"

"아니, 원부에 있으면서 그것도 몰라?"

"저는 학생 신분이라 아직 부족한 게 많습니다. 목사님은 아시니까 설명 좀 해 주십시오."

그러나 결국 소용이 없었다. 이 또한 주위의 권유로 시원한 답을 듣지 못했고 나는 점점 진리에 대한 의문이 커져만 갔다. 이러다 보니 신학교육에 흥미를 잃기도 하였는데 이런 일이 누적되자 내가 계속 공부할 필요가 있나? 하는 생각까지 들었다.

그러나, 이럴 때마다 하 전도사가 나에게 한 말을 기억하며 수업을 받았는데 그것은 의사가 아무리 뛰어난 의술을 알고 실력이 있다고 해도 의사면허 없이 의료행위를 하면 돌팔이 의사가 되듯이 아무리 좋은 신앙서적을 저술했어도 신학을 공부한 것과 모르는 것은 큰 차이가 있으며 사람들이 절대 알아주지 않는다고 했다. 또한 지금까지는 신학을 모르고 글을 썼지만, 공부하고 나면 더욱 좋은 작품을 만들 수 있을 것이라고 조언해 주었다.

그러나 어찌 되었든 나는 이런저런 과정을 겪으며 나의 할 일을 하나씩 파악하며 깨달아 갔는데 그중 한 가지가 예수 재림 실현에 대한 확인이었다. 이러한 사실은 우연히 알게 되었다.

하루는 강의를 위하여 멀리 대전에서 부산까지 내려오는 권 목사의 강의를 듣고 또 다사랑교회 유 목사의 설교를 기억하며 앞으로 내가 해야 할 일을 가리키는 문구들을 해석하며 의미를 파악하다 깨닫게 되었다.

권 목사는 수업을 시작할 때 신앙 관련된 많은 덕담을 말하곤 하였는데 하루는 예수에 대해 이런 말을 했다.

"예수님께서 오실 때에 말구유에서 출생하셨듯이 너무도 초라한 모습으로 이 세상에 오시어 지금도 유대 사람들은 예수를 메시아로 믿지 않고 있는데 마찬가지로 주님께서 다시 오실 때에도 초림과 같이 어떤 방법으로 재림하실지 우리는 알 수가 없습니다."

성경에는 구름을 타고 세상 모든 사람이 볼 수 있게 온다고 되어 있다.[17] 그런데 권 목사는 어떤 모습으로 어떻게 재림하실지 모른다는 주장이었다. 이는 먼저 사례를 기준으로 판단한 것으로 먼저 이랬으니, 나중에도 이럴 것이라고 추정한 것으로 나름대로 판단 근거가 있었다.

또한, 내가 출석했던 다사랑교회 유 목사는 나의 책을 읽은 후에 이상하게 예수 재림에 대해 큰 소리로 목에 힘을 주어 설교하곤 하였는데 나는 설교를 들으며 왜 저분이 재림을 강조하는가? 하며 이상하다고 생각한 적이 있었다.

"예수님의 재림은 반드시 실현됩니다. 그때는 온 세상이 불로 심판을 받게 되며 화염이 세계를 덮을 것입니다."

나는 틈틈이 앞으로 해야 할 일과 관련된 문구를 해석하고 이해하려고 노력하였는데 이는 장래 반드시 내가 할 일이기 때문이다.

하루는 요한복음 문구를 읽다가 이런 의문을 가졌다. 이 문구는

---

17) 예수께서 가라사대 네가 말하였느니라 그러나 내가 너희에게 이르노니 이후에 인자가 권능의 우편에 앉은 것과 하늘 구름을 타고 오는 것을 너희가 보리라 하시니 (마26:64)

요한복음 16장 7~11절이다.[18] 이 문구에서 '의에 대하여라 함은 내가 아버지께로 가니 너희가 다시는 나를 보지 못함이요' 하는 구절을 읽으며 나는 의문을 가졌다.

'이 말은 예수께서 십자가 처형을 받기 전에 한 말인데 왜 예수를 다시는 못 본다고 했지? 분명 예수는 부활해서 제자들을 다시 만났는데.'

그러면서 가만히 생각해 보니 이 문구의 시점은 보혜사가 왔을 때를 기준으로 한 말이었다. 즉, 예수가 보낸다고 약속한 보혜사가 와서 세상을 책망하는데 이를 기준하여, 예수가 사람들이 다시는 자신을 못 볼 것이라고 말하고 있는 것이다. 이는 장래에 대해 말하는 것인데 현재 사람들이 예수를 보거나, 또는 보고 있을 수도 있지만 앞으로 다시는 예수를 볼 수 없다는 그런 의미였다. 그런데 나는 무언가 이해가 안 되었다.

'아니! 예수는 재림하기로 약속했는데 다시는 못 볼 거라고 하면 앞뒤가 안 맞지 않는가?'

그런데 아무리 생각해도 이 말의 뜻은 사람들이 자신을 보았고 앞으로 더 이상(no longer) 자신을 볼 수 없다는 것이었다. 그러다가 나는 이런 생각을 했다.

'그렇다면 사람들이 분명 예수를 보았다는 의미인데 어떻게 이분

---

18) 그러하나 내가 너희에게 실상을 말하노니 내가 떠나가는 것이 너희에게 유익이라 내가 떠나가지 아니하면 보혜사가 너희에게로 오시지 아니할 것이요 가면 내가 그를 너희에게로 보내리니 그가 와서 죄에 대하여, 의에 대하여, 심판에 대하여 세상을 책망하시리라 죄에 대하여라 함은 저희가 나를 믿지 아니함이요 의에 대하여라 함은 내가 아버지께로 가니 너희 다시 나를 보지 못함이요 심판에 대하여라 함은 이 세상 임금이 심판을 받았음이니라 (요16:7~11)

을 보았지?'

이때 나는 번쩍하고 전에 영어 회화모임에서 교육하던 외국인 선교사의 가르침이 생각났다.

"하나님은 살아 계시다. 그러나 우리는 그를 볼 수 없고 선지자를 통해서만 하나님을 볼 수 있다."(God is being but we cannot see him only through prophet we can see him.)

나는 선지자라면 하나님의 말씀만 전하고 그의 지시에 따라 일을 하는 것으로 알고 있었는데 이 말의 의미로 미루어 보아 선지자의 역할은 하나님의 모습까지 전달한다는 내용이었다. 말씀 전달보다 모습을 전달하는데 더 중점을 두고 기술하고 있다. 이런 내용에 따라 나는 다음과 같은 결론을 내렸다.

'이 말이 틀림없다면 여기서 말하는 예수를 보았다는 의미는 기존의 책을 통해 소개된 예수의 모습이 틀림없다. 내가 저술한 『낙원의 그림자』[19]소설에는 내가 본 예수의 모습과 영광, 성음과 말씀, 성안 등이 상세히 기술되어 있다.'

'그리고 다시는 못 볼 것이라는 말인데 이는 분명 마지막 보는 것이고 앞으로 다시는 예수가 모습을 나타내지 않겠다는 말인데 그렇다면 이번에 이분을 보는 것이 바로 재림이구나.'

'그런데 이게 확실한가?'

이런 과정을 통하여 나는 예수 재림을 확정하였으며 혹시나 내가 잘못 판단하지 않았나 하며 계속 확인하였다.

나는 또 진리에 대하여 파악했는데 이는 '그가 너희를 모든 진리

---

19) 낙원의 그림자, 김진석, 신세림, 2001

가운데로 인도하시리니라'는 문구를 생각해서였다. 이 말이 무슨 말인가 하며 곰곰이 생각해 보았고 앞으로 내가 해야 하는 일이라면 분명 내가 이를 알고 있어야 하는데 내가 알고 있는 내용 중에 진리라고 할 수 있는 것이 무엇일까? 하며 이를 찾고자 하였다. 왜냐하면 존재원리 기준에 따르면 분명 내가 해야 할 역할 또는 사명이라면 당연히 이를 수행할 수 있는 능력이나 자질이 같이 부여되기 때문이다.

하루는 곰곰이 생각하다 내가 확실하게 아는 것은 존재원리라고 판단하였다. 이 원리는 역경에서 나를 구하였으며 희망을 주었고 사명을 찾아 수행하게 하였다. 또한, 모든 진리라는 문구에서 '모든'이란 말은 복수를 의미하는데 존재원리는 여러 개의 사실이 모여 하나의 중요한 결론을 지향하고 있다. 그렇다면 이에 부합되지 않는가? 하고 판단하였다.

또한 예수의 말씀을 검토한 결과 존재원리를 의미하는 많은 구절을 발견하였으며 이를 종합해 검토해 보니 이상하게 예수는 부분적인 가르침은 많이 하였으나 종합적인 교훈은 안 했다는 사실을 알 수가 있었다.

나는 또 진리와 관련된 문구를 찾아 진리의 내용을 파악하고자 했는데 요한복음 16장 37절[20]에 보면 '진리에 대하여 증거한다'는 말이 나온다. 이를 기준해서 볼 때 진리란 증거 가능하거나 증거 노력

---

20) 빌라도가 가로되 그러면 네가 왕이 아니냐 예수께서 대답하시되 네 말과 같이 내가 왕이니라 내가 이를 위하여 났으며 이를 위하여 세상에 왔나니 곧 진리에 대하여 증거하려 함이로라 무릇 진리에 속한 자는 내 소리를 듣느니라 하신대 (요18:37)

을 할 수 있는 사실을 알 수가 있다.

진리에 대하여 증거한다는 말은 예수께서 처형되기 직전에 로마의 총독인 빌라도와의 대담 중에 나오는 유명한 말이다. 예수는 이 짧은 문장을 통해 자신의 종합적인 교훈을 살짝 내비치고 있다. 이 말의 뜻을 나름대로 파악해 보면 이렇다.

일반적으로 증거한다는 뜻은 어떤 이론이나 가설이 있고 이에 대한 실행을 했을 때 예상되는 결과가 나오는지 여부를 판단하는 행위이다. 이러한 이론이나 가설은 많이 있다. 예를 들어 물은 위에서 아래로 흐른다 또는 지구는 태양을 돈다는 말은 자연현상으로 누구나 알고 있는 법칙이다. 그러나 이 법칙을 확정하기까지는 검증 과정을 거쳐서 법칙으로 확정이 된다. 이들 검증되기 전의 법칙 내용을 가설이라 한다. 가설에 대해 검증 과정을 거치는 것은 이러한 법칙이나 이론이 많은 사람이 이용하거나 사용되기 때문이다. 예상 결과가 항상 일치하는 검증된 증거인 것은 법칙만 있는 것이 아니고 제품도 있고 약도 있어 주변에 보면 얼마든지 많이 찾아볼 수 있다. 예를 들어 아무리 좋은 신약을 개발했어도 최종 단계는 항상 임상 실험을 거쳐야 한다. 여기서 성공하면 신약으로서 그 효과를 기대할 수 있는 것이고 실패하면 그 약은 무용지물이 되는 것이다. 그렇다면 예수가 진리를 증거한다고 한 말은 무언가 어떤 진리의 내용을 검증한다는 의미인데 그것이 무엇인지 나는 알 수 없었다. 나는 일단 존재원리를 기준으로 예수께서 말한 진리의 내용을 찾고자 하였는데 이 과정에서 나는 존재원리와 예수의 교훈이 유사하다는 사실을 알았다. 또한 이 원리에 대한 검증이 가능한지 자문해 보았는데 나는 이 원리가 이러한 기준에 적합하다고 판단했다. 왜냐하면, 나는 존재원리의 내용을 검증하겠다며 직장을 자퇴하고 나와 새로운 일을 찾아 노력해 왔기 때문이다.

물론 그 검증 과정이 끝난 것은 아니지만 나름대로 많은 성과도 있었다. 일단 나는 모든 진리에 대하여 존재원리의 내용과 연관시켜 혹시 잘못되지나 않았나? 계속 확인 노력을 하며 잠정 결론을 내렸다. 예수께서 전달하고자 했던 주요 내용은 진리이며 이 진리의 내용은 존재원리이고 존재원리의 주요 내용은 신으로부터 인간에게 부여된 역할 곧 사명이다.

나는 이런 과정을 겪으며 장래 할 일을 정리해 나갔다. 이에는 예수 재림, 진리 인도, 세상 책망 등이 있는데 나와 관련된 성경 문구를 중심으로 해석하고 이해하는 데 주력하며 자문 과정을 거쳐 다시 정리했다.

나는 통학할 때 시외버스를 이용하기도 했지만 하 전도사와 함께 그의 승용차를 이용하기도 했다. 이 과정에서 나는 내가 발견한 새로운 사실을 그에게 이야기했다. 예수 재림 사실을 알게 되었고 학교 졸업 후에는 이를 세상에 알리겠다고 하자 그는 내게 어떻게 그런 사실을 알게 되었느냐고 물었다. 나는 다시는 예수를 볼 수 없을 것이라는 성경 문구를 근거해서 판단했다고 하자 그는 말도 안 된다는 듯이 의견을 말했다.

"이것은 예수님께서 십자가 처형을 받기 전에 제자들에게 하신 말씀이고 예수님 이후 이천 년간 선지자가 온 경우는 한 번도 없었어요."

나는 나의 판단이 옳다며 주장하거나 강조하지는 않았다. 이는 내 판단이 잘못될 수도 있기 때문인데 나는 계속 확인해야겠다고 생각했다. 이런 과정을 겪으며 나의 할 일과 관련 문구 그리고 내용에 대해 혹시나 잘못된 것이 없는가? 하고 계속 확인을 했다.

나는 장래 내가 할 일뿐만이 아니라 교육 방법에 대해서도 검증하고자 하는 자세를 갖고 접근했는데 이러다 보니 관련 근거에 대한 질문을 많이 하였고 이런 과정 중에 신앙과 진리라는 서로 다른 가치체계를 알게 되었다.

강물이 흘러가는 것은 일종의 자연현상이다. 이러한 현상에서 흐름의 원인을 파악하다 보면 물은 위에서 아래로 흐른다는 법칙을 알게 되는데 이 법칙을 우리는 원리라고 부른다. 이러한 원리를 이용하여 수력발전을 하고 댐을 만들어 물의 흐름을 조절하기도 한다. 이러한 원리는 곧 진리이다. 이 원리를 알기 위해서는 여러 가설과 검증, 이유 등 많은 과정을 거쳐 파악이 된다. 경우에 따라서는 의심도 하고 가정도 하는 등 여러 과정을 통해 최종적으로 확정이 되어 사람들에게 인식이 되는 것이다.

그러나 신앙은 달랐다. 강물이 흘러가는구나 하고 자연현상을 믿으면 되는 것이지 굳이 왜 흘러가는지 어떻게 흘러가는지 알 필요가 없다. 그냥 흘러가는구나 하고 인식하면 되는 것이지 어렵게 따질 필요가 없다. 그리고 문제는 이렇게 따지고 분석하고 종합하는 자세로 신학을 파악하려 든다면 이는 불경한 것이 되고 만다.

그런데 문제는 이 신학교가 바로 이러한 신앙의 바탕 위에서 진리를 배우는 곳이었다. 어떤 사실을 신앙의 바탕 위에서 공부한다는 것은 사실을 받아들이고 인식하기에 중점을 두는 것이지 육하원칙에 따라 검토하고 의미를 파악하는 것은 아니었다.

그러다 보니 나는 종교 재판과 관련된 천동설과 지동설의 입장을 충분히 이해할 수 있었다. 또한 이런 유사 사례는 조직신학에 얼마든지 있다. 나는 아무리 생각해도 삼위일체설이 납득이 안 갔는데 이에 대해 많은 질문을 했다.

삼위일체란 성부, 성자, 성령이 같은 한 분이란 뜻으로 모두 동일한 하나님이란 뜻이다. 그래서 경우에 따라 성부 하나님, 성자 하나님, 성령 하나님으로 호칭하기도 하는데 나는 이상하게 이해가 안 되었다. 설명하는 사람의 입장에서는 한 사람이 아버지도 되고 또 직장의 사원이 되며 교회의 장로가 될 수 있듯이 사람은 하나지만 신분은 여러 개 가질 수 있는 것과 유사하다고 했다. 또 물이 변해 수증기가 되고 얼음이 되기도 하는데 본질은 같지만, 형태는 여러 가지로 변할 수 있다는 설명이었다. 그러나 나는 이해가 안 가, 이를 주위 사람에게 물어봤는데 어느 날 누가 나에게 딱하다는 듯이 말했다.

"그냥 믿으면 간단한데 무얼 그리 따지십니까?"

그는 도대체 나의 자세나 태도가 이해되지 않았는데 이 말은 알고 보면 간단한 걸 왜 일을 어렵게 만드냐는 조언이었다.

이런 경험을 통하여 내가 깨달은 것은, 신앙의 미덕은 순종이라는 것이었다. 이는 그냥 믿고 따르는 것이다. 신학교는 신학을 배우는데 신학의 본질은 신앙이고 순종이었다. 순종이란 따지고 질문하며 연구 검토하는 것이 아니라, 오직 믿습니다 하고 따르는 것이다.

그러나 나는 종교 특성상 기본 성격이 그렇다 해도 할 수 있다면 객관적이고 합리적이며 보편타당한 진리의 이론이 정립되어야 하며 특히 일반인들을 교역하는 전도사가 될 사람은 이런 이론이 더욱 필요하다는 신념을 갖고 있었다. 이러다 보니 주위에서 핀잔을 받기도 하였는데 그래도 나는 나의 입장을 견지하였다.

하루는 이런 일이 있었다. 신학교는 일주일에 한 번 전교생이 모여 경건 예배를 드린다. 이 예배는 교육과목의 하나로 수업의 연장이다. 주관은 담당 목사가 하지만 나머지는 학생들이 나서 사회도 보고 찬양도 인도하며 기도를 하기도 했는데 이러한 모든 것이 교육의 연장이었다. 왜냐하면, 신학교는 목회자를 양성하는 곳으로 이러한 일은 장래 목회 현장에서 누구나 해야 하는 일이기 때문이다. 이날은 노 전도사가 앞에 나가 설교를 했는데 갑자기 나를 지명하며 이상한 질문을 했다.

"김 전도사님은 지금 당장 죽으면 천국 간다는 믿음을 갖고 계십니까?"

"교회에서 그렇게 가르치고 있지 않습니까?"

"아니, 전도사님 개인적인 신념을 묻는 겁니다. 개인적으로 천국 갈 수 있다는 신념이 있습니까?"

"그거야 솔직히 말해서 가봐야 알지 어떻게 압니까?"

"알겠습니다. 솔직하게 답변해 주서서 고맙습니다."

그의 설교는 계속되었는데 이 자리는 여러 목사님과 전교생이 모여있는 자리다. 이들 중에는 개척교회를 운영하는 학생도 있고 거의 다 목회 사역을 맡는 사람이었다. 예배를 끝내고 예배실을 나올 때 나는 서무과장인 이드로 목사에게 호된 말을 들었다.

"아니! 전도사란 사람이 천국 간다는 신념이 없으면 어떡합니까? 그런 믿음으로 목회 현장에서 일반신도들을 인도하겠어요? 다음에 그런 질문을 받으면 네! 하고 크게 대답하세요."

나는 알겠다고 말했지만 이해가 안 되는 부분이 많았다. 나중에 생각하니 가설과 검증의 문제구나 하고 판단하였다. 보통 교회에서는 예수를 믿고 세례를 받으면 구원을 받았기 때문에 사망하면 천국에 간다고 가르치며 신자들 또한 이러한 믿음을 갖고 있다. 그러나 내가 볼 때 이는 하나의 가설이지 사실이 아닌 것이다. 그러나 일반 신자들은 실제로 천국에 가느냐 안 가느냐 하는 결과가 중요한 것이 아니라 간다는 믿음 자체가 중요한 것이다. 천국에 가느냐 안 가느냐 하는 것은 장래의 문제이고 결과이지만 지금 당장은 믿음이 있어서 편안한 것이다.

그러나 나는 예수께서 하신 진리를 증거한다는 말씀을 통해 그가 가설로서 끝나는 것이 아니고 분명히 무언가 증명하고 증거하려고 했다는 사실을 알았으며 나도 이러한 자세와 입장을 견지하였다. 이러한 나의 자세는 신앙이란 신봉하고 따르는 것도 중요하지만 체계적이고 이론적인 지식에 합당해야 한다는 것이 나의 입장이었다.

또 나는 중요한 사실을 알게 되었는데 그것은 존재원리와 예수께서 설파하신 교훈 내용이 서로 같다는 것이었다. 이것은 예수께서 하신 여러 말씀을 검토한 결과 파악된 사실인데 원리와 이분의 교훈은 기본적으로 같은 기준과 방식을 적용하여 중요한 교훈과 깨달음을 주고 있다. 그리고 나는 예수 교훈에서 이상한 점을 발견하였는데 그것은 교훈 중에서 가장 중요한 결론이 빠진 것이었다.

이는 원리와 비교해 보면 쉽게 식별이 가능한데 만약 원리가 없다면 이런 사실을 판별하기가 거의 불가할 정도이다. 존재원리는 부분적인 사실을 취합하여 만든 최종 결론을 알기 쉽게 요약하여 정리해 놓았는데 이에 반해 예수 교훈은 부분적으로 언급되어 있지만 전체적으로 연결해 결론을 내리지는 않았다. 나는 아무리 생각해도 이 부분이 이해가 안 되었다.

왜냐하면, 예수께서는 교훈자로서 당연히 이를 언급하고 전달해야 하는데, 이에 대한 언급이 전혀 없는 것이다.

'분명 본인이 이를 모르실 리 없는데 왜 말씀을 안 하셨지?'

그러나 나는 아무리 생각해도 이를 알 수가 없었다. 다시 이 부분을 알기 쉽게 설명해 본다.

예를 들어 예수께서는 산상수훈을 말씀하실 때 공중에 나는 새와 들에 핀 백합화를 언급하며 너희는 무엇을 먹을까? 무엇을 입을까? 걱정하지 말라고 말씀하신다. 그리고 너희는 먼저 그의 나라와 의를 구하라고 교훈하신다.

존재원리에서는 책상과 의자, 작업복에 비교하며 모든 사물에 주어진 역할이 있고 이를 수행하면 존속이 가능하듯이 사람에게도 부여된 사명이 있고 이를 찾아 실행한다면 이상적인 삶의 유지가 가능하다고 주장한다. 원리 언급에서는 역할 또는 사명, 고유기능 등으로 표현해 사물 또는 사람에게 부여된 일이 있음을 알기 쉽게 언급하였는데 이는 사물에 관한 여러 정보와 사실들을 종합하여 내린 결론에서 쉽게 알 수가 있다. 역할이란 단어는 부분적 사실을 통하면서 얻어진 것인데 개별 사실은 여러 가지가 있다.

1) 모든 사물은 필요하기 때문에 있다.
2) 필요한 이유는 고유기능이 있기 때문이다.
3) 부여된 역할을 안 한다면 누군가에 의해 퇴출된다.

상기 내용은 낱개의 사실을 일부 열거한 것인데 물론 이외에도 부분 사실은 더 많이 있다. 그리고 최종 결론은 부여된 사명을 찾아 실행하라고 알기 쉽게 정리가 되어있다. 그러나 예수께서는 부분적인 교훈은 언급하면서 전체적인 중요한 결론인 역할 또는 사명에 대해서는 말씀을 안 하신 것이다.

이런 우여곡절을 거치며 2005년 2월 나는 학교를 졸업했는데 같이 졸업한 동기들은 얼마 후 강도사 고시를 거쳐 목사가 되었다. 그러나 나는 이런 준비를 안 한 것이 나의 역할이 과연 목사인지 확신이 없었고 오직 나에게 주어진 역할만 하면 된다는 신념 때문이었다.

11
예수재림의 실현

    신학교를 졸업하였어도 나는 다른 졸업생들과 달리 적극적으로 목회 사역을 한다든가 직분을 감당하는 일을 하지 않았는데 이는 기존 교회 교리와 본인의 신념에 차이가 있어서이다. 교회 교리는 신앙을 중시하지만, 나는 진리를 우선하였기 때문이다.
    신앙이란 그랬다 믿고 따르면 되는 것이지 복잡하게 진위 여부를 확인한다든가 정부를 논한다면 그것은 신앙이 아니다. 언젠가 만났던 다사랑교회 목사께서 말한 대로 예수의 보혈로 모든 죄를 사함 받았으니 인간의 모든 질병과 고통은 죄와 함께 사라져야 한다. 예수님을 믿기만 하면 구원을 받게 되니까 예수님의 이름을 찬미하며 기도로서 간절히 소원을 간구하던 많은 신도를 나는 기억하고 있다. 기도만 하면 하늘에 계신 하나님이 모든 소원이 성취될 것이라고 약속했고 이 말씀을 믿고 많은 사람이 신도가 되어 간절하게 기도를 올린다. 이런 것이 신앙인 것이다.
    그러나 나의 경우는 달랐는데 구원을 받으려는 것도 천국을 갈망하는 소망도 아니었다. 내가 왜 살아가는가? 라는 문제로 고민하다 자기 고립에 빠져 고생하던 중 모든 사물이 그렇듯이, 나에게도 부여된 사명이 있다는 사실을 알게 되었고 마침내 나는 그 역할을 찾아냈는데 예수 관련 일이었다. 이 일은 내가 원해서 하는 것도 아니고 예수께서 하신 말씀과 성경에 기록된 이분의 예언을 통해 알게 된 나의 사명인 것이다.

그러다 보니 나는 진리를 추구하였고 지식을 갈망하였는데 신앙의 입장에서는 지식이나 진리라는 것이 중요한 것은 아니었다. 내가 볼 때 소중한 것은 믿음 뒤에 따라오는 광희였다. 찬송하고 찬미하다 보면 본인도 모르게 감지되는 희열로 인해 열광하는 그런 믿음이 신앙인 것이다. 격한 감정이 수반되는 것이다. 그러나 지식이나 이치라는 것은 냉정하고 객관적이지 열광하는 그런 감정은 없는 법이다.

졸업 후에도 나는 계속 성경 공부를 하고 있었는데 하 목사와 함께 영어 성경을 읽는 것이었다. 이는 매주 두 번씩 영어 성경 문장을 읽고 이에 대한 의미라든가 전체적인 흐름을 목사께서 설명하며 진행되었다. 요한복음을 마치고 창세기를 공부했는데 본기에는 천지창조부터 인간 탄생, 노아의 홍수, 바벨탑, 아브라함과 그의 후손들에 대한 이야기가 나온다. 나는 노아의 홍수 대목을 읽다가 이런 생각을 하였다.

'하나님이 참 무자비하고 악랄하기도 하시구나! 아니 어떻게 천지를 창조하고 전지전능하신 분이 전 인류를 대상으로 대량 학살을 하셨지?'

노아의 홍수란 성경에 나오는 이야기로 하나님께서 인류를 진멸하려고 물로 세상을 덮어 지상에 있는 모든 생명을 앗아갔는데 오직 노아의 가족과 동물들만 대형 방주에 타고 있어 생명을 부지하고 살아남는다는 내용이다. 그런데 나는 이해가 안 되었다. 인간은 부족하고 나약하다. 그러나 신은 완전하고 전지전능하고 대자대비하시다. 그래서 신은 인간을 보호하고 도와주고 부족한 부분을 채워주고 인간은 신에 의지하여 감사로써 기도하며 신의 이름을 드높이는 그런 관계로 알고 있었는데 여기서는 그게 아니었다. 세상에 있는 전 인류를 몰살시킨 것이다.

'아니 무슨 하나님이 어떻게 인류를 몰살시키지?'

나는 아무래도 이해가 안 되었다. 그래서 나는 이런 의견을 목사에게 말했는데 그는 전혀 예상외의 대답을 했다.

"하나님이 하시는 일을 우리가 어떻게 이해할 수 있겠습니까? 단지 이를 받아들이고 따를 뿐이지요."

하 목사는 신앙심이 깊으신 분이다. 그러나 나는 믿음이 아무래도 부족한 것 같다. 깊은 신앙을 가진 분은 오직 믿고 따르고 신앙이 부족한 사람은 불평하고 의심하는 법이다.

신앙이 깊은 사람은 하나님이 하시는 일에 대해 이유 불문하고 따를 뿐이지 감히 그 깊은 생각을 인간의 생각이나 지혜로서 이해하고 인지하려고 애쓰지 않는다.

수일 후 나는 다시 이 일을 생각하다 궁금한 것이 있었다. 세상을 멸망시키는 장면이나 과정이 글로 표시되었는데 이러한 묘사 문장이 어떻게 쓰였는지 새삼스럽게 알고 싶어졌다. 왜냐하면 세상을 멸망시킨다는 것은 상상할 수도 없는 엄청난 일인데 이런 경우에 사용되는 단어나 문장은 어떤 것인가? 호기심을 느낀 것이었다. 나는 노아 홍수와 관련된 문구를 찾아 관련 구절을 자세히 읽어 나갔는데 한 구절을 읽다가 갑자기 깜짝 놀랐다.

관련 문구는 '지면에서 인간을 쓸어버리겠다.'[21]인데 바로 이 '쓸어버리겠다.'라는 말이 무서운 단어구나 생각하다 나는 내가 예수로부터 받은 말씀 중 '쓰러지기'라는 말을 회상했는데 이때 나는 나도 모르게 속으로 크게 외쳤다.

'드디어 말씀의 뜻을 알아냈구나!'

내가 예수에게서 말씀을 듣고 이의 뜻을 알려고 노력한 지 삼십 년이 넘어 드디어 우연히 그 뜻을 알게 된 것이다. 나는 감격했고 감개무량했다. 그러나 나는 다시 침착하게 이 단어의 의미를 확인하였는데 혹시라도 잘못된 부분이 있는지 확인하기 위해서였다.

'쓰러지다'라는 말은 수동태 단어인데 이를 능동태 단어로 고치면 '쓸다'라는 단어가 된다. 이는 원형이고 이를 변형하면 '쓸어버리다'라는 말이 된다. 그런데 이 단어는 하나님이 인류를 멸망시킬 때 쓰신 말로 '쓰러지기'라는 말을 화자 기준하여 능동단어로 바꿔 말하면 '쓸다'가 되고 이는 '멸망시키다'라는 뜻이 되는 것이다.

이를 쉽게 표현하면 이렇다. 내가 들은 말은 '세상은 쓰러지다'인데 이를 화자 기준으로 바꾸면 '세상을 쓸다'가 되고 이는 세상을 멸망

---

21) 여호와께서 사람의 죄악이 세상에 관영함과 그 마음의 생각의 모든 계획이 항상 악할 뿐임을 보시고 땅 위에 사람 지으셨음을 한탄하사 마음에 근심하시고 가라사대 나의 창조한 사람을 내가 지면에서 쓸어버리되 사람으로부터 육축과 기는 것과 공중의 새까지 그리하니 이는 내가 그것을 지었음을 한탄함이니라 하시니라. (창6:5-7)

시킨다는 뜻이 되는 것이다. 그동안 나는 '쓰러지다'라는 말의 의미를 그냥 단순히 '넘어지다' 또는 '죽다' 정도로 알고 있었는데 이렇게 무서운 의미인지는 전혀 상상할 수 없었다. 이를 영어로 표현하면 Fall Down 넘어지다 Die 죽다가 아니라 Be Wiped 쓰러지다 인데 이는 노아 홍수 때와 마찬가지로 세상을 멸절시키겠다는 뜻이다. 홍수 때는 남녀노소, 신앙 유무, 이유 불문하고 노아 가족을 제외한 모든 인류를 멸망시켰다.

즉 내가 예수로부터 받은 말씀의 뜻은 결국 인류를 멸망시키겠다는 의미다. 나는 이런 사실을 알고 지금까지 견지해 온 나의 전도 방식을 바꿔 적극적으로 일을 해야겠다는 결심을 했다. 이는 인류의 생존 문제이기 때문이다. 이때가 2006년 6월이다.

나는 혹시라도 잘못된 부분이 없는지 다시 확인했는데 나로서는 틀림없었다. 나는 말씀의 뜻을 알고자 애를 썼던 과정을 회상했는데 이는 감격해서였다. 이 말씀의 뜻을 알고자 많은 사람을 만났고 말을 들었으며 여러 사건을 경험하였다. 이를 내가 직접 해석해야겠다고 노력하게 된 동기는 언젠가 반구 기도원에서 나에게 이 말씀을 절대 남에게 말하지 말라고 당부했던 사람 때문이었다. 남에게 물어볼 수 없으니 스스로 하는 수밖에 없는데 제일 먼저 알려고 노력했던 단어가 '세상'이란 단어였다. 이를 위해 각종 사전을 찾아보았지만, 알 수가 없었다.

하루는 생각하길 이 단어가 한자로 되어 있으니 한문을 배우려고 하였다. 토정비결을 사다 놓고 읽었는데 이는 한자와 국어가 동시에 표기되어 있어 내용을 쉽게 알 수 있어서였다. 이를 하다 보니 알게 된 것이 '추구집'과 '명심보감'이었다. 이는 길거리에서 쉽게 구할 수 있는 교재인데 추구집은 짧은 문장을 알기 쉽게 모아 놓은 책이고 명심보감은 격언이나 교훈을 모은 책인데 해석이 되어 있어 읽기가 쉬웠다. 공부를 하다 보니 욕심이 나 '구운몽'이란 한문 소설을 구해 읽었다. 이 책은 국내 최초의 한문 소설인데 조선시대 김만중이 쓴 작품이다. 이 책은 국문 해석이 없었지만, 어순이 영어와 비슷해 읽어 나가는 데 큰 문제는 없었다. 내용은 재미있었다. 이를 두 번 통독하는 데 이 년이 걸렸다. 그런데 나는 국문 해석본이 없다 보니 대충은 뜻을 알겠는데 어떤 부분에서는 전혀 알 수가 없었다. 무슨 방법이 없을까 생각하다 고안한 것이 한문이 결국 중국어 아니냐! 하고 중국어를 배우기로 하였다. 통신대 중문과로 들어가 노력을 했는데 그래도 이 세상이란 단어의 의미를 알 수는 없었다. 한문을 하다 보니 한문 서예를 배우게 되었는데 이것도 소용이 없었다. '세상'이란 단어를 알려고 별 방법을 다 동원하였고 수십 년 이상의 시간이 경과 되었지만 이를 알 수는 없었다. 결국 이를 알게 된 것은 한자를 해서 알게 된 것이 아니고 신학교에 들어가 성경을 읽고 영어 신문을 읽다 깨달았다. 이는 유사 문장 사례에서 쉽게 알 수가 있는데 성경에 보면 '이스라엘아', '유다야' 하며 선지자가 하나님의 말씀을 전할 때 사용되었고 영어 신문을 읽다 보면 '미국은 말했다' (Washington said)라는 문구를 쉽게 볼 수 있는데 이는 같은 용법이다. 즉 일정 지역에 있는 사람을 가리키는 말인데 이를 지역으로 이해하면 해석이 될 수가 없다. 세상이란 말도 똑같다. 그러나 나는 신학교를 다니고 졸업했어도 말씀을 해석 못한 것이 바로 이 '쓰러지기'라는 단어였는데 이를 알게 된 것이다.

나는 말씀 문장 전체를 해석해 보았는데 의미가 통하였다. '세상 사람은 너무 험악하여 구원받을 수 없으니 멸망되기 전에 알아라.' 이런 의미였다. 나는 무섭고 겁이 났다. 혹시 내가 잘못 해석하지 않았나? 다시 확인했는데 나로서는 틀림없었다.

나는 노아의 홍수 이야기를 읽으며 하나님이 어떻게 사람들을 무자비하게 진멸하셨냐며 푸념하였는데 이제 현실적으로 내 앞에 말씀으로 다가와 있는 것이다. 나는 어떡하든 이를 막아야 한다고 생각했는데 대안으로 제시된 것이 바로 존재원리였다. 나는 말씀 끝 '알라'라는 말을 생각하다 무엇을 알라고 하시는 의미로 생각하고, 이를 제시했는데 이는 곧 예수 교훈과 같아 교훈을 실천하는 것과 같기 때문이다.

보혜사의 할 일 중에 '세상 책망'이 있는데 책망이란 말은 잘못을 지적하고 경고하며 올바른 방법을 제시하기 때문이다.

일반인이 예수의 교훈을 이해하려면 쉽지 않다. 예수는 많은 가르침을 주었지만 무엇을 어떻게 하라는 것인지 구체적으로 알기가 어렵다. 그러다 보니 이를 해석하는 사람들이 나타나 평가를 했는데 예수의 보혈을 중시하는 사람이 있다. 그의 죽음으로 인해 인간이 구원을 받았다고 주장한다. 사랑을 가르쳤다고 말하는 사람도 있다. 어떤 사람은 신성모독자라고 주장하고 하나님의 아들이니 마리아의 아들이니 하기도 한다. 그러면서 그가 주장한 천국을 거론하며 신자를 십자군에 동원하기도 하고 전사로서 민간인을 학살하라며 사지로 내몰기도 한다. 헌납을 강요하기도 하고 광신과 맹신을 요구하기도 한다.

그러나 나는 감히 주장한다. 존재원리를 알고 그의 교훈을 본다면 존재원리와 교훈이 같음을 알 수가 있고 우리가 무엇을 해야 하는지 개인 스스로 알 수가 있다. 존재원리는 일종의 자연법칙이다. 법칙이란 모든 것을 초월해 정해진 규칙에 따른다는 의미인데 이는 모든 인간과 사물 그리고 우주에 적용이 가능하며 인간에게는 연령, 성별, 빈부귀천, 국적, 종교 등을 초월한다.

나는 말씀의 뜻을 알고 바로 이러한 사실을 알리기 위한 준비 작업에 들어갔다. 왜냐하면, 세상을 멸한다고 하시는데 이를 막으려는 노력을 하는 것이다. 세상이 진멸된다면 종교고 말씀이고 사명이고 다 의미가 없고 필요가 없기 때문이다. 나는 이때 결단을 하였다.

'내가 견지하고 있던 소극적인 방법을 적극적으로 변경해야 되겠다.'

라고. 왜냐하면 나는 그간 있었던 나의 체험을 전하기 위해 출간을 했는데 이때 나는 말씀의 의미를 모르는 상태에서 글을 썼고 또 나는 모르더라도 독자들은 알리라고 예상했었다. 그리고 이런 종교적인 문제는 아무리 잘해도 비난의 대상이 되기 쉬운데 일단 나는 내 일만 하면 되니까 사람들이 내 책을 읽든 말든 내가 관여할 바는 아니라고 생각했었다. 내 나름대로 전하고자 하는 예수의 말씀을 기록하여 도서 출간을 했으니, 나의 역할은 끝났고 이후에는 예수께서 알아서 하실 것 아니냐 하는 판단이었다. 나는 내용은 몰라도 전달자로서 전달만 하면 된다는 입장이었다.

그러나 내가 받은 말씀의 의미는 너무 엄청난 것이다. 지금처럼 소극적인 방법으로는 안 되고 보다 적극적인 방법으로 접근해야 전달이 가능하고 최종적으로 중요한 것은 장래 닥칠 재앙을 예방할 수 있는 것이다. 다른 것은 차치하고라도 우선 재앙 예방을 위해서 또 나설 수밖에 없었다.

이에 나는 그동안의 경험과 판단 근거 등을 취합하여 출간하였는데 이 책명이 『예수 재림의 실현』[22]이다. 이의 출판 이유는 세상에 닥칠 재앙의 예방인데 이때 제시된 방법이 바로 '존재원리'이다. 책의 주요 내용은 재림 사실을 알게 된 경위와 근거, 예수의 교훈과 존재원리의 비교이다. 그리고 또 중요한 것은 이런 과정을 통하여 예수께서 예언하신 보혜사에게 주어진 일을 모두 하였는데 이의 내용은 문구별로 구분하여 알기 쉽게 설명을 하였다.

특히 예수의 재림 이유에 대하여는 '진리를 증거하러 이 세상에 왔다'[23]는 그의 발언에 따라 진리를 실천하면 생명을 얻고 영생을 얻는다는 사실을 증거하기 위해 재림한 것으로 파악하였다. 예수께서 말씀하신 진리는 존재원리와 같은데 나는 존재원리를 통해 인간이 세상에 사는 동안 가장 이상적인 삶을 영위할 수 있다고 판단하였고 이를 검증하고자 하였는데 예수는 이 존재원리를 실천했을 때 세상에서의 삶뿐만이 아니라 천국과 영생의 삶을 살 수 있다고 주장하고 이를 검증하고자 시공을 초월하여 재림한 것이다. 존재원리를 알고 실천하여 현세와 천국과 영생의 삶을 증거한 것이다.

이는 모두 신학교 재학시절 파악된 내용으로 이미 준비되어 있던 주제들이다. 나는 침묵하고 있었는데 인류에 닥칠 재앙이 예견

---

22) 예수재림의 실현, 김진석, 신세림, 2007

23) 내가 이를 위하여 났으며 이를 위하여 세상에 왔나니 곧 진리에 대하여 증거하려 함이로다. (요18:37)

되는 상황에서 이를 예방할 수 있다면 당연히 이를 알릴 수밖에 없었는데 인류에게 무해 하기를 바라는 마음으로 출간하였다.

특히 내용에서는 존재원리가 강조되었는데 기존에 주장하던 인간 사회에서 이상적인 삶을 영위할 수 있는 원리에서 확장되어 인간이 영생할 수 있는 방법, 더 나아가 인류를 재앙으로부터 예방할 수 있는 수단이 된 것이다. 존재원리에 대한 중요성이 더욱 부각되었다.

12
존재원리 검증

 예수 재림의 실현 책이 출간되고 수년이 지났다. 나는 긴박하고 다급한 마음으로 책을 통해 재림 사실을 알렸고 말씀에 따라 대재앙을 예견했고 이를 예방하는 방법으로 존재원리를 제시하며 이의 실천을 촉구하여 인류에게 닥친 위험을 알리고 이를 피하고자 하였다. 그러나 현실은 너무 평온했다. 나에게는 큰일이고 급한 일이었지만 세상 사람들에게는 관심 밖의 무관심한 남의 일이었다.
 이십여 년 근속했던 직장을 자퇴하고 나와 스스로 곤경에 처해 존재원리를 검증하여 고난에 처해있는 많은 사람을 구하겠다고 시작하였는데 사전에 예상은 했지만, 이를 실행한다는 것이 무난하지 않았다.
 퇴직 후 십여 년이 지난 어느 날 나는 자신의 처지를 돌아보며 자탄에 빠졌다.
 '타인을 어려움 속에서 구해내기는커녕 도리어 자신이 고난에 처해 안주하고 있다면 이건 무엇인가 잘못된 것 아니냐?'

'존재원리가 올바른 법칙이라면 이를 이용하여 벌써 곤경에서 벗어나 정상적인 생활을 해야 하는 것 아니냐? 십여 년이 지나도록 날일이나 하며 불안정한 생활을 한다는 것은 무엇인가 잘못되었고 검증에 실패한 것 아니냐?'

나는 자문에 아무것도 답을 못 하고 자신의 행적을 돌아보았는데 한심하기 짝이 없었다. 출간된 도서가 널리 알려진 것도 아니고 처지가 나아진 것도 아니었다. 그리고 큰 문제는 본인이 갖고 있는 주관이나 지식을 주변에서 아무도 필요로 하지 않는다는 것이었다. '예수 재림의 실현' 원고를 들고 교수 목사를 찾아뵙고 혹시 잘못된 오류가 있는지 심사를 의뢰하였는데 제목부터 잘못되었다며 거절당했던 기억을 떠올리며 나는 할 말이 없었.

'사회에 아무런 도움도 안 되고 외면당하는 그런 지식과 원리라면 이는 잘못된 아집이 아니겠는가?'

나는 종말론 교회에서 선전하던 예수 재림과 휴거로 인해 많은 사람이 고통받았던 과거를 돌아보며 혹시라도 내가 실수한 것이 없는지 주위 사람들에게 물어보곤 하였는데 대부분 사람은 이에 관심이 없었다. 생활하기도 바쁜데 진리를 알면 어떻고 모르면 어떠냐는 입장이었다.

이러던 중 2014년 초에 모친이 돌아가셨다. 나는 노동일을 하며 어렵게 어머니를 모시고 있었는데 돌아가신 것이다. 장례식장에는 내가 오래 근무했던 H중공업 회사 직원들이 수명 찾아왔는데 이들을 보니 감회가 남달랐다. 이들을 보내고 나는 식장에 앉아 자리를 지키며 자신의 처지를 돌아보았는데 비통하기 이루 말할 수가 없었다. 나야 사명을 위해 모든 고생을 해도 되지만 나 때문에 모친이 고생한다면 이것은 경우가 다른 것이다. 나는 너무 자신만 생각한 처사인 것 같아 못내 가슴이 아리었다.

나는 한때 부모를 원망한 적이 있었다. 그때가 바로 인사고과로 인해 차별 대우를 받고 세상을 원망하며 자신을 비관하던 때였다. 이때는 모든 주변 사람조차도 적대시하였는데 차별에 대한 분노를 표출하였던 것 같다. 그러나 존재원리를 알고 나서 나는 부모가 얼마나 훌륭하고 나에게 소중한 사람인가를 알게 되었다.

나는 사춘기 때 어린 나이에 어머니를 부끄럽게 생각한 적이 있었다. 어린 자식들을 키우느라 머리에 다라이를 이고 행상을 하셨는데 허리가 굽으신 것이다. 나는 이를 두고 후회하였는데 이것도 원리를 알고 나서였다. 그 굽은 허리가 나 때문에 그렇게 된 사실을 깨닫고 나는 어머니 앞에 할 말이 없었고 모친이 그렇게 자랑스럽고 훌륭하게 보일 수가 없었다. 참기 힘든 어려운 일이 있을 때는 다라이를 머리에 이고 언덕을 넘어가시던 어머니 모습을 생각하며 인내하고 곤경을 극복하기도 하였다. 어떡하든 어머니는 잘 모시려고 했는데 회사에 들어가 살만 하나 싶더니 어느 날 갑자기 실업자가 되어 백수가 되니 나 때문에 심통이 얼마나 컸을까? 생각하니 나는 비통함이 말할 수 없이 컸다.

나는 퇴사할 때 관리본부 P 전무를 비롯해 담당 중역을 찾아 퇴직 인사도 하지 않고 나왔는데 이는 혹시라도 퇴직을 못 하고 재직할 수가 있기 때문이었다. 그렇게 자퇴하고 나와 이 모양 이 꼴이라니 나는 할 말이 없었다.

거기다 모친에게 더욱 마음 아픈 것은 퇴사하기 전에, 이혼한 것이었다. 앞으로 어떤 위험이 있을지 모르는데 가정을 이루며 생활할 수는 없었다. 직업도 없고 가정도 없는 상태에서 노숙자와 같은 사람이 된 것이다. 멀쩡한 사람이 어느 날 갑자기 이혼하여 가정이 무너지고 직장을 잃고 실업자가 되니 부모 된 마음에서 그 고충은 이루 말로 할 수 없었을 것이다. 그렇게 결심하고 가정과 직장을 떠나 노숙자 같은 생활을 해 왔는데 아무도 나의 마음을 알 수는 없다.

그러나 나는 재직 시절 지금의 상황과 비슷한 경우를 경험한 적이 있었다. 각 회사에서 노사분규가 일어나면 다른 회사에 영향을 주어 여러 개로 분리되어 있던 회사를 모두 H중공업으로 합병해 한 회사가 되었다. 합병에 따른 문제 중 하나가 전산 문제였다. 왜냐하면 개별 회사로 독립해 있다 보니 회사 조건에 맞는 전산기나 프로그램을 구입해 사용하고 있었는데 합병을 하면 H중공업 전산기와 프로그램을 기준으로 업무를 처리해야 하기 때문이다. 프로그램 호환이 안 되다 보니 수작업으로 업무를 처리했는데 고충이 많았다.

그런데 이를 개선하겠다고 내가 나서 전산 프로그램 개발을 착수하였다. 그러면 회사에서는 이를 지원하고 응원해야 하는데 현실은 안 그랬다. 부서장 입장에서는 지시도 없는데 개발을 하니 못마땅했고 팀장들은 불가능한 일을 한다며 하지 말라고 말렸다. 이러다 보니 내가 이상한 사람이 되었는데 심한 말을 많이 들었다. 정상 근무 시간에는 일을 못 하고 밤늦게 잔업을 하며 개발을 했다. 휴일도 쉬지 않고 출근해 개발 업무를 추진했다.

그러던 어느 날 전산 담당자와 부서 담당과장이 찾아와 나에게 심한 말을 했다. 전산 담당자는 불가능하다고 했고 과장은 담당자도 안 된다는 일을 왜 하느냐며 하지 말라고 고함을 쳤다. 나는 언뜻 개발을 중지할까? 하고 생각했다. 내가 안 하면 고생도 안 하고 싫은 소리 들을 것도 없었다. 고생하면서 말 들어가며 굳이 개발할 필요가 없다. 그러나 나는 이때 생각한 것이 바로 존재원리였다. 원리에 따르면 담당자는 당연히 최선을 다해 직무 개선을 해야 하였다. 나는 전산 담당자를 설득하여 결국 개발에 성공했고 수작업으로 하던 업무를 전산으로 신속하고 광범위하게 처리할 수 있었다.

하루는 이를 안 부서장이 나를 불러 짤막한 말 한마디를 했다.

"수고했다."

어떻게 보면 지금의 나의 상황이 그때와 비슷한 것 같기도 했다. 주변 사람들은 관심도 없고 답답할 것 하나 없는데 나만 괜히 나서서 북 치고 장구치고 난리 치는 것 아닌가? 하는 생각이었다. 그러나 곰곰이 생각해 보니 내가 문제 삼는 것은 장차 일어날 일이었다. 지금 당장은 대충 수작업으로 해도 되지만 장래에도 수작업으로 업무를 할 수 있는 것은 아니다. 그래서 나는 개발을 시작했는데 다른 사람들은 미래를 안 보고 현재를 기준하여 나에게 말을 한 것이었다.

지금도 마찬가지다. 나는 장래 닥칠 일을 문제 삼고 이를 예방하려고 하는데 주변 사람 입장에서는 현재를 기준하여 문제될 것이 없고 답답할 것이 하나도 없기 때문이다.

모친 장례를 치르고 나의 입장을 확인하다 중요한 사실을 깨달았다. 날일을 하며 생활하는 나를 보고 곤경에서 벗어나 검증에 성공하였다고 말할 수는 없지만 존재원리가 예수께서 말씀하신 진리라는 사실을 안 이상 이를 근거로 존재원리를 타인에게 추천하고 권유해도 가능하지 않을까? 하는 판단이었다. 이 부분을 재차 확인하였는데 나로서는 틀림없었다. 다시 전체적으로 확인하였는데 비록 내가 용역 일을 하고 있어 성공했다고 볼 수 없지만 그렇다고 실패한 것은 더욱 아니었다. 역할 수행은 아직도 진행되고 있어 성공 여지는 남아 있었다. 나는 존재원리를 적극 알리고 주변 사람들에게 권유하기로 하였다. 왜냐하면 나는 이 원리로 인해 자아 고립에서 벗어날 수 있었고 또 나에게 부여된 사명도 알게 되었으며 자신의 한계를 넘어 많은 사람을 고난에서 구하겠다는 생각까지 할 수 있었다.

  예수 교훈은 이미 이천 년 전부터 유대인들에게 전파되어 세상에 알려지게 되었는데 현재도 세계적으로 많은 신자에 의해 신봉되고 있다. 많은 사람에게 신뢰를 얻었다는 사실은 타인에게 옳다고 소개하고 추천해도 된다는 의미를 내포하고 있다고 볼 수 있다. 나는 다시 확인하였는데 예수 교훈이 참되다면 존재원리도 정의롭다고 할 수 있으며, 교훈이 신뢰를 얻었으므로 원리도 충분히 신뢰를 획득할 수 있다고 판단했는데 이에 나는 적극적으로 존재원리를 소개하고 알리기로 작정했다.

13
세월호 참사와 구원파

2014년 4월 16일 세월호 사건이 일어났다. 안산시 단원고에서 수학여행을 가던 학생들과 일반인이 탑승한 여객선이 인천에서 제주도를 향해 항해하던 중 전남 진도 앞바다에서 침몰해 탑승객 전체 인원 476명 가운데 304명이 구조되지 못하고 사망했다. 용골 수로라는 급류가 흐르는 지점에서 항로를 바꾸다 배에 실린 적재물이 한쪽으로 쏠리는 바람에 중심을 잃고 배가 왼쪽으로 기울었다. 이때, 2시간 정도 구조 가능한 시간이 있었는데 구조를 못 하고, 많은 사람이 사망했다. 대형 사고이다 보니 온갖 억측과 소문이 무성했다. 세월호를 운행하는 회사는 청해진해운인데 이 회사는 세모그룹의 한 회사이고 세모그룹의 회장은 유병언으로 기독교의 한 종파인 구원파의 목사인 동시에 교주라고 했다. 언뜻, 나는 이해가 안 갔다.
 '아니, 목사라는 사람이 목회만 하는 것이, 아니라 세속에 빠져 사업을 하다니 무언가 이상하구나!'
 일반인이 아는 상식으로 교회 목사는 목회에만 전념하는 것으로 알고 있다. 병들고 가난하고 삶에 지친 하나님의 자녀들을 돌보고 돕는 것이다. 그런데 목사 직분을 가진 사람이 목회를 안 하고 사업을 하며 기업체를 운영하고 있다니 나는 아무래도 이해가 안 됐다.

그러나 나는 몰랐지만 실제로는 이런 기업들이 있었다. 신앙촌이라고 해서 생활용품을 생산하는 기업이 있었는데 나의 어렸을 적 기억으로는 이곳에서 생산된 담요 하면 주위에서 인정하는 따뜻한 담요였다. 세모그룹사에는 세모, 다판다, 국제영상 등이 있었고 세모는 건강기능식품, 화장품, 생활용품을 생산 판매하는 회사였다.

이러던 중 정부는 사고 책임을 규명하기 위해 유병언 회장의 검찰 출두를 요구했는데 유 회장은 이에 불응했고 경기도 안성에 있는 금수원이란 침례교 본당 건물에 들어가 숨어 있었다.

이에 검찰에서는 유 회장의 도주를 막기 위해 경찰력을 배치하는 등 퇴로를 차단했고 금수원에서는 침례교 신자가 모여 농성하며 경찰과 대치하는 소동이 벌어졌다. 이 와중에 금수원에서는 종교 탄압하지 말라며 시위를 했고 십만 성도 잡아가도 유병언은 줄 수 없다며 현수막을 걸고 격렬한 시위에 들어갔다.

방송을 통해 보도되는 긴장된 순간을 보며 나는 이상함을 느꼈다. 사고가 났으면 당연히 조사를 받아야 하고 그래야 사고 원인 등이 규명될 것이다. 그런데 왜 이 사람은 검찰의 출두를 거부하고 신도들을 앞세워 숨어 있는 것일까?

보도에 나온 내용으로는 유 회장이 검찰의 의견을 신뢰하지 못하기 때문이라고도 했고 또는 자신은 결백하고 무죄한데 검찰에 불려가 조사를 받다 보면 자신만 불리해질 수 있다는 소문도 있었다. 이는 유 회장의 과거 경력 때문인데 자신과는 상관없는 오대양 사건과 관련된 조사를 받다가 억울하게 체포되어 4년간 옥살이를 했다는 것이었다.

그래서 나는 오대양 사건에 대해 알아보았는데 이 사건은 1987년 8월 29일 일어난 집단자살 사건이었다. 경기도 용인에서 박순자라는 여성이 공예품 공장을 운영하고 있었는데 본인을 포함해 종업원과 가족까지 모두 32명이 자살을 했다.

그런데 이상한 점은 이 여성이 구원파 신도였고 교주라는 사실이었다. 조사 과정에서 박순자가 유병언이 목회하는 교회에 출석했던 경험이 있고 출석 과정에서 목회와 사업을 겸하는 기술을 배워 교회와 회사를 차려 운영한 것 같았다.

보통 사업이란 굴곡이 있게 마련이다. 호경기도 있고 불경기도 있는데 불경기 때 이를 극복하지 못하고 어려움을 겪는 와중에 사고가 난 것 같았다. 문제는 박순자를 비롯한 종업원 대부분이 상당한 부채를 끌어 쓰고 있었고 이를 상환하지 않은 채 사망했다는 사실이었다. 이에 부채와 관련된 여러 소문이 많았다.

그중 한 가지가 막대한 부채가 구원파로 흘러 들어가지 않았는가? 하는 의혹이었다. 이 와중에 유 회장은 자신이 생각하기에 억울하게 옥살이를 한 것이었다. 이런 경험으로 유 회장은 검찰의 소환에 불응한 것이었다.

이런 일련의 과정을 보며 나는 생각했다.

'박순자가 그랬던 것처럼 아무나 교주가 될 수 있구나! 박순자는 어떤 교리를 내세워 신도를 모집했을까?'

자금과 종교가 합치면 상당한 능력이 될 수 있겠다 하는 생각이 들었다.

나는 문득 예수가 살아온 생애를 생각하며 이상한 의문을 느낀 적이 있었다. 예수는 처형을 받을 때 부친은 없었고 모친과 여동생 둘을 포함해 모두 여섯 명의 동생이 있었다. 예수가 장남이었는데 당연히 자신이 종사하던 목수 일을 하며 가계를 위해 생계를 이어나가야 했다. 수신제가치국평천하(修身齊家治國平天下)[24]라는 말이 있듯이 자신이 똑바로 서고 가정을 바로 세운 다음에 나라와 천하를 바로 세울 수 있다는 말이다. 그런데 예수는 부양해야 할 가족을 내팽개치고 객지에 나가, 허랑방탕한 생활을 하며 전국을 돌아다니고 있으니, 가족으로서는 보통 답답한 일이 아니었다.

복음을 전한다며 전국을 떠돌았는데 직업과 돈이 없으니 제때 식사를 못 해 제자들이 없는 사이에 사마리아 여인에게서 우물물을 얻어 마시기도 했다. 거기다 대중의 환대를 받는 것도 아니었다. 걸핏하면 심한 질시와 모독 그리고 험담과 욕설을 들었다.

예수는 왜 가정을 버리고 거지 같은 부랑자 생활을 하며 민중에게서 온갖 험담을 들어가며 복음을 전하려고 했을까? 자신이 가지고 있는 능력으로 목수 일을 하여 모친을 모시고 형제를 돌보며 가정을 꾸리고 복음을 전했다면 얼마나 수월하게 복음을 전파할 수 있었을까? 그런데 예수는 이를 마다하고 어려운 가시밭길을 걸었다. 왜 그랬을까? 나는 알 수가 없었다.

할 수만 있다면 병자를 치유하고 보수도 받고 대가를 받아 복음을 전하면 더 큰 효과를 기대할 수 있고 민중들로부터 호응을 받을

---

24) 유교의 통치 개념으로 국가와 사회에 이바지하기 위해서는 본인은 물론 집안을 잘 다스려야 한다는 의미임

수 있고 제사장의 하속에 붙들려 학대받는 일도 없었을 것이다. 만병을 통치하는 저명한 인사로 역사에 길이 명성을 날리며 세상의 존경과 온갖 숭배를 받았을 것이다. 그런데 왜 가난과 멸시를 받으며 민중으로부터 외면당하는 힘든 길을 갔을까? 거기다 끝에 가서는 심한 학대에 십자가 처형이라니 이건 아무리 생각해도 알 수가 없었다.

예수는 말하기를 자신을 따르는 자는 자신의 십자가를 지고 따르라고 했다. 이때 나는 언뜻 예수의 마음을 알 것도 같았다. 예수는 자기 마음대로 일을 결정하고 따른 것이 아니라 오직 하나 하나님의 뜻에 따라 행한 것뿐이다. 예수라고 어려움을 안 느끼는 것은, 당연히 아니다. 그러나 하나님의 뜻이라면 아무리 고통스럽고 험한 길이라도 가야만 하는 것이, 예수의 생각이었다.

박순자나 유 회장뿐만 아니라 목회자라면 누구나 목회에 어려움을 느끼며 사업을 통해 물질적 혜택을 누리고 싶은 욕구는 생각할 수 있다. 그러나 이건 예수가 걸었던 길이 아니다.

공권력과 신도가 금수원에서 대치하는 상황이 수일간 이어졌다. 신도 대변인은 기자회견을 열고 종교탄압을 중단하라고 촉구했고 공권력의 교회 진입을 반대한다고 했다. '김○○ 실장 갈 때까지 가보자!!! 우리가 남이가!'라는 현수막이 정문에 내걸리기도 했다. 김 실장이란 당시 청와대 비서실장을 말한다. 왜 이런 현수막을 걸었을까 의문이 일었지만 그 이유를 알 수는 없었다.

이러던 중 나는 구원파의 본산이라는 금수원에 관심이 갔다. 이곳은 구원파의 종교시설로 경기도 안성에 있고 전체 면적은 5만 평

정도 부지로 축구장 30개 정도를 합친 면적이다. 유씨 일가는 10년 전부터 금수원 주변에 매물로 나온 농경지를 사들였고 근처의 아파트를 사 구원파 신도들에게 되팔기도 했다. 부지 위에는 종교시설과 음식점, 상점, 약국과 의료시설까지 갖추고 있었다. 종교시설인 본당의 경우 축구장 같은 엄청난 크기였다.

이러던 중 검찰은 유 회장의 도주를 예측하고 구인장과 압수수색영장을 법원으로부터 발부받아 금수원에 진입했다. 그러나 유 회장을 찾는 데는 실패하였다. 이에 검찰은 구속영장을 신청하고 영장이 발부된 즉시 유 회장을 지명 수배했다, 상금은 5천만 원이었다. 이후 상금을 올렸는데 5억 원이었다. 유 회장은 억 단위로 돈을 쓰는데 누가 오천만 원을 받고 유 씨의 신병을 넘기겠느냐? 하는 의견이 있어서였다.

유 회장은 신도들의 도움을 받아 도주했고 도중에 전남 순천시 송치재 인근 과수원 매실 밭에서 변사체로 발견되었다. 검찰은 유 회장의 시신은 부패했으나 아들인 유대균에게서 유전자를 채취하여 조사함으로 본인임을 확인했다고 발표했다. 이후 세월호 사건은 책임 논란이 벌어지며 당시 재임 중이던 대통령을 탄핵하는 주요 원인이 되기도 했다.

14
존재원리와 예수의 진리

　내가 존재원리를 주변에 적극 권유하고 알리기로 결심하고 지내던 14년 어느 날 나는 보도를 통해 송파 세 모녀 사건을 목격했다. 셋방에 살던 노모가 삼십 대인 두 딸과 함께 생활고에 시달리다 동반 자살을 했는데, 집주인 앞으로 마지막 월세와 공과금을 남기고 미안하다는 내용의 편지를 쓴 일이다.
　나는 이날 일을 하며 하루 종일 마음이 아팠다. 그리고 사람 사는 것이 무엇인가? 하며 자문하였는데 주변 사람들 모두 마음 아파했다. 그리고 얼마 후 이번에는 임 병장 사건이 일어났다. 비무장지대 철책에서 근무하던 사병이 동료들의 따돌림에 항거하여 소대원을 향해 수류탄을 투척해 병사 수명을 폭사시키고 소총을 난사해 사상자를 발생시킨 후 병영을 탈영했던 사건이다. 나는 이때도 마음 아파했는데 만연된 인명 경시풍조 때문이었다.
　내가 볼 때는 가해자나 피해자 모두 희생자인 것이다. 그런데 또 얼마 안 있어 윤 일병 사건이 발생했다. 이는 선임병의 학대에 시달리던 병사가 심한 구타와 기합에 의해 사망한 일이다. 장기간에 걸친 구타와 체벌에 의해 발생된 일인데 나는 참 안타까웠다. 사람이 주위 사람에 의해 차별 대우를 받고 학대를 받아도 견디기 힘든데 구타와 체벌이라니 너무 안타까웠다.

그리고 나는 생각했다. 가해자나 피해자나 저들이 존재원리를 알고 있었다면 이런 일이 발생했을까? 생각하니 이는 단연코 아니었다. 왜냐하면 존재원리는 절망 속에서도 희망을 바라볼 수 있어 극단적인 행동은 하지 않는다는 판단 때문이었다. 존재원리는 각 개인의 역할을 중시하기 때문에 절대 아무 사람이나 함부로 대하지 않는다. 존재원리는 각 개인에게 바른 판단을 하게 함으로 올바른 길로 나아가게 할 수 있다.

나는 행정 수반자에게 편지를 보냈는데 존재원리를 소개하고 이를 교육시킨다면 사고를 예방할 수 있다는 내용이었다. 얼마 후 K위원회 명의의 답장을 받았는데 운영에 참조하겠다고 하였다. 이를 계기로 생각해 보니 원리를 필요로 하는 사람들은 많이 있었다. 병영뿐만이 아니라 학교, 직장, 사회에서 소외되고 경쟁에서 뒤처진 사람들을 포함해 성공가도를 달리는 부유층을 위시한 모든 사람도 필요하다고 판단한 것이 이들도 계속적인 현상 유지를 위해서는 존재원리를 숙지하는 것이 요구되기 때문이었다.

그렇다면 성공한 사람이나 실패한 패인을 불문하고 모두 필요하다는 의미인데 결국 모든 사람이 필요하다는 판단이었다.

나는 새삼 원리의 중요성을 인식하고 이를 발견하고 실천했던 과정에 오류나 착오가 없는지 재차 검토해 보았다. 우선 이를 발견하게 된 계기는 자신조차도 스스로 괴롭히고 학대하며 절망에 빠져있던 위기의 순간이었다. 그 절박한 시기에 물에 빠진 사람이 지푸라기라도 잡는다는 심정으로 주위를 돌아보았고 주변에 있던 평범한 소재를 통해 원리를 발견하였다.

그리고 이를 통하여 인간과 자연을 창조한 원인 세계를 인지할 수 있었고 새로운 세계를 발견한 것이었다. 그리고 그곳은 약육강식의 논리와 생존경쟁에 의해 유지되는 그런 밀림 같은 세상이 아니라 누구나 타고난 사명에 따라 공존할 수 있는 그런 낙원 같은 이상적인 세계였다. 경쟁이 아니라 공존으로 보다 더 효율적이고 고부가 가치를 창출할 수 있는 그런 인간 환경이었다. 그러나 나는 현실적인 사람이다. 존재원리의 효용을 현세 기준으로 파악하였고 생존 시까지를 한계로 가장 가치 있는 삶을 살 수 있다고 판단하였었다.

그런데 예수께서는 재림하여 존재원리를 실천한다면 누구나 영생할 수 있음을 증거하였다. 본인은 원리를 검증하여 외환위기로 인해 고난에 빠진 사람들을 곤경에서 벗어나게 하고자 하였는데 예수께서는 영생할 수 있음을 검증한 것이다. 물론 이의 중요한 전제조건은 존재원리와 예수께서 말한 진리가 같을 때인데 이는 두 사람의 표현이 다르지만 내용은 서로 같다는 것은 둘을 비교해 본다면 누구나 쉽게 알 수가 있다.

혹시나 자의적이고 독단적으로 함부로 판단한 것이 있는지 확인해 보았는데 분명한 것은 판단이나 결론을 내릴 때 근거 없이 함부로 판단한 것은 없었고 누구라도 이해하기 쉽게 객관성을 유지하였다.

15
제이 보혜사

나는 이런 내용으로 자료를 작성해 인터넷에 글을 올려 홍보하려고 하였는데 혹시나 내용에 큰 문제가 없는지 주위 사람들 의견을 들어보기로 했다.

자료를 본 한 사람은 난리가 났다.

"아니 예수님은 재림할 때 구름 타고 오신다고 했는데 어떻게 재림이 되었다는 거야? 예수가 어디 있어?"

나는 할 말이 없었다. 왜냐하면, 이분 말씀도 일리가 있기 때문이다. 예수 재림이란 간단한 문제가 아니다. 이천 년이란 시간이 지났는데 재림이 실현된들 어떻게 사실을 증명하고 본인임을 확인할 것인가?

또한, 이분이 재림했다고 해서 모든 사람을 찾아다니며 재림 신고를 하는 것도 아니다. 신고한다고 믿는 것도 아니고 구체적으로 따지고 들어가면 이는 거의 불가능에 가깝다. 즉 본인이 와도 재림 사실을 증명하기가 불가하다는 의미이다.

나의 경험으로는 예수의 얼굴을 보려다 눈이 멀었는데 다행히 회복되었지만, 고생한 경험이 있다. 하나님을 보다 잘못하면 시각장애인이 될 수도 있고 사망할 수도 있다. 왜냐하면, 성경에는 하나님을 본 사람은 죽는다는 기록이 있기 때문이다.

성경에는 많은 선지자가 나온다. 이들은 하나님의 음성을 듣고 명령을 받아 일했는데 하나님을 친견한 사람은 없다. 예를 들어 모세의 경우를 보면 꺼지지 않는 불의 형태로 나타나 모세에게 사명을 주었고 사무엘의 경우에는 목소리만 들었지, 하나님의 모습은 볼 수 없었다.

이런 이유로 예수는 그가 보내는 사람을 통해 그의 재림을 알린다고 약속했고 나는 이를 근거로 그의 재림을 확인하고 사실을 주장했다.

그런데 일반인들은 재림에 대해 쉽게 생각하는 것 같았다. 구름을 타고 오고 죽은 사람들이 살아나고 산 사람은 휴거되고 세상에 난리가 나는 그런 것으로 알고 있었다. 척 보면 예수인지 바로 아는 듯이 언행을 한다. 그러나 실제 하나님을 보는 것은 무섭고 두려운 일이다.

이러던 중 하루는 내가 출간한 '예수재림의 실현'이란 책을 보다 이런 생각을 했다. 책 표지에는 파란 하늘과 구름이 있었는데 이 구름 속에는 내가 만난 예수가 있다. 일반인들은 책을 통해 예수의 모습과 영광을 볼 수 있고 음성과 말씀을 들을 수 있다.

성경에 수많은 선지자가 나오지만, 하나님의 모습을 보고 기록한 내용은 없다. 이에 비하면 이 책의 내용에는 모습과 음성, 영광, 말씀 등이 상세하게 파악되어 있다. 그런데 일반인이 하나님을 친견하는 일은 무섭고 두려운 일이다.

그렇다면 나는 이를 근거로 예수의 재림을 간증할 수 있지 않은가! 라고 판단했다. 그리고 또 얼마 후 나는 성경을 읽다 이를 뒷받침할 수 있는 근거를 찾아냈는데 바로 '하늘의 떡'이다.

기록에는 예수가 자신을 가리켜 하늘에서 내려온 떡이라고 하자 유대인들이 수군거리며 우리가 그의 부모를 아는데 하늘에서 내려왔다고 하니 하며 예수를 해하려고 하는 대목이 있다.

사람이 하늘에서 내려오고 구름을 타고 날아다닐 수는 없다. 예수도 이를 알고 있다. 그러나 그는 이런 표현을 사용하여 그의 발언에 대해 자극을 받기 기대했는데 바로 비유적 표현이다.

그렇다면 나는 이를 근거로 그의 재림을 주장할 수 있는가? 충분히 가능하다고 판단했다. 왜 결국 구름이라는 것은 보조증거이기 때문이다.

나는 또 예수가 본인이 하늘에서 내려왔다는 주장을 한 사실을 알았는데[25] 이러한 사실에 근거한다면 나는 얼마든지 나의 주장을 할 수 있다고 판단하였다. 왜냐하면, 구름을 안 타고도 얼마든지 벌써 온 경험이 있기 때문이다.

또한, 나는 그동안 예수 본인 발언을 기준으로 상황을 파악하고 주장했는데 현실은 그렇지 않다는 판단을 하고 이에 적극적으로 대

---

25) 내가 하늘에서 내려온 것은 내 뜻을 행하려 함이 아니요 나를 보내신 이의 뜻을 행하려 함이니라 나를 보내신 이의 뜻은 내게 주신 자 중에 내가 하나도 잃어버리지 아니하고 마지막 날에 다시 살리는 이것이니라 내 아버지의 뜻은 아들을 보고 믿는 자마다 영생을 얻는 이것이니 마지막 날에 내가 이를 다시 살리리라 하시니라. (요6:38-40)

처하기로 했다.

  일방적으로 나의 주장만 할 것이 아니라 일반인들이 알기 쉽게 내용을 비교한다든지 원인과 결과를 파악하여 이해를 돕도록 하기로 했다. 중계자의 입장만 고집하고 주장할 것이 아니라 일반인의 시각에서 상황을 판단하고 인지할 필요가 있다고 생각했다.

  이는 인도라는 말을 생각해서인데 나의 할 일이기 때문이다. 인도란 목적지를 가리키고 앞장서 걸어가기만 하는 것이 아니라 앞에 장애가 있으면 방해물을 제거해야 하고 도중에 문제가 발생하면 해결을 해야만 한다. 나는 존재원리라는 진리를 발견했고 실천했고 실험했는데 또한 인도해야 하기 때문이다.

  하루는 또 평소 교분이 있던 하 목사와 재림 관련 통화를 하며 나의 어려움을 토로하였는데 그는 주장하기를 재림 시에는 죽은 사람이 살아나고 산 사람은 휴거 되어 하늘로 부양되어 올라간다는 것이었다.

  물론 나도 이러한 주장을 알고 있었다. 그러나 나는 이를 무시한 것이 이는 사도 바울에 의해 제기된 것이지 결코 예수의 발언이 아니었다. 그래서 나는 바울의 주장을 무시하였는데 현실은 그것이 아니었다. 예수의 주장보다 바울의 서신 내용을 더욱 신뢰하고 믿음을 갖고 있었다. 이러니 내가 아무리 증거를 대고 책을 내며 노력을 한들 소용이 없었다.

  이에 이러한 주장을 한 바울에 관해 소상히 알아보도록 하였고 그의 서신서를 집중적으로 파악하였다. 그러면서 나의 주장에 회의를 느꼈다.

왜냐하면, 사도행전에 보면 예수가 사도 바울에게도 나타나고 아나니아라는 신자에게도 출현해 바울에게 가 안수하라고 말한다. 이에 아나니아가 바울에게 가 안수하니 바울의 눈에서 비늘 같은 것이 떨어져 나가 멀었던 눈이 개안했다는 기록이 있다. 고린도 전서에는 500여 형제에게 일시에 예수가 출현했다는 사도 바울의 주장도 있다. 요한계시록이란 책에도 예수가 출현해 발언하기도 한다.

이것이 모두 사실이라면 예수가 수많은 사람에게 출현했다는 사실인데 어떻게 내가 만난 예수만 두고 예수 재림이라고 주장할 수 있느냐? 하는 의문이 들었다.

그렇다면 수많은 예수의 출현 중에서 무엇이 재림인지를 구분해야 한다. 그렇지 않다면 앞으로 얼마든지 예수가 출현해 무엇이 재림인지 판단하기가 모호하기 때문이다.

나는 나의 재림 주장에 대한 확고한 근거를 찾아냈는데

1) 예수의 모습을 세상 사람은 볼 수 없고 오직 예수의 제자만 볼 수 있다고 예수는 제자에게 예언을 했다. 오직 예수의 제자만 부활한 예수의 모습을 볼 수 있다는 의미이다.

2) 가룟인 아닌 유다가 예수의 발언에 반발해 제자에게만 모습을 보이지 말고 세상 사람 앞에 모습을 보이라며 항의하는 성경 기록이 있다.

3) 제자의 항의에 대한 예수의 답변에서 예수는 보혜사가 오면 모든 것을 말하고 생각나게 하리라고 했는데 나는 이를 근거로 사도

바울의 거짓을 증명하고 주장하였다. 즉 예수는 제자와 보혜사 이외에는 모습을 보이지 않았다는 사실이다.

4) 보혜사가 세상을 책망할 때 예수는 모습을 보였지만 이후에는 다시 그의 모습을 볼 수 없다는 예언을 통해 다시는 모습을 보이지 않겠다고 공언했다.

이러한 사실을 근거로 나는 나의 주장이 옳음을 천명한다. 이 근거에 따른다면 사도 바울과 아나니아 신자, 요한계시록의 예수 출현은 모두 거짓이고 왜곡이고 날조라는 사실을 알 수가 있다.

그리고 나는 사도 바울의 기만에 대해 알 수 있었는데 이를 크게 설명하면 이렇다.

우선 예수는 교훈을 통하여 거짓 선지자를 조심하라고 제자들에게 당부하였는데 거짓 여부를 판단할 수 있는 중요한 근거까지 제시하고 있다.

즉 그들의 열매로 그들을 알지니 가시나무에서 포도를 또는 엉겅퀴에서 무화과를 따겠느냐며 좋은 나무는 아름다운 열매를 맺고 못된 나무는 나쁜 열매를 맺는다고 하였다. 쉽게 말하자면 한번 가시나무는 계속 가시나무이고 절대 포도나무가 될 수 없다는 뜻으로 나무가 변하지 않듯이 사람도 절대 바뀌지 않는다는 뜻이다.

또한, 강조한 것이 좋은 나무가 나쁜 열매를 맺을 수 없고 못된 나무가 아름다운 열매를 맺을 수 없느니라고 하였는데[26] 이 의미는 사람의 근본은 절대 바뀌지 않으니, 너희는 절대 속지 말라는 교훈이다.

그런데 예수는 바리새인에 대해 원수같이 여기며 독사의 자식들아 하고 심한 욕설까지 하였다.[27] 이러한 사실을 연계하여 판단해 보면 바리새인은 절대 근본이 변하지 않는 못된 나무이니 이들의 거짓 행각을 조심하라고 제자들에게 당부했음을 알 수가 있다.

그런데 바울은 다메섹 노상에서 예수를 만났다고 주장했는데 그는 예수교인들을 척결하는데 앞장섰던 바리새파의 핵심 지도자였다. 예수가 거짓 선지자를 조심하라며 가르친 교훈과 바울이 예수를 만났다는 주장을 비교해 보면, 즉시 바울의 주장이 거짓임을 알 수가 있다.

즉 예수의 교훈에 따른다면 예수는 절대 골수 바리새인 앞에 출현할 수가 없는 것이다. 예수의 재림은 오직 한 번에 성취되는 것이지, 이 사람 저 사람에게 나타나는 것이 아니다.

---

26) <u>거짓 선지자들을 삼가라</u> 양의 옷을 입고 너희에게 나아오나 속에는 노략질하는 이리라 그의 열매로 그들을 알찌니 가시나무에서 포도를, 또는 엉겅퀴에서 무화과를 따겠느냐 이와 같이 좋은 나무마다 아름다운 열매를 맺고 못된 나무가 나쁜 열매를 맺나니 좋은 나무가 나쁜 열매를 맺을 수 없고 못된 나무가 아름다운 열매를 맺을 수 없느니라 아름다운 열매를 맺지 아니하는 나무마다 찍혀 불에 던지우느니라 이러므로 그들의 열매로 그들을 알리라 이러므로 그의 열매로 그들을 알리라 (마7:15-20)

27) 독사의 자식들아 너희는 악하니 어떻게 선한 말을 할 수 있느냐 이는 마음에 가득한 것을 입으로 말함이라 (마12: 34)

또한, 바울의 대표적인 거짓이 성령이다. 마치 인격이 있는 것처럼 성령이 여러 사람 앞에 나타나 대화도 하는데 이는 말도 안 되는 기만이다. 예를 들어 영에는 거짓 영도 있고 사기의 영도 있고 기쁨의 영도 있고 수많은 영이 있는데 성령인지 거짓의 영인지 어떻게 구분을 하느냐이다. 영이란 어떤 개별 존재가 있는 것이 아니라 표현법의 일종이다.

한국인도 부모라던가 어른에 대해서는 높임말을 쓴다. 예를 들어 부친 함자에는 홍자 길자 동자 식으로 단어를 끊어 글자 자를 붙여 발음한다던가 밥을 메라 하고 국을 탕이라 하고 숟가락을 저라 하며 어른 앞에 서는 사용 단어조차 상당히 조심한다. 어른에 대한 경의 표시다.

유대 사람들도 마찬가지다. 하나님의 이름을 함부로 부르지 못하고 간접 표현을 썼는데 사람이 영과 육으로 구성되었듯이 영육으로 나누어 표현했다.

예를 들어 여호와께서 손을 들어 적을 무찔렀다는 말을 주의 손이 적을 무찔렀다 등으로 표현하며 기록했다. 영에 대해서도 마찬가지다.

하나님께서 진노했다는 표현은 주께 분노의 영이 임하였다 등으로 표현했는데 여기서 사용된 분노의 영이 어떤 존재가 아니라 단지 표현법으로 이러한 사례는 구약을 찾아보면 쉽게 알 수가 있다.

그런데 신약에서는 이 성령이 능력을 발휘해 여러 언행을 하는데 이는 처음부터 기만이고 거짓이다.

예를 들어 성령이 나타나 지시를 해 바울과 바나바를 세워 이방인 전도를 시작하고[28] 모습을 보이기도 하는데 불의 혀처럼 갈라지는 것들이 보였다며 이때 성령의 충만함을 받고 성령이 말하게 하심을 따라 다른 언어로 말했다고 한다.[29]

오순절에 성령이 임해 방언을 얻게 되었다는 내용인데 이는 모두 거짓이다. 성령이란 표현법의 일종이고 형체가 있을 수 없다. 그러나 사도행전에서는 성령이 말도 하고 모습도 보이고 일반인들과 대화도 한다.

아예 대놓고 거짓을 고하는 장면도 나오는데 아나니아란 사람이다.[30] 예수가 나타나 아나니아에게 지시를 하는데 바울에게 가서 안수하라고 한다. 승천한 예수가 강림하여 바울에게도 가고 아나니아에게도 가서 대화한다.

아무리 거짓말이지만 강림 또는 재림했다고 말할 수는 없고 환상(幻想) 중에 나타나 말했다고 애매한 근거를 댄다. 누가 봐도 명확한 기만이다. 예수는 진리를 교훈했고 과학을 가르쳤고 이를 실제 실험

---

28) 주를 섬겨 금식할 때에 성령이 가라사대 내가 불러 시키는 일을 위하여 바나바와 사울을 따로 세우라 하시니 이에 금식하며 기도하고 두 사람에게 안수하여 보내니라 두 사람이 성령의 보내심을 받아 실루기아에 내려가 거기서 배 타고 구브로에 가서 살라미에 이르러 하나님의 말씀을 유대인의 여러 회당에서 전할쌔 요한을 수종자로 두었더라. (행 13:2-5)

29) 오순절날이 이미 이르매 저희가 다 같이 한곳에 모였더니 홀연히 하늘로부터 급하고 강한 바람 같은 소리가 있어 저희 앉은 온 집에 가득하며 불의 혀 같이 갈라지는 것이 저희에게 보여 각 사람 위에 임하여 있더니 저희가 다 성령의 충만함을 받고 성령이 말하게 하심을 따라 다른 방언으로 말하기를 시작하니라 (행2:1-4)

30) 그 때에 다메섹에 아나니아라 하는 제자가 있더니 주께서 환상 중에 불러 가라사대 아나니아야 하시거늘 대답하되 주여 내가 여기 있나이다 하니 주께서 가라사대 일어나 직가라 하는 거리로 가서 유다 집에서 다소 사람 사울이라 하는 자를 찾으라 저가 기도하는 중이다 (행9:10-11)

하여 증명하려고 했던 사람이다.

당연히 예수 재림 시에 죽은 자가 살아나고 산 사람은 휴거될 것이라는 주장도 근거 없는 거짓이다. 예수는 진리와 과학을 증명하려는 사람인데 이런 말도 안 되는 거짓 발언을 할 수가 없다.

열매를 보고 판단할 수 있듯이 사도 바울은 그의 표현대로 '그리스도 예수의 군사'를 양성하고 교회라는 군대를 조직하여 당시 갈등을 겪고 있던 헬레니즘 문화와의 경쟁 체제에서 우위를 점하고자 시도하였고 최종적으로는 유대왕국의 독립과 성전 수호를 도모하고자 하였다.

이때 그는 예수의 죽음을 이용했는데 인간의 죄를 대속하기 위해 예수는 희생양이 되어 죽었고 이때 하나님을 위해 죽은 예수를 하나님이 살리셨다고 하며 하나님을 위해 죽는다면 예수처럼 소생되어 천국에서 영원한 삶을 영위할 것이라고 주장하였다.[31]

그러면서 교회를 조직화하여 자신을 중심으로 모든 교회가 유사 시 동원할 수 있도록 준비하였다. 심지어 육체를 하나님께 산 제사로 올리라며 은근히 죽음을 권유하였다.[32]

결국, 서기 64년 수십 년에 걸쳐 지어진 헤롯 성전이 준공되던 해 여름 적국의 수도인 로마에서 대화재가 발생하였고 66년에 유대 폭

---

31) 예수를 죽은 자 가운데서 살리신 이의 영이 너희 안에 거하시면 그리스도 예수를 죽은 자 가운데서 살리신 이가 너희 안에 거하시는 그의 영으로 말미암아 <u>너희 죽을 몸도 살리시리라</u> (롬8:11)

32) 그러므로 형제들아 내가 하나님의 모든 자비하심으로 너희를 권하노니 <u>너희 몸을 하나님이 기뻐하시는 거룩한 산 제사로 드리라</u> 이는 너희의 드릴 영적 예배니라 (롬12:1)

동이 일어나 전 유대 지역이 순식간에 유대인의 손에 들어갔다.

로마에 대한 유대의 항쟁이 계속되었는데 갈릴리 지역에서 전투가 지속하던 67년 바울은 로마 대화재 주범으로 잡혀 로마에서 참수형을 당했다. 로마 시민권자는 상고를 통해 재심을 요구할 수도 있는데 주범인 경우는 소용이 없었다.

순교가 아니라 유대왕국의 독립을 위해 암약한 애국자로서 거룩한 순국이라고 할 수 있겠다.

바울은 이방인 전도 시 각 지역에 있는 유대교 회당을 찾아 신도들을 포섭해 전도하였고 교회를 개척했는데 이러한 사실에서 유대인들의 조직적인 협업이 있었던 것으로 추정된다. 바나바, 아나니아, 마가, 누가 등 많은 인물이 바울에게 도움을 주었는데 이들은 모두 유대인들로 유대왕국의 독립을 위해 서로 협력을 도모한 것으로 보인다.

왜냐하면, 유대교 회당에는 당연히 회당장이 있고 이들은 공회와 연결되어 있어 상부의 지시 또는 협조 요청 없이 바울의 행각을 뻔히 알면서 묵인할 리 없기 때문이다. 이들은 암묵적으로 연결되어 있었고 유대왕국의 독립과 성전 수호를 목적으로 공조하고 있었다.

이러한 사정을 알고 나는 드디어 보혜사 관련 문구 중 이해하지 못했던 구절을 해석할 수 있게 되었다. 이 문구는 보혜사가 와서 세상을 책망하는 이유는 예수 자신을 믿지 않기 때문이라고 주장하

는 내용인데 속으로 나는 아무래도 이를 이해할 수가 없었다.[33]

왜냐하면, 예수를 믿는 신자는 세계에서 제일 많다고 할 수 있다. 개신교, 천주교, 이슬람교 등이 모두 예수를 신봉하고 있는데 왜 이런 발언을 했는지 도무지 이해할 수 없었다.

그러나 바울의 행각을 알고 나는 예수께서 하신 말씀을 즉시 숙지할 수 있었고 예수께서 예언한 보혜사 관련 내용을 전체적으로 파악할 수 있었다.

즉 현실은 예수의 예언을 믿고 따르는 것이 아니라 거짓 선지자 사도 바울의 기만을 믿고 따르고 있었다. 이를 간략하게 표현하자면 이렇다.

예수는 그의 재림에 대해 그가 보내는 보혜사가 예수의 재림을 증거한다고 하였는데 사람들은 이를 모르고 바울의 거짓된 내용 즉 천사를 거느리고 온다든지 죽은 자가 살아나고 산 사람은 휴거되어 공중에서 예수를 만난다는 허언을 믿고 기대하고 있다는 사실이다.

사정이 이러니 본인이 아무리 글을 써 재림 사실을 알려도 사람들은 관심이 있을 수 없다. 예수의 처지나 본인의 경우나 비슷하다고 할 수 있는데 아무리 예수가 영생을 말해도 사람들은 신뢰할 수 없

---

33) 그러하나 내가 너희에게 실상을 말하노니 내가 떠나가는 것이 너희에게 유익이라 내가 떠나가지 아니하면 보혜사가 너희에게로 오시지 아니할 것이요 가면 내가 그를 너희에게로 보내리니 <u>그가 와서 죄에 대하여, 의에 대하여, 심판에 대하여 세상을 책망하시리라 죄에 대하여라 함은 저희가 나를 믿지 아니함이요</u> 의에 대하여라 함은 내가 아버지께로 가니 너희가 다시 나를 보지 못함이요 심판에 대하여라 함은 이 세상 임금이 심판을 받았음이니라 (요16:7-11)

었고 본인이 아무리 예수의 재림을 주장해도 세인은 사실을 인정할 수 없었다.

예수는 이러한 현상을 한마디로 표현했는데 바로 세상의 임금이다. 곧 세상을 통치하는 권세가를 말한다. 예수 당시에도 바리새인들이 득세하여 예수를 공모하여 붙잡아 학대하고 처형에 이르게 하였는데 이천 년이 지난 현재도 바리새파의 괴수인 사도 바울이 득세하여 세상의 신뢰를 받고 있다.

예수나 그의 사자인 본인의 주장은 세상 사람들에게 관심을 받지 못하고 있다는 의미다.

이러한 내용을 자각하고 의식하던 중 세계 곳곳에서 코로나 사태가 발생하였고 많은 사람이 사망하고 감염되는 현실을 보며 나에게 부여된 역할을 다해야 하겠다는 결심을 다시 굳게 하였다.

2019년 중국 우한에서 괴질이 발생하여 순식간에 세계로 전파되었다. 병명은 코로나19로 명명되었는데 숙주인 박쥐를 통해 인간에게 전염되었다. 원인은 미세한 병원균이다.

이 균은 숨을 쉬는 호흡기를 타고 인체에 침입해 장기를 손상하는 바람에 사람들은 손쓸 새도 없이 당할 수밖에 없었다. 급히 백신 개발이 추진되었지만, 수개월 사이에 세계에서 병사자가 70만을 넘어섰다. 남녀노소를 불문하고 사망자가 속출했다.

이러는 사이 나는 예수께서 하신 말씀에 따라 닥친 재앙이 아닌가 싶어 심히 우려되었고 진행 중인 괴질을 극복하고 예상되는 또 다른 재앙을 예방해야겠다는 마음으로 『제이 보혜사』라는 책을 작성하여 출간했다.

'제이 보혜사'란 예수가 보내기로 약속한 사람으로 곧 저자 본인을 말한다. 예수의 후계자이고 예수께서 예언한 일을 하고 있는데 중요한 일은 세 가지가 있다. 세상 책망과 예수 증거 그리고 진리 인도가 그것이다.

세상 책망은 예수의 말씀을 받아 세상의 잘못을 지적하고 회개를 요구하는 것이다. 말씀에 따라 세상에 닥칠 재앙을 예고했고 이를 예방할 방법을 알렸다.

예수 증거는 예수의 재림 사실을 알리는 것이다. 본인이 목격한 예수의 모습과 음성, 말씀 등을 알렸고 재림의 증거도 제시하였다.

진리 인도란 사람들을 영생으로 인도하는 것을 말한다.

예수께서 몸소 실행한 영생 실험 사실을 알리고 영생을 얻을 방법을 공개하여 누구나 쉽게 실천할 방법을 제시하였다.

또한, 영생의 방법에 어긋나는 온갖 거짓을 파악하여 제거하고자 노력했는데 대표적인 거짓 선지자는 바로 사도 바울이다.

16
코로나19 사태와 신천지

20년 3월 2일 오후 3시 경기도 가평 신전지 연수원인 "평화의 궁전"에서 교주인 이만희 총회장이 코로나19 사태에 대한 기자회견을 갖기로 했다. 이 자리에서 총회장은 회색 정장에 노란 넥타이를 매고 문 앞에 나와 준비한 성명서를 낭독하며 신천지로 인해 코로나19가 크게 확산한 데 대해 죄송하다며 회견 도중 자리에서 일어나 땅바닥에 무릎을 꿇고 엎드려, 절을 했다.

"뭐라고 이 사람 사죄해야 하겠습니까? 정말 면목이 없습니다. 사죄를 위해 여러분께 엎드려 사죄를 구하겠습니다."

90대라고는 보기 어려울 정도로 목소리도 맑고, 정정했다. 머리는 염색했는지 검은색 머리를 유지하고 있었고 안경을 썼지만 스스로 성명서를 읽으며 도중에 일어나 큰 절을 두 번이나 했다. 그런데 문제가 엎드려 절을 할 때 박근혜 대통령 금장 시계를 차고 나와 주위의 관심을 끌었다. 절을 할 때 손을 앞으로 쑥 내미는데 이때 손목에 찬 노란 금장시계가 집중조명을 받은 것이다. 청와대를 상징하는 봉황무늬와 박근혜라는 자필 서명이 인쇄되어 있었다. 이것이 보도되자 언론에서는 가짜라고 보도했다. 누구나 마음만 먹으면 거래시장에서 구입이 가능하다고 했다. 그러나 일각에서는 권력층과 관련되었음을 은근히 시사하는 행동이 아닌가 하고 의혹의 눈초리로 쳐다보았다.

이때 나는 종교와 정치권력과의 관계가 문득 떠올랐다. 보통 신자로서 교주의 말이라면 철석같이 믿고 따른다. 신천지 하면 신도들이 통일된 복장을 하고 대강당 또는 운동장 같은 곳에 수만 명이 모여 일사분란하게 통일된 행동을 하면서 종교의식을 갖는 것으로 유명하다. 정치하는 사람으로서 교주의 지지를 받는다면 수많은 신도의 지지를 받을 수 있다는 생각이 들었다.

그러니까 겉으로는 잘못을 사과하고 용서를 구하지만, 속으로는 권력층의 비호를 받는다는 강한 인상을 주는 듯했다.

나는 문득 예수를 떠 올렸다. 당시 권력자는 바리새파로 이들과 잘 지내야 무슨 일이든 할 수 있었다. 바리새파란 모세의 율법을 지키고 따르려는 사람으로 당시 공회위원이 대부분 이들에게서 선출되었다. 지금으로 말하면 이들은 국회의원과 비슷한 신분으로 상당한 권력을 쥐고 있던 사람들이다. 지금이나 예수 당시나 권력자들과 좋게 지내는 것이 좋다.

그런데 예수는 이런 권력층에 있는 바리새파 사람들과 앙숙처럼 지냈다. 그러니 이들 사이가 좋을 리가 없다. 바리새인은 예수가 무슨 말을 하려고 하면 끼어들어 시비를 걸고 잘못을 지적했다. 이에 대해 예수는 바리새인에 대해 독사의 자식들아! 하며 온갖 욕설을 퍼부었고 바리새인도 가만있지 않았다. 험담은 물론 돌팔매질까지 했다.

결국, 예수는 대제사장의 하속들에게 붙들려 학대를 받고 십자가형을 받아 사망했다. 권력자와 부딪치면 이렇게 된다는 듯이 십자가형을 받았다. 죽음을 통해 예수는 무엇을 말하고 있는가? 나는 알 수가 없었다.

그러나 현실적으로 이만희 총회장은 예수처럼 권력과 척을 지지는 않았구나 하는 인상을 받았다. 평화의 궁전이란 경기도 가평에 있는 1,800평 대지 위에 지상 1층에서 3층과 옥탑으로 완공된 건물이다.

가족을 돌보지 않고 집도 없이 떠돌이 방랑 생활을 했던 예수와 달리 이만희 총회장은 궁전 같은 집에서 수만의 신도를 거느리며 목회도 잘하고 생활도 잘하는구나! 하는 감탄이 나도 모르게 나왔다.

신천지가 비록 이단이라는 소리를 듣는데 무엇이 이단이고 정통인가? 예수처럼 헐벗고 굶주리면 정통이고 이만희 회장처럼 부유하면 이단인가?

나는 이 총회장이 주장하는 요한계시록이 모두 거짓이고 허구임을 알고 있다. 그러나 허구요 거짓임에도 신도를 늘리고 호의호식하며 보란 듯이 행세하는 사람이 유능한가? 재림이라는 사실을 알리고 온갖 진리를 알려도 알아주는 사람 하나 없는 나보다 훨씬 뛰어난 사람이 아닌가? 하는 생각이 들었다. 요한계시록은 잘못된 허구의 책이다. 예를 들면 계시록에 나오는 글이다.

「찌어다, 구름을 타고 오시리라, 각인의 눈이 그를 보겠고 그를 찌른 자들도 볼 터이요, 땅에 있는 모든 족속이 그를 인하여 애곡하리니 그러하리라 아멘 (계1:7)」

예수가 구름을 타고 오고 세상의 많은 사람이 그의 재림 모습을 본다는 내용이다. 그러나 이는 예수께서 생전에 이미 언급된 내용으로 예수는 절대 세상 사람 앞에 모습을 보이지 않을 것이라 언급했다. 오직 제자와 그가 보내는 보혜사라는 사람에게만 모습을 보이겠다고 했다. 그러자 가롯인 아닌 유다가 스승의 말씀에 반박하며 세상 사람들에게 모습을 보이라고 갈구했다.

「"주여 어찌하여 자기를 우리에게는 나타내시고 세상에게는 아니하려 하시나이까?"」

요한복음 14장 22절에 나오는 대화 문구이다. 왜? 제자에게만 모습을 나타내고 세상 사람에게는 모습을 보이지 않느냐며 모습을 보이라며 갈구하는 모습이다.

예수는 절대 세상 사람에게 자신의 모습을 보이지 않겠다고 했는데 계시록에서는 구름을 타고 오고 세상이 볼 수 있게 온다고 주장하고 있다.

예수의 말이 옳은가? 계시록의 내용이 옳은가? 는 가만히 생각해 보면 알 수가 있다. 계시록의 저자는 사도행전의 저자와 마찬가지로 거짓을 말하고 있다. 예수가 사도 바울에게도 나타나고 아나니아라는 신자에게도 나타나는데 모두 거짓이다. 예수는 세상 사람 앞에는 절대 나타나지 않겠다고 여러 번 약속한 사람이다. 계시록, 사도행전, 데살로니가 전후서 모두 잘못된 거짓의 책이다. 한 마디로 예수의 표현을 따른다면 모래 위에 지은 집이다.[34]

기자회견은 계속되었고 이 총회장은 기자로부터 질문을 받기 시작했다. 그런데 겉에서 보기와는 달리 귀가 어두운 모양이었다. 비서가 곁에 다가가 다시 요약해서 질문을 전했고, 이 총회장이 답변했는데 90대 노인으로서는 건강한 편이었다.

회견이 끝난 후 나는 신천지에 관한 경험을 떠올렸다. 지인 중에 장 씨라는 사람이 있었는데 교회의 집사였고 바둑을 상당히 잘 두었다. 장 씨는 셋방을 얻어 혼자 지냈는데 나는 기회가 되면 찾아가 바둑을 두곤 하였다. 하루는 이 사람을 시내에서 만났다. 반가운 마음에 어디를 다녀오냐고 물었더니 성경 공부를 하고 온다고 했다. 그러면서 그는 교회에서 아는 집사님이 같이 하자고 해서 공부를 하고 있다며 기록한 노트를 나에게 보여 주었는데 그곳에는 내가 모르는 내용의 글들이 빼곡하게 쓰여 있었다. 그러면서 그는 덧붙여 말했는데 일주일에 두 번 두 시간씩 교육하며 시험도 본다고

---

[34] 나의 이 말을 듣고 행치 아니하는 자는 그 집을 모래 위에 지은 어리석은 사람 같으리니 비가 내리고 창수가 나고 바람이 불어 그 집에 부딪히매 무너져 그 무너짐이 심하니라 (마 7:26-27)

했다. 교육 내용에 대해 무척 자랑스러워하는 듯이 말했다.

보통 교회에는 일반 신자가 성경 교육을 받을 기회가 거의 없다. 일반인이 교회에 가면 찬송과 기도, 설교와 헌금으로 끝나는 경우가 대부분이다. 이런 상황에서 성경 교육을 받는다는 것은 개인에게는 성경을 잘 알 수 있는 좋은 기회였다.

나도 장 씨가 좋은 기회를 얻었다고 생각했다. 그래서 나는 교회에서 하는 것이냐고 물었더니 교회에서 하는 것은 아니고 개인 집에 모여서 한다고 했다.

이후 나는 가끔 장 씨를 다시 만났다. 그런데 나는 한편 이상하게 생각했다. 무슨 자격시험을 보는 것도 아닌데 시험을 보냐? 하는 의문이었다. 그런데 수개월 뒤에 만나 교육을 하느냐고 물었더니 안 한다고 했다. 그러면서 자신이 받은 교육이 신천지라는 이단에서 하는 사실을 알고 중도에서 포기했다고 했다. 수일 후 교회 현관문에 신천지 추수꾼의 출입을 금한다는 내용의 안내문이 게시되어 있었다.

나도 신천지 교육을 받은 경험이 있다. 같은 교회에 다니는 안 집사라는 신자의 권유를 받아 성경 교육을 받기로 했다. 안 집사는 책방을 운영하고 있었는데 가게에 모여 교육을 갖기로 했다. 책방 한쪽에 자리를 마련하고 교육을 시작했다. 참석인원은 모두 4명으로 안 집사, 교사, 장로, 그리고 나였다. 우선 교사의 발언이 시작되었다.

"기독교 신자라면 모두 천국 가기를 소망하는데 어떻게 하면 천국에 들어갈 수 있는지 알아보겠습니다."

이에 나는 천국에 가야 하는 이유를 물었다. 그러자 교사는 예수교 신자라면 누구나 천국에 가야 한다며 당연하듯이 말했다. 그러나 나는 또 반박했다.

"옛말에 평양 감사도 자기 싫으면 그만이라는 말이 있는데 아무리 천국이 좋다, 그래도 자기 싫으면 안 가는 것 아닙니까?"

나는 천국에 대한 소망이 없었다. 나에게 중요한 것은 부여된 역할이지 안락과 편안함 이런 것하곤 거리가 멀었다. 내게 주어진 임무라면 지옥이라도 가겠다는 것이 나의 입장이었다. 그래서 나는 다시 천국 가는 이유를 물었다. 그러나 교사에게는 당연한 사실인데 문제 삼으니 교육 진도가 나가지 않았다. 결국, 나는 교육을 포기하고 자리를 피해 나왔다.

수일 후 장로라는 사람의 부탁을 받고 다시 천국에 대한 말을 들었는데 또 나에게 천국에 가야 된다고 강조했다. 이에 나는 다시 이유를 물었고 먼저와 같은 사태가 벌어졌다. 이후 나는 교육을 안 받았는데 나중 주변 사람의 말을 들어보니 신천지라고 했다.

이러한 경험을 통해 신천지가 성경 교육을 상당히 중히 여기는구나 하는 사실을 알았다.

17
아베 전 총리 피격 사건과 통일교

2022년 7월 8일 전 일본 총리였던 아베 신조 암살 사건이 일어났다. 당시 아베 전 총리는 오전 11시 30분에 일본 나라현 나라시에서 벌어진 정치행사에 참석해 연설하고 있었는데 범인이 가까이 근접해 총을 쏴 상해를 입고 병원으로 옮겼지만 사망했다. 범인은 현장에서 경호원에 의해 체포되었고 이름은 야마가미 데쓰야다. 41세의 중년이었고 가방에 총기를 넣고 유세 중인 아베의 후미에서 6~7m 가까이 접근해 사격했다. 초연과 총성이 울렸고 처음에는 맞지 않았으나 아베가 놀라 무슨 일인가 하고 뒤돌아본 순간 다시 사격을 가해 가슴과 목 부위에 총탄을 맞았다. 총은 방아쇠를 누르면 6발의 총알이 발사되는 산탄총이었다.

아베는 총을 맞고도 수 걸음 앞으로 걸었으나 곧 무릎을 꿇고 바닥에 쓰러지고 바로 들것에 실려 헬기를 타고 병원으로 직행했으나 사망하고 말았다.

범인인 야마가미는 도주하거나 저항하지 않았고 경호원에 의해 현장에서 체포, 구금되었다. 경찰 조사에서 야마가미는 어머니가 한 종교 단체의 독실한 신자이고 종교 기관에 많은 액수의 금품을 기부해 가정이 파산하여 반드시 벌을 줘야 한다고 원망하고 있었다. 범인은 애초에 이 종교 단체 지도자를 노렸으나 접근이 어려워 아베가 일본 내에 이 종교를 확산시킨 것으로 보고 아베 살해를 결심했다.

이 종교 단체는 통일교임이 밝혀졌다. 통일교란 한국의 문선명이 발전시킨 종교이다. 나는 야마가미가 오래된 원한을 품고 이런 일을 저질렀구나 하는 생각이 들었다.

총은 인터넷을 통해 만든 수제 총으로 총열을 테이프로 감아 만든 허술한 총이었다. 총알도 자체 제작된 것으로, 총열 하나에 6발의 탄환이 들어가 있었는데 두 개의 총열에서 각각 한 번씩 격발시켜 모두 두 번 발사되었다.

야마가미에 대한 보도는 수일간 계속되었다. 그는 해상자위대에서 근무한 적이 있고 아베를 저격하기 위해 그의 동선을 미리 파악하는 등 사전에, 미리 준비했던 정황이 밝혀졌다. 범행 하루 전에는 실제 사격 연습까지 했는데 총성이 커 급히 현장을 피해 떠났다고도 한다.

나는 통일교란 한국에서 만들어져 발전한 종교인데 왜 일본에서 이런 일이 벌어졌나 하는 의문이 들었고 통일교란 어떠한 단체인가 하는 궁금증도 들었다. 알아보니 일본에는 관련 종교 단체 일본지부가 조직되어있어 종교 활동을 주도하고 있는 것 같았고 일본에도 이 종교 신자가 꽤 되는 것 같았다.

나는 어려서 통일교에 대한 기억이 있다. 리틀 엔젤스라는 단체에서 어린 소녀들이 가무를 하며 외국에 나가 국위를 선양했던 적이 있고 또 합동결혼식이라고 해서 대형 운동장에서 많은 사람이 결혼식을 갖는 행사였다. 그런데, 어려서 나는 몰랐는데 이 모든 행사가 통일교 행사였다. 행사를 통해 국위 선양도 하고 교세도 확장하고 알리는 것이었다. 또한 이런 행사를 통해 교세를 알리며 많은 돈도 벌었는데 사업을 하며 기업과 법인 단체를 늘려갔다.

그중에는 학교, 신문사, 대기업 등 무수한 단체가 있다. 그리고 이 종교는 문선명이 창시한 종교이다. 종교라는 것이, 단순히 개인의 복지나 영달을 바라고 염원하는 것이 아니라 사회에 적극적으로 참여해 사회활동을 하며 개인뿐 아니라 종교 공동체도 함께 번영한다면 이야말로 이상적인 종교가 아닌가 하는 생각이 들었다.

예수처럼 헐벗고 굶주리며 복음을 전한들 누가 알아주지도 않고 걸핏하면 유대인과 싸움이나 하고 잘못하면 돌팔매를 받기가 십상이다. 나는 문선명이 대단한 사람이라고 생각했다. 종교 지도자로서 많은 신도를 거느려야 하는데 헌금만 받고 신에 대한 기도를 통해 소원이 성취되길 바라는 소극적인 자세에서 적극적으로 사회활동에 관여해 교세도 불리고 경제활동도 할 수 있다면 금상첨화가 아닌가 싶기도 했다.

그런데 이렇게 많은 부를 갖추고 있는 종교 단체에서 한 가정이 파산할 정도로 헌금을 받는다는 것은 문제가 아닌가? 하는 생각이 언뜻 들었다. 왜 잘나가는 집단에서 헌금을 받아 가정에 불화를 끼친 것일까?

일본인 신자가 과욕을 한 것 같았다. 얼마나 교주를 신뢰하고 따랐으면 가정 파산을 하도록까지 헌금하고 충성할까? 하는 감탄과 교주가 참 대단하다는 생각이 들었다.

나는 문득 예수를 생각했다. 사람들이 예수를 믿고 따르는 이유는 무엇일까? 그가 주장하는 천국, 영생, 진리 등 많은 것이 있지만 일반인에게는 오복이라고 해서 행복의 종류가 이미 정해져 있다. 장수하고 부귀하고 건강하고 선을 좋아하여 즐겨 행하고 주어진 천수를 누리는 것을 말한다. 예수는 이 오복 중 어느 하나라도 신자들에게 준 것이 있을까? 모르겠다. 물론 개인적으로 기적과 이사를 통해 병든 자를 일으키고 죽은 자를 살리기도 하였다. 하지만 모든 사람에게 시행한 것은 아니다. 나는 뛰어난 그의 능력을 예언이라고 본다. 미래의 일을 정확하게 내다보는 것이다. 예수를 통해 부귀를 얻으려고 기대해서는 안 된다.

내가 왜 예수의 말씀을 따르고 그가 약속한 일을 실행하는지 생각해 보았다. 나는 본래 기독교는 잘 모르고 책을 읽다 보면 성경의 내용이 많이 인용되어서 조금 알고 있었다. 그러다 내가 왜 살아가고 이 세상에 왜 존재하는지에 대한 의문을 갖고 인생을 방황하던 중 존재원리라는 자연법칙을 발견하게 되는데 바로 이 원리가 나의 존재이유이고 이 원리에 따라 살다 보니 예수의 가르침을 따르게 된 것이지 나는 천국이나 영생을 갈망하는 사람이 아니다.

또한, 신앙하고는 거리가 먼 사람이다. 내가 갈급하게 갈망했던 것은 역할이고 사명이지 그 외의 것은 생각해 본 적이 없다.

예수는 하나님과 재물을 겸하여 섬길 수 없다는 표현으로 자신을 따르는 자는 절대 재물을 섬길 수 없다고 하였다.[35] 따라서 부귀와 공명을 생각하는 사람은 예수의 교훈을 따르면 안 된다. 차라리 문선명이나 유병언 같은 교주를 따르는 것이, 더 유익하다고 할 수 있다. 그렇다면 무엇을 바라고 예수를 믿고 따를 것인가? 예수는 영생을 알리고자 왔고 영생을 알렸지만, 사람들이 신뢰하지 않자 이를 증명한다며 자신의 목숨을 걸고 영생을 증명하고자 했다. 따라서 영생을 염원하는 사람이라면 예수를 믿고 따르면 된다. 그러나 부귀와 공명을 추구하는 사람, 장수와 열락을 열망하는 사람이라면 예수의 교훈을 따라 받자, 소용이 없다.

통일교에 관한 보도를 보던 중 문선명 부부가 함께 황금색 왕관을 쓰고 대관식을 하듯이 궁전 같은 실내를 걷는 모습이 방영되기도 했다. 왕은 아니지만 왕 같은 생활을 하고 있다는 생각이 들었다.

문선명 총재는 2012년 9월 지병으로 사망하고 그의 부인인 한학자 여사가 그의 뒤를 이어 세계평화통일가정연합이란 이름으로 조직을 이끌고 있다. 통일교는 이 사건이 계기가 되어 2025년 3월 25일 일본 법원으로부터 해산명령을 받았다. 해산명령이 확정되면 종교법인은 세제 혜택을 받을 수 없지만 종교상 행위는 금지되지 않고 임의 종교 단체로 존속할 수 있다.

---

35) 한 사람이 두 주인을 섬기지 못할 것이니 혹 이를 미워하며 저를 사랑하거나 혹 이를 중히 여기며 저를 경히 여김이라 너희가 하나님과 재물을 겸하여 섬기지 못하느니라 (마 6:24)

18
장래 일을 알리시리라

세월호 침몰과 구원파, 코로나19 사태와 신천지, 아베 전 총리 저격과 통일교 이들 종교는 모두 정통 기독교와 달리 이단 소리를 듣는 단체이다. 이단이란 끝이 다르다는 의미로 정통 교회의 가르침에 어긋나는 교리와 교파를 구분하여 이르는 말이다.

그렇다면 정통 교회의 특징은 무엇인가? 하고 나는 의문을 가졌다. 정통의 특징이라고 말할 수 있는 요소가 있을 것 아닌가? 그래서 관련 자료를 찾아보았다.

첫째, 성경을 위주로 하는 신앙이다.
이는 성경을 유일한 하나님의 말씀이요 최고 권위의 근거로 삼는다는 의미이다.

둘째, 삼위일체 하나님을 믿는다.
성부, 성자, 성령 하나님을 믿으며 성령이라 불리는 인격체도 존재한다.

　기타, 여러 내용이 있지만 나는 이 두 가지를 중시하였다. 정통 교회라면 성경을 통해 올바른 신앙교육을 해야 한다. 그런데 성경 내용에 잘못이 있다면 어떻게 되는가? 당연히 올바른 신앙교육을 할 수가 없다. 내가 제시하는 성경의 오류는 크게 두 가지다.

　하나는 사도 바울이 예수를 만났다는 기록이 있는데 이는 잘못되었다는 주장이다.

　사도 바울은 예수를 만났다고 주장하며 신뢰를 얻고 득세한 사람이다. 자칭 사도라 부르며 신도 위에 군림하며 직분을 과시했던 사람이다. 이 사람은 다메섹 노상에서 예수를 만나 눈이 멀었는데 아나니아라는 신도에게 예수가 또 나타나 바울에게 가서 안수하라고 한다. 이에 바울에게 가 안수를 하니 눈에서 비늘 같은 것이 떨어져 개안이 되었다고 한다. 그러나 이는 명백한 잘못이고 거짓이다. 예수는 제자와 자신이 보내는 사람 외에는 자신의 모습을 보이지 않겠다고 약속을 했다. 이런 문제로 예수의 제자인 가룟인 아닌 유다에게서 강한 반발을 받기도 했다. 그런데 바울은 만났다고 하고 예수는 보이지 않겠다고 하는데 누구 말이 옳은지 가만히 생각하면 알 수가 있다. 바울은 수많은 거짓말을 했다. 예를 들어 고린도 전서 15장 6절에 보면 부활한 예수가 500여 형제에게 일시에 보였다며 주장하고 있다. 예수는 분명 부활 시에는 제자에게만 자신의 모습을 보인다고 했다. 그러나 사도 바울은 본인도 아닌 500여 형제에게 일시에 예수가 부활한 모습을 보였다며 거짓을 고하고 있다.

재림도 마찬가지다. 예수는 자신이 보내는 보혜사에게만 재림의 모습을 보이겠다고 했는데 바울은 데살로니가 전서 4장 16~17절에서 예수가 하늘에서 강림하리라고 했다.[36] 또한 죽은 자가 살아나고 산 자와 함께 하늘로 올라가 공중에서 예수를 본다고 한다. 하지만 이는 명백한 허위이고 틀림없는 거짓말이다. 바울의 말만 듣고는 구분이 안 되지만 예수의 발언과 비교하면 바로 거짓임을 알 수가 있다. 이런 식으로 바울의 서신서가 모두 허위 날조되었음을 알 수 있다. 신약 성서의 대부분을 차지하는 것이 바로 이 바울 서신서인데 이것이 잘못되었다면 신자들이 잘못된 교본으로 처음부터 어긋난 신앙생활을 시작했다고 할 수 있다.

　이러한 사례는 예수의 교훈과 바울의 주장을 비교해 보면 그 차이를 통해 바울이 거짓말을 하고 있음을 즉시 알 수가 있다. 실례를 하나 더 들어보면 예수는 천하를 얻고 목숨을 잃은들 무슨 소용이 있냐며 자신의 생명을 소중히 여기라고 가르쳤다. 그러나 바울은 너희 몸을 하나님이 기뻐하시는 거룩한 산 제물로 드리라 이는 너희가 드릴 영적 예배니라며[37] 하나님을 위해 목숨을 바치라고 권유하고 있다. 하나님이 사람의 목숨을 좋아하는 괴물로 묘사하였는데 이는 바울의 농간임을 즉시 알 수가 있다.

---

36) 주께서 호령과 천사장의 소리와 하나님의 나팔로 친히 하늘로 좇아 강림하시리니 그리스도 안에서 죽은 자들이 먼저 일어나고 그 후에 우리 살아 남은 자도 저희와 함께 구름 속으로 끌어 올려 공중에서 주를 영접하게 하시리니 그리하여 우리가 항상 주와 함께 있으리라 (살전4:16~17)

37) 그러므로 형제들아 내가 하나님의 모든 자비하심으로 너희를 권하노니 너희 몸을 하나님이 기뻐하시는 거룩한 산 제사로 드리라 이는 너희의 드릴 영적 예배니라 (롬12:1)

또 하나는 예수는 모세 오경을 가르치지 않았다는 사실이다.

그가 민중에게 가르친 산상수훈의 내용을 보면 모세의 율법하고는 전혀 상관이 없다. 오히려 예수는 복음 전파 과정에서 유대인들과 교리를 두고 충돌했다.

예를 들면 율법에는 식사 전에 손을 씻어야 했다. 그러나 예수의 제자들은 손을 씻지 않고 밥을 먹었다. 이에 유대인이 문제를 제기하자 예수는 입으로 들어가는 것이 더러운 것이 아니라 입에서 나오는 것이 더러운 것이라며 제자들을 두둔했다.

유대인이 간음하다 잡힌 여인을 데려와 "율법에 따르면 돌로 치라고 되어 있는데 어떻게 합니까?" 하고 물어보자, 예수는 죄 없는 사람이 먼저 돌로 치라고 하자 아무도 돌을 던지지 못하고 자리를 피하고 말았다.

예수가 사람이 영생할 수 있다고 하자 유대인들이 말하길 우리의 위대한 조상 아브라함도 죽고 선지자도 죽었거늘 어찌하여 영생할 수 있는가? 라며 예수를 돌로 치려 했다.

이런 식으로 예수와 유대인은 원수처럼 지냈는데 결국, 예수는 유대인의 손에 붙들려, 학대를 받고 처형을 받는다.

전후 사정이 이런데도 기독교는 예수와 원수처럼 지냈던 유대인의 경전인 모세 오경을 하나님의 말씀이라며 신앙교육을 하고 있다.

예수는 구약을 거부했던 사람이고 민중들에게 구약을 가르치지 않았으며 민중에게는 영생을 가르쳤다. 자연의 흐름을 가르쳤으며 성전에 있는 하나님이 아니라 하늘에 계신 아버지를 가르쳤다.

예수교와 유대교는 서로 다른 종교다. 예수교는 예수의 교훈을 따르는 종교이고 유대교는 모세의 율법을 따르는 종교이다. 신약과 구약을 섞어 성경을 만들었다는 것은, 유대교와 예수교를 혼합해 놓은 것과 같다. 예수는 목숨을 걸고 유대교를 반대했던 사람이다.

이런 식으로 성경 자체에 큰 문제가 있다. 예수의 교훈은 구약과 별개로 독립해서 신앙교육을 해야 한다.

다음은 삼위일체에 나오는 성령의 문제이다.

성령이란 실존적이고 구체적인 존재가 아니라 일종의 표현 방식이다. 예를 들어 노인네가 망령이 들었다 하면 망령이란 어떤 실체가 있는 것이 아니라 단지 표현상으로만 존재하는 명사다. 이런 말도 안 되는 단어를 하나님이라고 강제하는 것은 어불성설이다.

이러한 성령의 예는 구약에 많이 볼 수 있다.

예를 들어보면 그는 졸려 한다는 그에게 졸음의 영이 임했다. 그는 거짓말을 한다는 그에게 거짓의 영이 임했다고 표현한다.

정통 교회는 이러한 문제를 이미 알고 있다. 그러나 이들은 문제를 알면서도 신도를 바르게 인도하지 않고 그릇된 길로 가르쳐 왔다. 그러나 이제는 변해야 한다.

이들 정통 교회의 문제점을 요약하면 다음과 같다.

1) 바울이 작성한 바울 서신서를 비롯해 사도행전, 요한계시록은 허구를 전하는 잘못된 문서다. 이 문서는 성경이라고 할 수 없다.

2) 모세 오경을 위시한 구약은 성경에서 배제해야 한다. 이들은 예수교가 아닌 유대교를 가르치기 때문이다.

3) 성령 하나님이란 잘못된 표현이다. 거짓 선지자인 사도 바울과 그 조력자들이 꾸며낸 허구일 뿐이다.

이런 내용으로 정통 교회에서는 문제가 있고 이단 교회에서는 성경이 위주가 아닌 교주의 교리를 중심으로 신앙을 유지하고 있었다. 이러니 나는 예수께서 하신 말씀에 공감이 갔다.

예수는 예언을 통해 말하길 장차 보혜사가 와서 세상을 책망하는데 그 원인은 예수를 믿지 않기 때문이라고 했다. 이에 나는 의문을 가졌다. 예수교 신자들은 개신교, 천주교, 회교 해서 세계에서 제일 많은 예수의 신자가 있는데 왜 예수를 믿지 않는다고 했을까? 라는 궁금증이었다. 그러나 예수 입장에서 올바르게 예수의 교훈을 실천하는 신자는 없는 것이다.

정통 교회는 유대교 경전과 거짓 선지자인 사도 바울의 서신서를 배우고 있고 이단 교회는 교주를 믿고 따르고 있으니, 아무도 예수를 믿고 따른다고 할 수가 없다. 이에 나는 예수가 한 말이 이해가 됐다. 참고로 예수가 한 말은 다음과 같다.

「그러하나 내가 너희에게 실상을 말하노니 내가 떠나가는 것이 너희에게 유익이라 내가 떠나가지 아니하면 보혜사가 너희에게로 오시지 아니할 것이요 가면 내가 그를 너희에게로 보내리니 그가 와서 죄에 대하여, 의에 대하여, 심판에 대하여 세상을 책망하시리라 죄에 대하여라 함은 저희가 나를 믿지 아니함이요. (요16:7~9)」

예수는 보혜사가 세상을 책망하는데 그 책망 원인을 지적하고 있다. 세상이 자신의 교훈을 따르지 않아 보혜사가 와서 세상을 책망한다는 그런 뜻이다.

이에 나는 내가 예수로부터 받은 사명을 다시 한번 확인해 보았다. 우선 내가 실천해야 할 문장은 네 가지가 있다. 나는 이 문장을 다시 해석하고 의미를 다시 파악하기로 했다. 내가 처음 이 문장을 통해 나의 사명임을 알았을 때는 세상이란 단어를 통해 나의 할 일임을 알았다. 그러나 그로부터 사십 년이 지난 지금 나의 지식과 경험을 통해 이 문장을 다시 제대로 해석하는 것이다.

우선 네 문장은 예수께서 이천 년 전에 예언하신 내용으로 보혜사에 관한 예언이다. 내가 보혜사가 맞는다면 이 문장을 해석할 것이고 나의 할 일이 아니라면 해석을 하기는커녕 이해도 못 할 것이다.

이들 네 문장은 다음과 같은 특징을 갖고 있다.

첫째, 네 문장의 시작은 언제나 보혜사이다. 보혜사란 사람을 의미하는데 이를 성령이나 진리의 영으로 표현한 것은 보혜사에 대한 존대 또는 존경을 나타내기 위해서다. 이런 사례는 구약에서 많이 볼 수 있다. 그리고 영이 무엇을 한다고 하였는데 이것은 결국 보혜사가 무엇을 하리라는 예언이다.

둘째, 예수는 너희라는 객체를 대상으로 대화하고 있는데 이는 크게 두 가지로 구분된다. 하나는 보혜사가 오기 전 너희이고 다른 하나는 보혜사가 온 이후로 너희이다. 예를 들어보면 다음과 같다.

「보혜사 곧 아버지께서 내 이름으로 보내실 성령 그가 너희에게 모든 것을 가르치시고 내가 너희에게 말한 모든 것을 생각나게 하시리라 (요.14:26)」

예문에서 똑같은 너희에게인데 앞에 나온 너희에게는 보혜사가 온 이후의 너희에게로 인류를 말하고 뒤에 나오는 너희에게는 보혜사가 오기 전 너희에게로 예수의 제자를 가리킨다.

이를 구분하지 못하면 예수께서 한 말을 이해할 수가 없다. 실제로 예수의 제자들도 이를 구분 못 해 무슨 말인지 알아듣지 못하고 알아들을 수 없다고 하자 예수께서는 지금은 알아들을 수 없지만 그날에는 알 수 있을 것이라고 말한다. 예수는 보혜사를 말할 때 보혜사를 전후 구분하여 너희를 말했는데 제자들은 전후가 아니라 전만 생각했으니 이를 이해할 수가 없다. 지금도 마찬가지다. 예수의 말을 이해하려면 이 둘을 구분할 수 있어야 한다.

보혜사가 오기 전 너희에게는 예수의 제자를 말하고 보혜사가 오고 난 이후의 너희는 제자와 같은 일반인들 즉 먼 미래의 일반인 곧 인류를 의미한다. 이것만이라도 알고 문장을 해석하면 뜻을 파악하기가 수월하다.

그럼, 보혜사와 너희를 안다는 전제하에 이 네 문장을 차례로 해석해 본다.

1) 내가 아버지께 구하겠으니 그가 또 다른 보혜사를 너희에게 주사 영원토록 너희와 함께 있게 하시리니 저는 진리의 영이라 세상은 능히 저를 받지 못하나니 이는 저를 보지도 못하고 알지도 못함이

라 그러나 너희는 저를 아나니 저는 너희와 함께 거하심이요 또 너희 속에 계시겠음이라 (요14:16~17)

보혜사란 사람으로 인류 속에 생존해 있음을 의미한다. 기독교에서는 보혜사가 성령이고 인간이 아니라고 주장하는데 예수는 보혜사가 사람이고 사람 속에 있을 것이라고 분명히 밝히고 있다. 보혜사는 인간이고 사람 속에 거하고 사람과 함께 생존할 것임을 분명히 하고 있다.

2) 보혜사 곧 아버지께서 내 이름으로 보내실 성령 그가 너희에게 모든 것을 가르치시고 내가 너희에게 말한 모든 것을 생각나게 하시리라 (요14:26)

보혜사가 인류에 예수가 제자들에게 말한 것을 생각나게 하고 이를 다시 가르친다고 한 내용으로 여기서 예수가 제자들에게 말한 것은 이 앞 문장에 보면 나온다. 이는 예수가 조금 있으면 세상 사람은 나를 볼 수 없지만 제자인 너희는 나를 볼 수 있다고 하자 가룟인 아닌 유다가 나서 예수에게 항의한다.
"주여, 어찌하여 우리에게는 모습을 보이시고 세상에는 아니하려 하시나이까?"
예수는 부활할 때 오직 제자에게만 모습을 보인다고 했는데 가룟인 아닌 유다가 나서 우리에게만 모습을 보이지 말고 세상 사람에게도 모습을 보이라고 항의를 했다. 그러자 예수는 보혜사가 오면 모든 것을 가르친다고 했는데 예수는 거짓 선지자인 사도 바울 같은 사람을 견제하기 위해 세상 사람에게는 모습을 나타내지 않고 오직 제자에게만 모습을 나타낸다고 약속을 한 것이다. 그런데 제자는 이런 사정을 모르고 왜 세상 사람에게 모습을 보이지 않느냐고 따지니 예수로서는 답답할 뿐이다. 이에 예수는 보혜사가 오면 그 이유를 설명하리라고 했다.

이의 내용을 확인하려면 영어 원문을 읽어야만 한다. 국문으로는 내가 너희에게 말한 모든 것이라고 하여 상당히 포괄적으로 이해하기 쉬운데 영어 원문으로 읽으면 모든 것이란 앞 문장의 내용임을 알 수가 있다.

나는 2007년『예수재림의 실현』[38]이란 책을 발간해 예수의 재림을 주장하였으나 사람들은 나의 주장을 신뢰할 수 없었는데 이는 사도 바울의 헛된 주장을 신뢰하고 있었기 때문이다. 그런데 나는 이 문장을 근거로 사도 바울의 주장이 거짓이며 나의 주장이 사실임을 재차 강조하고 있다. 예수는 이천 년 전에 이미 사태의 문제점과 해결 방법을 알고 이를 준비한 것 같다. 이 예언이 없었다면 내가 아무리 재림을 외쳤어도 일반인들에게는 나의 주장이 설득력이 떨어진다고 볼 수 있다.

3) 내가 아버지께로서 너희에게 보낼 보혜사 곧 아버지께로서 나오시는 진리의 성령이 오실 때에 그가 나를 증거하실 것이요 너희도 처음부터 나와 함께 있었으므로 증거하느니라 (요15:26~27)

보혜사가 예수의 재림을 증거할 것이라고 예언한 말씀이다. 보통

---

38) 김진석 신세림 2007

사람들은 예수가 구름을 타고 모든 사람이 볼 수 있게 재림하는 것으로 알고 있지만 이는 사실과 다르다. 예수는 절대 세상 사람들에게 모습을 노출하지 않고 오직 보혜사에게만 모습을 보이며 재림을 하고 이를 본 보혜사가 재림을 세상에 알린다는 의미이다.

예수는 본문을 통해 재림 때는 보혜사를 통해 부활 때는 제자를 통해 재림과 부활 사실을 알릴 것을 분명히 하고 있다. 여기서 말하는 증거란 사실을 세상에 알린다는 넓은 의미이다. 예수는 사도 바울 같은 거짓 선지자가 올 것을 내다보고 미리 준비해 두었다.

4) 그러하나 내가 너희에게 실상을 말하노니 내가 떠나가는 것이 너희에게 유익이라 내가 떠나가지 아니하면 보혜사가 너희에게로 오시지 아니할 것이요 가면 내가 그를 너희에게로 보내리니 그가 와서 죄에 대하여, 의에 대하여, 심판에 대하여 세상을 책망하시리라 죄에 대하여라 함은 저희가 나를 믿지 아니함이요 의에 대하여라 함은 내가 아버지께로 가니 너희가 다시 나를 보지 못함이요 심판에 대하여라 함은 이 세상 임금이 심판을 받았음이니라 내가 아직도 너희에게 이를 것이 많으나 지금은 너희가 감당치 못하리라 그러하나 진리의 성령이 오시면 그가 너희를 모든 진리 가운데로 인도하시리니 그가 자의로 말하지 않고 오직 듣는 것을 말하시며 장래 일을 너희에게 알리시리라 그가 내 영광을 나타내리니 내 것을 가지고 너희에게 알리겠음이니라 (요16:7~14)

본 문장은 너무 길어 주요 문장을 중심으로 부분 해석을 하고 다시 전체 해석을 하여 그 의미를 파악해 보겠다

a. 가면 내가 그를 너희에게로 보내리니

예수께서 직접 보혜사를 세상에 보내리라는 약속이다. 실제로 예수는 나를 찾아 나의 집을 방문했고 모습을 보이며 발언했다. 이것이 예수의 재림이다. 나는 이런 사실을 기록하여 책을 통해 세상 사람에게 알렸다. 2001년 낙원의 그림자, 2007년 예수재림의 실현 등의 책을 통해 예수의 재림 모습과 음성 그리고 그의 성안과 세상 모든 사람에게 전하는 말씀을 기록하여 세상에 알렸다. 그리고 다시 본서를 통해 예수의 재림을 알리고 있다.

먼저 출간된 책은 예수의 말씀을 기준으로 파악한 것이고 사람들이 신뢰를 안 하고 사도 바울의 주장을 신뢰하자 나는 사도 바울의 주장이 거짓되고 허위임을 증명할 수 있는 예수의 본 말씀을 기준으로 나의 주장이 옳고 완벽함을 다시 주장한다.

b. 세상을 책망하시리라

내가 예수로부터 받은 말씀의 내용이 세상을 책망하는 내용이다. 세상을 진멸하겠다는 하나님의 말씀과 의지로 예수의 교훈을 따르지 않고 믿지 않는다는 이유와 원인을 분명히 하고 있다. 정통 교회라는 곳이 유대 교리를 가르치고 있고 예수의 교훈은 사도 바울이라는 거짓 선지자의 글을 신뢰하고, 이단 교회는 재물을 섬기는 등 배교행위를 하고 있기 때문이다. 세상이란 세상 모든 사람을 의미하고 있다. 책망이란 세상의 잘못을 지적하고 회개를 요구한다는 의미이다. 보통 신과 인간의 중간에서 중개 역할을 하는 선지자는 세상의 잘못이 있을 때 신으로부터 명령을 받아 세상의 잘못을 지적하는데 이것이 책망이다. 이때 회개를 하면 괜찮지만, 회개를 안 하고 거부하면 무서운 벌을 받게 된다.

c. 죄에 대하여라 함은 저희가 나를 믿지 아니함이요

세상 책망의 원인을 지적하고 있다. 예수의 가르침을 따르지 않고 정통 교회에서는 거짓 선지자인 바울의 거짓을 따르고, 이단 교회에서는 교주의 교리를 따르니 결국 세상 사람들이 예수의 교훈을 믿고 따르지 않는다는 의미이다.

d. 의에 대하여라 함은 내가 아버지께로 가니 너희가 다시 나를 보지 못함이요

예수께서 재림을 끝내고 다시 아버지께로 가니 세상 사람이 다시는 자신을 볼 수 없다는 의미이다. 여기서 세상 사람이 자신을 보았다는 의미는 내가 예수를 만난 사실을 책을 통해 세상에 알렸는데 이를 말하고 있다. 즉 선지자를 통해 예수의 모습을 보고 음성을 듣고 말씀을 받은 것을 말한다.

e. 심판에 대하여라 함은 이 세상 임금이 심판을 받았음이니라

세상의 종말을 의미하고 있다. 보혜사가 세상을 책망하는데 세상이 이를 받아들이지 않고 회개하지 않아 심판을 내린다는 의미다. 세상 책망에 따른 결과다.

f. 그가 너희를 모든 진리 가운데로 인도하시리니

보혜사가 와서 예수가 말한 모든 알 수 없는 말을 일러 알 수 있게 한다는 의미이다. 예수가 예언한 보혜사 문장을 해석하고 이해시킨다는 뜻이다. 예수의 말은 지금은 알 수 없으나 미래에는 알 수 있는 경우가 많다. 지금 예수의 말은 알 수 없지만 보혜사가 오면 너희에게 해석을 하고 알아들을 수 있게 만든다는 의미이다.

또한 예수가 진리라고 말할 수 있는 존재원리라는 자연법칙을 소개하고 추천한다는 의미이다. 존재원리는 내가 발견했고 이론을 정립하였으나 이를 일반화하고 검증하기 위해 나는 실험을 했고 이 실험에서 성공 후 나는 일반인에게 존재원리가 진리요 자연법칙이라고 추천하고 권유할 수 있게 되었다.

g. 그가 자의로 말하지 않고 오직 듣는 것을 말하시며

보혜사가 예수께 들은 말을 세상에 널리 알린다는 의미이다. 나는 책을 통해 예수께서 하신 말씀과 그의 모습 음성 상태 등을 상세하게 기술해 알렸다.

h. 장래 일을 너희에게 알리시리라

보혜사가 예수께 들은 말을 세상에 전하는데 이의 내용은 장래 일어날 일에 대해서라는 의미이다. 예수의 발언에 따르면 세상은 너무도 험악해 구조될 수 없으니, 세상 종말을 맞기 전에 이 사실을 알라는 내용이다. 세상에 큰 위기가 닥쳤으니, 잘못을 회개하고 개선하라는 의미이다. 이 같은 방식은 성경 역사에 보면 계속되어 왔는데 사람이 잘못을 하면 하나님은 선지자를 보내 위험을 경고하고 잘못을 책망한다. 이때 경고를 무시하고 따르지 않으면 무서운 벌을 받게 된다.

나는 예수의 발언을 통해 세상이 진멸할 것임을 이미 알렸고 계속 알리고 있다. 이를 피할 수 있는 방법은 세상 사람이 내가 발견한 존재원리라는 자연법칙을 이용해 자신에게 부여된 사명을 알고 실행할 것을 권하고 있다.

나는 하나님을 믿으라 예수를 믿고 따르라는 말은 안 한다. 대신 부처를 믿든 무속신앙을 믿든 상관없이 예수의 교훈 또는 존재원리를 실천해 자신에게 부여된 역할을 찾아 알고 이를 실천할 것을 권고하고 있다. 믿음이 중요한 것이 아니라 실천이 중요한 이유다.

i. 그가 내 영광을 나타내리니 내 것을 가지고 너희에게 알리겠음이니라

영광을 나타낸다는 것은 명예를 높인다는 의미로 보혜사가 예수의 말씀을 가지고 세상에 알림으로 예수의 명예를 드높인다는 의미이다. 내 것을 가지고 너희에게 알리겠음이란 내가 예수께 받은 말씀을 세상에 알린다는 의미이다. 나는 나의 저서를[39] 통해 예수께 들은 말씀을 세상 사람에 널리 알렸다. 단 내가 예수께 들은 말은 세상이란 복수의 사람이지만 이를 개인에게 전할 때는 개인의 성명을 이용하여 말씀을 전하고 있다.

이를 전체적으로 요약하면 예수는 예언을 통해 보혜사가 할 일을 지시하고 있음을 알 수가 있다. 예를 들어 선지자는 인간의 잘못을 지적하고 신의 뜻을 세상에 전하는데 본 내용은 이에 해당한다고 볼 수 있다. 세상을 책망하는데 그 원인은 무엇이고 그 결과로 다시

---

39) 낙원의 그림자 김진석 신세림 2001, 예수재림의 실현 김진석 신세림 2007

는 예수를 볼 수 없으며 세상이 심판을 받게 된다는 의미이다. 그리고 이 과정에서 보혜사가 예수께 들은 말을 세상에 전한다는 내용이다.

이를 더 요약하면 예수께서 보혜사를 세상에 보내고 그가 와서 세상을 책망하는데 그 원인과 결과를 말하며 보혜사는 예수께 들은 말을 세상에 전한다는 내용이다.

이상으로 다시 네 개의 예언을 결합하여 의미를 파악해 보면 예수는 이천 년 전에 이미 보혜사가 부여된 일을 할 때 어떤 어려움에 처할 것인지 내다보고 어려움에 대비해 준비해 둔 것을 알 수가 있다.

그 이유로는 내가 가장 어려움을 겪은 것이, 나는 예수의 예언에 따라 예수의 재림을 주장했지만, 세상은 아무도 나의 주장을 믿지 않고 사도 바울의 주장을 믿고 따랐는데 이에 나는 내가 잘못하는 것 아닌가? 하는 혼동을 일으켰다. 그러나 예수는 예언을 통해 사도 바울 같은 거짓 선지자가 출현할 것을 내다보고 미리 준비를 해 두었다.

나는 예수께서 하신 본 네 문장을 통해 사도 바울의 거짓을 알리며 내가 주장한 예수의 재림이 틀림없음을 다시 한번 확인한다.

그리고 이 네 문장 중 예수께서 경험한 체험을 알리고자 한다. 예수의 체험이란 예수는 보혜사에 관한 내용을 여러 표현을 써가며 진술하는데 이 표현들이 예수에게는 어떻게 적용되었는가? 하는 내용이다.

a. 증거하노라

보혜사가 와서 예수를 증거하리라고 했는데 그렇다면 예수는 무엇을 증거하려 했을까? 예수의 발언에 따르면 그는 진리에 대해 증거하러 세상에 왔다고 말한 적이 있다. 이를 중심으로 예수의 행적을 밟아 보며 그가 하고자 했던 바를 유추해 본다.

「빌라도가 가로되 그러면 네가 왕이 아니냐 예수께서 대답하시되 네 말과 같이 내가 왕이니라 내가 이를 위하여 났으며 이를 위하여 세상에 왔나니 곧 진리에 대하여 증거하려 함이로라 무릇 진리에 속한 자는 내 소리를 듣느니라 하신대 (요18:32)」

예수는 그의 교훈을 여러 단어를 이용하여 표현했는데 이에는 아버지의 말씀, 진리, 하나님의 명령, 계명, 교훈, 양식, 하나님의 일, 아버지의 뜻, 하나님의 떡, 생명의 떡, 영생의 말씀, 하나님께 들은 진리, 내 말, 내 음성 등이 있다. 이는 그의 교훈을 설명하기 쉽게 표현을 한 것인데 예를 들어 아버지의 말씀이란 자신의 교훈이 자기 스스로 발언하는 것이 아니라 하나님께서 말씀하신 것이라는 뜻이다. 마찬가지로 하나님의 명령은 하나님께서 인간에게 하신 명령이라는 의미이다.

그런데 진리라는 표현을 통해 자신의 교훈이 단순한 교리가 아니라 진리요 과학임을 주장하고 있다. 진리란 특정 사실을 지정하는 것으로 그의 교훈을 실천하면 영생을 얻는다고 했는데 이는 모든 사람에게 적용된다는 의미이다. 남녀노소, 빈부귀천을 불문하고 국적과 종교를 초월하여 그의 교훈을 실천하면 영생을 얻는다는 주장이다.

쉽게 말해 하나님을 믿든 부처님을 모시든 옥황상제를 숭배하든 상관이 없이 자신에게 부여된 사명을 실천하는 자만이 천국에 갈 수 있고 영생도 얻을 수 있다는 주장이다.

그래서 예수는 그의 교훈을 실천하면 영생을 얻는다는 사실을 입증하기 위해 죽음을 받아들였고 주검을 통해 부활하였으며 이천년이 지나 재림도 한 것이다. 이는 모두 영생을 증거하기 위한 과정이라고 볼 수 있다. 이를 다시 요약하면 예수는 영생을 교훈했고 그의 교훈을 입증하기 위해 죽음을 받아들였고 다시, 부활하고 재림했다는 의미이다. 죽음과 부활 그리고 재림은 예수가 그의 주장대로 영생을 증거하고자 하는 행위임을 알 수 있다.

b. 장래 일을 너희에게 알리시리라

보혜사가 와서 장래 일을 알리리라고 하였는데 그렇다면 예수는 어떤 장래 일을 알린 적이 있는지 알아본다. 예수는 성전의 붕괴를 알렸고 특히 군대가 예루살렘 성을 포위하면 너희는 성 밖으로 도망을 치라고 말한 적이 있다. 이에 관해 예수의 예언과 실제 진행 과정을 파악해 본다.

「예수께서 성전에서 나가실 때에 제자 중 하나가 가로되 선생님이여 보소서 이 돌들이 어떠하며 이 건물들이 어떠하니이까 예수께서 이르시되 네가 이 큰 건물들을 보느냐 돌 하나도 돌 위에 남지 않고 다 무너뜨려지리라 하시니라 (막13:1-2)」

「너희가 예루살렘이 군대들에게 에워싸이는 것을 보거든 그 멸망이 가까운 줄을 알라 그 때에 유대에 있는 자들은 산으로 도망할찌며 성내에 있는 자들은 나갈찌며 촌에 있는 자들은 그리로 들어가지 말찌어다 이 날들은 기록된 모든 것을 이루는 형벌의 날이니라 (누21:20-22)」

예수께서는 성전의 붕괴를 말했고 예루살렘 성이 군대에 포위되거든 너희는 도망을 치라고 말한다. 성안에 있는 사람들은 성밖으로 도망치고 성 밖에 있는 사람은 절대 성안으로 들어가지 말라고 당부하였다.

위에 기록된 예수의 예언은 예수가 처형을 받고 40년 뒤인 BC 70년에 실현된다. 로마의 속주로 있던 유대가 폭동을 일으켜 로마제국을 상대로 항전을 이어 가던 중 로마군은 예루살렘 성을 포위하고 공격한다. 이때 예수의 제자들은 예수의 예언에 따라 예루살렘 성밖으로 도망을 쳐 펠라라는 지역으로 가 거주하며 목숨을 부지한다. 그러나 성안에 남아 항전하던 유대인들은 로마군과 대치 중에 기근과 내부 분열 그리고 전화로 인해 나라는 괴멸하고 성전은 붕괴하고 만다. 예수를 학대했던 유대인들은 대부분 비참한 죽음을 맞게 되며 나라는 망해 없어지고 예루살렘 성은 폐허가 된다. 폭동에서 살아남은 사람은 노예로 끌려가 로마의 원형 경기장을 건설하는 노예로 투입된다.

c. 세상을 책망하시리라

보혜사가 와서 세상을 책망하리라고 하였는데 예수가 책망한 것은 무엇인지 또한 경과를 살펴본다. 책망이란 잘못을 지적하고 회개를 요구하는 것이다. 만약 이때 책망의 말을 듣지 않고 거역한다면 무서운 형벌이 따르게 된다. 예수가 말한 책망과 이의 경과를 알아본다.

「화 있을찐저 외식하는 서기관들과 바리새인들이여 너희가 박하와 회향과 근채의 십일조를 드리되 율법의 더 중한바 의와 인과 신은 버렸도다 그러나 이것도 행하고 저것도 버리지 말아야 할찌니라 소경된 인도자여 하루살이는 걸러 내고 약대는 삼키는도다

뱀들아 독사의 새끼들아 너희가 어떻게 지옥의 판결을 피하겠느냐 그러므로 내가 너희에게 선지자들과 지혜 있는 자들과 서기관들을 보내매 너희가 그 중에서 더러는 죽이고 십자가에 못 박고 그 중에 더러는 너희 회당에서 채찍질하고 이 동네에서 저 동네로 구박하리라 그러므로 의인 아벨의 피로부터 성전과 제단 사이에서 너희가 죽인 바라갸의 아들 사가랴의 피까지 땅 위에서 흘린 의로운 피가 다 너희에게 돌아가리라 내가 진실로 너희에게 이르노니 이것이 다 이 세대에게 돌아가리라

예루살렘아 예루살렘아 선지자들을 죽이고 네게 파송된 자들을 돌로 치는 자여 암탉이 그 새끼를 날개 아래 모음 같이 내가 네 자녀를 모으려 한 일이 몇번이냐 그러나 너희가 원치 아니하였도다

보라 너희 집이 황폐하여 버린바 되리라 (마23:23-38)」

예수는 화 있을진저 하며 잘못을 지적하고 회개를 요구하고 있다. 즉 이러한 잘못을 했으니 회개하고 개선하라는 의미이다. 만약 이를 회개하지 않으면 보라 너희 집이 황폐하여 버린 바 되리라 하며 회개할 것을 촉구하고 있다.

예수의 책망에도 회개하지 않고 거역하던 유대인은 예수의 처형 후 40년 뒤에 유대 폭동을 일으켜 로마제국에 항전하며 자국의 독립을 도모하는데 이 과정에서 예루살렘 성은 로마군에 의해 폐허가 되고 유대인은 대부분 비참한 죽음을 맞게 된다. 나라는 멸망하고 성전은 붕괴되어 폐허로 변하게 된다. 실로 무서운 선지자의 책망이라고 할 수 있다.

d. 그가 너희를 모든 진리 가운데로 인도하시리니

보혜사가 인류를 모든 진리 가운데로 인도하시리라고 하였는데 예수는 무엇을 인도했는지 알아본다. 선지자의 특징이 책망과 인도라고 볼 수 있다. 예수는 교훈을 통해 사람들을 영생으로 인도하고자 했다. 쉽게 말해 천국이라고도 한다. 예수가 말한 영생은 무엇이고 그는 어떻게 사람들을 인도했는지 알아본다.

「내가 진실로 진실로 너희에게 이르노니 내 말을 듣고 또 나 보내신 이를 믿는 자는 영생을 얻었고 심판에 이르지 아니하나니 사망에서 생명으로 옮겼느니라 (요5:24)

나는 그의 명령이 영생인 줄 아노라 그러므로 내가 이르는 것은 내 아버지께서 내게 말씀하신 그대로니라 하시니라 (요12:50)

영생은 곧 유일하신 참 하나님과 그가 보내신 자 예수 그리스도를 아는 것이니이다 (요17:3)

예수께서 가라사대 내가 곧 길이요 진리요 생명이니 나로 말미암지 않고는 아버지께로 올 자가 없느니라 (요14:6)」

예수는 사람이 천하를 얻고 목숨을 잃은들 무슨 소용이 있겠느냐며 사람에게 제일 중요한 것은 생명이라며 영생을 강조하고 교훈하고 인도했다. 그러나 유대인은 예수에게 반발했는데 우리의 위대한 조상 아브라함도 죽었고 선지자도 죽었거늘 어찌하여 네가 영생한다고 하느냐? 네가 아브라함보다 크냐? 하며 반박했다.

이에 예수는 내가 하는 말을 믿지 못하겠거든 내가 행하는 것을 보고 믿으라며 그의 죽음을 예언하고 부활과 재림도 약속했다. 그리고 실제 예수는 유대인에게 붙잡혀 처형을 받고 사망 후 부활을 했고 이천년이 지나 한국에 재림했다. 예수는 이런 일련의 과정을 통해 영생을 입증하려 했고 이런 입증 과정이 곧 인도이다. 예수는 영생 인도를 했다고 말할 수 있다.

이상으로 나는 예수로부터 받은 나에 관한 네 문장을 모두 해석하고 그 의미를 모두 파악했다. 또한 이에 수반되는 내용을 실행하였다. 그중 대부분의 일은 예수께서 말씀하신 것을 세상에 전하는 것이다. 예수의 재림 사실과 그의 말씀을 세상에 전하는 것이다. 그리고 이천 년 전에 예언된 지시에 따라 예수의 일을 하는 것이다. 그리고 한 가지 더 있다면 존재원리라는 자연법칙이다. 이는 내가 나는 왜 살아가는가? 라는 의문을 품고 방황하던 중 발견한 자연법칙으로 만약 이 원리를 발견하지 못했다면 나는 어떻게 됐을지 모른다. 그러나 나는 이 원리로 인해 나에게도 무언지 모르지만, 나의 역할이 있다는 것을 알아냈고 이를 찾고자 노력하였으며 마침내 찾아냈고 이를 실천하고자 하였다. 그러나 모든 것이 내 생각대로 순탄하지는 않았다. 그래도 결국에는 나의 판단이 옳았다는 것을 알게 되었는데 이는 사람의 능력이라기보다 존재원리라는 자연법칙을 믿고 따랐기 때문이라고 생각한다. 직장을 그만둘 때 내가 추구했던 내용을 모두 파악하였으니 나는 실험에서 성공했고 존재원리라는 법칙을 얼마든지 세상에 소개하고 추천할 수 있게 되었다.

예수의 말씀을 이해하고 해석한다는 것은 상당한 의미가 있다. 보통 우리는 말을 하고 실행을 하는데 예수의 말씀을 이해하기 위해서는 먼저 실행을 해야 말씀을 이해할 수 있다. 상황이 종료된 후에 비로소 말씀의 의미를 알 수 있다는 의미이다.
예를 들어 예수의 제자인 베드로가 스승으로부터 첫닭이 울기 전에 네가 나를 세 번 부인하리라는 말을 듣지만, 그는 스승의 말을 이해할 수 없었다. 그러나 그가 이 말의 의미를 알았을 때는 실제로 그가 스승을 부인하고 난 후였다.
그는 또 이상한 말을 받는데 젊어서는 네가 스스로 띠 띠고 원하는 곳으로 다녔거니와 늙어서는 네 팔을 벌리리니 남이 네게 띠 띠우고 원치 아니하는 곳으로 데려가리라이다. 베드로는 이 말의 뜻을 알 수 없었다. 그러나 예수가 처형을 받고 부활한 후 베드로는 복음을 전파하기 위해 로마에 들어가 선교 활동을 하다 로마군에 붙잡혀 처형을 받는데, 불에 잘 타는 양초를 먹인 옷을 입혀 십자가형을 받을 때 비로소 말씀의 의미를 알게 된다, 띠를 띠우다는 옷을 입힌다는 말이다.

이런 식으로 나는 예수의 말씀을 들었지만, 이 말이 무슨 뜻인지 알 수가 없었다. 이에 주변 사람들에게 물어보며 한자를 배우고 별 노력을 해도 말의 뜻을 알 수가 없었다. 삼십 년이 걸려 겨우 이 말의 뜻을 이해하고 알아낼 수 있었는데 지나고 생각해 보니 일을 하기 위한 한 과정이 아니었나 하는 생각이 든다.

보혜사 문장도 마찬가지다. 내가 아무리 보혜사라도 일이 완료되고 진행된 후에 말의 뜻을 알 수가 있다. 이 말을 해석하고 뜻을 안다는 의미는 이 말씀의 예언이 실현되었다는 뜻이 된다.

그리고 나는 깨달았다. 내가 나의 일을 하기가 왜 순탄하지 않았던가 하는 이유를 이는 내가 나도 모르는 길을 가고 있었던 것이다. 그리고 나는 부분적인 사실을 통해 예수 재림 사실을 알리려고 하였지만 세상 사람들은 나의 주장을 신뢰할 수 없었는데 이에는 사도 바울이란 거짓 선지자가 있기 때문이었다. 이제 사도 바울의 거짓을 예수의 약속으로 증명했으니, 나의 주장을 신뢰할 것이라고 본다.

그리고 중요한 것은 나의 경험이 내 개인의 것이라고 생각 하지 않는다. 나의 경험을 통해 세인을 진실로 인도하고자 하는 예수의 마음을 알 수 있기 때문이다.

　나는 세상의 모든 사람과 동일한 입장이었다. 예수에 대해 또는 종교에 대해, 관심 없는 무지한 사람이었다. 그러나 내가 왜 살아가는가 하는 문제를 해결하고자 하는 과정에서 존재원리를 발견했고 이를 기준으로 생활하다 보니 결국에는 예수 재림 사실을 알게 되었고 재림 사실을 세상에 알리게 되었다.

　그러나 나는 어느 날 갑자기 변모된 것이 아니고 방황과 의심과 좌절을 하는 과정이 있었다는 사실이다. 내가 경험한 과정을 이해한다면 나와 같이 무지한 사람도 변모될 수 있구나 하는 생각을 해본다. 나는 예수께서 세상에 보낸 선지자라고 해서 예수를 신뢰하고 의지했던 사람은 아니다. 의심을 하고 좌절하는 가운데 포기하지 않고 끝까지 나의 신념을 지키고자 한 것이 결국에는 결실을 맺은 것이라고 본다.

　즉 예수는 나 같이 고집이 세고 무지한 사람을 통해 재림 사실을 알게 했듯이 내가 경험한 전 과정을 통해 세상 사람 누구라도 나와 같은 입장의 사람이 되고 이해하기를 바라는 마음에서 나를 고생시킨 것 같다.

　나는 내가 경험한 전 과정을 기록했고 이를 중간에 책으로 펴내기도 했다. 그러나 이 책들은 전체적인 내용을 쓰지 못했는데 이는 나도 전체적인 내용을 모르는 상태에서 글을 썼기 때문이다. 그러나 나는 마침내 전체적인 과정을 알게 되었고 나의 경험을 종합하여 책으로 다시 펴내기로 했다. 이것이 본서인 후계자 책이다.

　나의 역할을 파악하고 실천하기에 가장 어려웠던 부분은 예수께서 출현했다며 주장하는 사람들의 허구를 증명하는 것이었다. 사도 바울이 다메섹 노상에서 예수를 만나 회개했다고 하는데 예수는 미리 부활은 제자에게만 재림은 보혜사에게만 모습을 보이겠다고 했으므로 사도 바울의 예수 상봉이 거짓임을 알 수가 있다.

사도 바울과 그 조력자들은 온갖 방법을 동원해 거짓을 살포했다. 사도행전이라는 책에 바울이 다메섹 노상에서 예수를 상봉하고 눈이 멀었는데 예수가 아나니아라는 사람에게 출현하여 바울에게 가 안수하라고 한다. 이에 아나니아가 바울에게 가 안수하자 눈에서 비늘 같은 것이 떨어져 바울의 눈이 다시 개안했다고 하는데 이는 모두 거짓임을 알 수가 있다. 이런 이유로 데살로니가 전서에 나오는 예수가 하늘에서 강림하리라는 문구 또한, 거짓임을 알 수가 있다. 요한계시록에도 예수가 출현해 나 예수는 하고 발언하는데 이는 모두 잘못된 거짓임을 알 수가 있다. 이런 이유로 사도행전, 로마서를 비롯한 바울 서신서 모두, 요한계시록은 바울과 그 조력자들이 날조한 거짓 문서임을 알 수가 있다. 예수가 구름을 타고 오리라는 내용이 마태, 마가, 누가복음에 나오는데 이는 바울 일당의 영향을 받아 잘못 기록된 오류이다.

나는 예수께서 세상에 보낸 그의 후계자로 재림을 직접 목격했기에 감히 이를 주장할 수 있다. 이런 날조된 문서를 갖고 일반인들이 신앙을 길러 왔다는 사실이 기적이다.

나는 경험을 통해 알게 된 이런 사실을 어떡하든 세상에 알려야겠다고 생각했다. 이를 다시 요약하여 내가 세상에 알리고자 하는 바를 정리한다.

1) 나는 예수의 후계자로서 예수께서 인류에게 예언을 통해 이천 년 전에 약속하신 언약을 모두 지켰다. 예수의 재림 사실을 알렸고 예수의 밀씀을 통해 세상을 책망했다. 장래 발생할 일도 알렸다.

2) 세상 종말은 피할 수 없다. 그 이유는 내가 들은 말씀에 나타나 있고, 그 이유대로 예수의 교훈을 믿고 따르지 않았기 때문이다. 단지 이를 피할 방법은 존재원리라는 자연법칙을 이해하고 자신에게 부여된 역할 또는 사명을 실천하는 것뿐이다.

3) 예수는 하나님의 선지자다. 그런 선지자를 학대하고 죽였으니 하나님이 가만히 있겠는가? 예수 사후 40년 뒤 유대 폭동이 일어나 로마군과 싸우다 나라는 궤멸하고 유대인 대부분이 기근과 질병으로 참혹하게 죽고 나머지는 교전 중에 로마군에 척살된다. 그래도 산 사람은 노예 신세가 되어 제국으로 팔려나간다. 그런데 예수는 이미 이런 사실을 알고 있어 성전이 붕괴한다고 말했었다. 만약, 예수를 학대하지 않고 그를 영접했다면 어떻게 되었을까? 사태는 반전 되었으리라고 생각한다. 지금 다시 유사한 일이 발생할 것이, 우려되는 시점이다. 우리 인류가 무사하기 위해 어떤 조치를 해야 하는지 전례를 통해 알 수가 있다.

2023년 7월 동생 둘이 서울에서 나를 찾아왔다. 칠순을 두고 나를 격려하고 장수를 축하하기 위해서다. 이들과 함께 근교 식당에 나가 식사하며 대화했는데 갑자기 나에게 축의금이라며 오십만 원씩 건넸다. 나는 전혀 기대하지 않았는데 형제라고 찾아주니 그저 고마울 뿐이다. 예수는 남동생이 넷 여동생이 둘이 있었다. 예수가 장남이기 때문에 이들의 뒷바라지를 해야 하는데 복음을 전한다며 가정을 팽개치고 밖에 나가, 전국을 떠돌며 허랑방탕한 생활을 하니 이들의 심정이 오죽했을까? 하는 생각이 들었다. 그러나 내가 경험을 해보니 예수의 입장이 충분히 이해되었다.

예수는 부모 형제가 아닌 인류의 문제를 안고 이를 해결하고자 애를 썼다. 이런 과정에서 전혀 형제를 돌볼 수가 없었다. 나도 마찬가지다, 내가 동생들에게 힘이 되어야 하는데 이를 전혀 하지 못한 것이다. 동생들 입장에서는 나를 무척 원망했겠다는 생각이 들었다. 잘 다니던 대기업을 어느 날 갑자기 그만두고 직장을 나와 막노동일을 하며 생계를 이어 가다니 상식적으로 이해를 할 수는 없다.

그러나 나는 나의 일에서 위로를 느낀다. 나의 할 일은 종말을 앞둔 인류를 구해야 하는 막중한 일이다. 인류의 미래가 걸린 중요한 일을 두고 사소한 일로 대의를 그르칠 순 없다. 다행히 나는 내가 계획했던 나의 실험을 끝내고 그 성과를 타인에게 권장할 수가 있게 되었다.

나는 존재원리에 의지해 전혀 무지한 상태에서 직장을 나와 세파에 시달리며 내게 부여된 또 다른 보혜사란 역할을 찾아 주어진 임무를 완수했다. 또한 나는 존재원리라는 자연법칙이 옳음을 증명했고 이를 타인에게 얼마든지 권장할 수가 있게 되었다.

나는 내가 왜 살아가는가? 라는 물음에서 존재원리라는 자연법칙을 알아냈고 이 원리에 따라 나의 사명을 알아냈는데 이를 객관적인 입장에서 확인하느라 수년의 시간을 보냈다. 존재원리를 실험해 곤경에 처한 사람을 돕겠다며 직장을 나와 세파에 시달리며 수십 년의 세월을 보냈다. 다행인 것은 나에게 부여된 나의 사명을 완수했고 실험은 성공했다는 사실이다. 대기업 사무실에만 있던 사람이 온갖 험한 일을 하며 건강이 말이 아니다. 나는 성공해 부귀영화를 누리는 사람이 아니다. 그러나 내 인생에 있어 나에게 부여된 나의 역할 곧 사명은 완수했다고 말할 수 있다.

III

종결

니이체라는 독일의 철학자는 "신은 죽었다"라는 말로 유명하다. 그러나 그는 신이 죽었는지를 주장만 했지, 사실을 증명하지는 않았다. 어떤 사실과 이를 증명하는 것은 같은 것 같아도 많은 차이가 있다.

사도 바울의 행위가 거짓이라는 것을 증명하기는 쉽지 않다. 이런 이유로 사도 바울은 득세할 수 있었다.

예수가 재림했는지를 증명하는 것 또한 마찬가지다. 그러나 예수는 예언으로 미리 거짓 선지자를 구분할 수 있는 방법과 그의 재림 방법에 대해 준비를 해두었다. 막연하게 재림하는 것이 아니라 구체적으로 재림하는 방법을 예언했는데 이것이 바로 보혜사 예언이다. 이를 해석하면 예수의 재림에 대해 상세히 알 수 있다. 만약, 예언에 어긋나는 것은 예수의 재림이 아님을 분명히 하고 있다.

나는 예수께서 이천 년 전에 약속한 사람으로 예언에 따라 예언된 일만 감당하려고 한다. 성경 예언에 나와 있는 또 다른 보혜사란 본인임을 천명한다. 이에 대한 증거는 세상을 책망하리란 발언과 예수를 증거하리란 예언이다. 나는 예수의 재림 모습을 보았고 음성을 들었으며 말씀을 받아 세상 사람들에게 전갈하고 있다.

나는 설교를 잘하거나 교리를 많이 아는 목회자가 아니다. 천국을 갈망하고 하나님을 믿고 의지하는 돈독한 신앙을 가진 것도 아니다. 종교에 큰 관심이 있는 것은 더욱 아니다. 살다 보니 내가 왜 살아가는가 하는 의문을 가졌고 이에 존재원리라는 생존 법칙을 찾아 삶에 적용했는데 내게 부여된 역할을 알게 되었고 나의 책무이기에 최선을 다해 완수하려고 노력했을 뿐이다. 지금까지 기술된 예수 재림에 관한 내용을 다시 정리해 본다.

1) 예수는 한국에 재림했는데 공개적으로 오지 않았다.

그가 보내기로 약속했던 보혜사라는 사람을 방문하고 그에게 모습을 보이고 전언을 통해 재림을 끝냈다. 그러나 보혜사는 자신이 예수가 약속했던 사람인지 모르고 예수께서 하신 말씀을 알기 위해 갖은 노력을 하였는데 이 과정에서 자신의 사명에 대해 알게 되었다. 예수는 예언을 통해 세상 사람은 자신의 모습을 볼 수 없다고 했고 오직 제자만이 부활한 예수의 모습을 볼 수 있다고 했다. 보혜사 관련 문장을 읽어 보면 비교적 상세하게 재림의 방법이 기술되어 있다. 예수가 재림을 하며 모습을 보이고 말을 전하는데 보혜사가 이를 듣고 받아 세상에 재림 사실을 전한다는 것이다. 이는 나의 경험을 통해 실제로 입증되었다.

2) 예수는 어떻게 이천 년이란 장구한 시간을 통해 생존할 수 있었을까?

이는 예수가 육신이 아닌 영신으로 부활했기에 가능했다. 그러기에 부활한 예수의 모습을 세상 사람은 볼 수 없었고 오직 제자만이 볼 수 있었으며 재림 때는 예수가 세상에 보내기로 약속한 보혜사만이 예수의 모습을 볼 수 있었다. 사람은 영과 육으로 합쳐저 생활을 하다 사망하면 영과 육이 분리되는데 이때 육신은 썩어 없어지고 영만 남은 것이 영신이다. 예수가 말한 영생이란 육신의 삶이 아닌 영신의 삶을 의미하였다.

3) 천국이 과연 있느냐?

이 의문은 예수의 재림으로 천국의 존재가 입증되었다고 볼 수가 있다. 예수는 그의 사망 후 부활했고 다시 이천 년이 지나 한국에 재림함으로 그의 생존을 증명했다. 인간의 삶이 영생할 수 있는 곳이 천국이라면 예수의 재림을 통해 입증되었다고 볼 수 있다.

4) 사도 바울을 위시한 거짓 선지자의 허위를 증명한다.

사도 바울은 예수를 만나 회심했다고 주장했는데 예수는 제자 이외에는 자신의 모습을 볼 수 없다고 말해 사도 바울의 진술이 거짓임을 증명한다. 사도 바울은 거짓과 왜곡으로 유대교의 폐습을 기독교에 이식한 사람이다. 예수와 만났다는 사도 바울을 위시해 사도행전에 등장하는 아나니아 신자, 데살로니가전서에 나오는 재림 때 예수가 구름을 타고 온다는 것은 상식적으로 말이 안 되는 주장이다. 요한 계시록의 기록도 잘못되었는데 이는 예수의 재림에 대해 세상 모든 사람이 볼 수 있게 재림한다는 주장 때문이다.

5) 재림을 통해 인간의 삶이 죽음 뒤에도 계속된다는 사실을 알 수가 있다.

인간의 삶은 죽음으로 끝나고 없어지는 것이 아니라, 예수가 부활하고 재림하듯 죽음 뒤에도 또 다른 삶이 있음을 알 수가 있다.

6) 예수는 어떻게 영생을 얻게 되었을까?

예수는 당연히 교훈을 통해 영생할 수 있는 방법을 제시했고 부활과 재림을 통해 영생을 확인했다. 예수의 교훈을 일반인이 알기 쉽게 정리한 것이 본인의 존재원리다. 어려운 예수의 교훈을 누구나 알기 쉽게 풀이한 것이 존재원리라고 생각하면 된다. 예수의 교훈은 단순하다. 사람이 우연히 세상에 존재하는 것이 아니라, 부여된 역할이 있으니 이를 찾아 실천하라는 것이다. 예수의 역할은 영생을 알리는 것이었다. 그래서 그는 죽음과 부활과 재림을 통해 인류에게 영생을 가르치고 시범을 통해 영생을 입증하였다.

이외에도 예수에 관한 의문이 더 있지만 재림을 통해 중요한 사실은 확인되었다고 본다.

24년 '존재원리'라는 책이 출판되고 이를 읽은 주변 사람이 나에게 질문을 했다.
"예수께서 재림했다고 하는데 재림한 예수는 지금 어디에 있습니까?"
"그것은 저도 모르지요, 단지 그의 예언에 따르면 예수는 재림을 끝내고 다시 아버지께로 가니 다시는 너희가 나를 볼 수 없다고 말해 우리가 모르는 세상에 가 영생을 이어 가고 있구나! 하는 사실을 알 수 있을 뿐이지요"
사람들이 가장 관심을 갖는 내용이기 때문에 미리 밝혀 두는데 세상 사람은 예수의 모습을 볼 수 없다고 예수는 미리 예언으로 말해두었다. 그러나 사람들은 아직도 예수를 일반인과 같이 볼 수 있는 대상으로 생각하는 것 같다. 그러나 이는 현실과 다르다. 예수가 증명하고자 했던 것은 죽음 뒤에도 삶이 있다는 사실을 증명하고 입증하기 위해 부활하고 재림을 한 것이지 세상 사람에게 그의 모습을 보여 자신을 과시하려고 하는 것이 아니다.

여기서 우리는 중요한 사실을 알 수가 있다. 예수가 부활하고 재림했을 때 어떻게 세상 사람은 예수의 모습을 볼 수 없고 특정인만 볼 수 있느냐 하는 의문이다. 이는 부활한 예수의 모습이 육체적으로 온전한 것이 아니라 우리 인간이 모르는 또 다른 세계가 있다고 말할 수밖에 없다.

25년 어느 날 나는 탄식을 했다. 나는 그동안 예수의 말씀에 따라 그의 예언을 이루려고 노력을 해왔다. 그러나 그 결과는 언제나 실망이었다. 나는 최선을 다해 내가 경험한 예수의 재림에 대해 알렸는데 사람들은 냉담했고 무관심했다. 그렇다면 예수는 나에게 인간으로서는 성취할 수 없는 불가능한 일을 시킨 것일까? 나는 이룰 수 없는 불가한 일을 시도한 것일까? 내가 생각한 것이 맞는다면 나는 주위의 호응을 받아야 한다. 그러나 현실은 그렇지 않았다. 왜 그런가? 생각하다 나에게 중요한 결함이 있다는 사실을 알았다.

나는 글을 쓴 과정을 돌아보았는데 나의 글 내용이 불완전하고 부실해 실패할 수밖에 없었다. 그것은 내가 소설을 쓰듯이 처음부터 전체적인 흐름을 알고 글을 쓴 것이 아니라 전체적인 구도가 없이 나의 경험만을 기준하여 글을 썼기 때문이다. 사건이 끝나지 않았기 때문에 나는 전체적인 흐름을 알 수가 없었다.

만약 내가 소설가라면 전체적인 사건의 흐름을 고려하여 글을 썼을 것이고 문장가라면 당연히 전체적인 흐름을 고려해 글을 썼을 것이다. 하지만 나는 픽션이 아니라 논픽션 기준으로 글을 쓰기 때문에 전체 흐름을 알 수가 없었다. 그러니 글의 부분적인 내용을 기준으로 글을 쓰다 보니 내용이 부실할 수밖에 없었고 독자들은 부족한 내용에 외면할 수밖에 없었다. 그러나 나는 부족해도 사실을 알리는 데 목적을 두었기 때문에 이를 문제 삼지 않았다.

그러나 나는 이제 전체적인 사건의 흐름을 알았고 그 실패의 원인도 알았다. 비록 나는 실패할 수밖에 없었지만, 다행인 것이 실패했어도 나에게는 사명이었기에 포기하지 않고 계속 나의 일을 해왔고 결국 나는 전체적인 흐름을 알게 되었다는 사실이다. 이에 나는 내가 경험한 전 과정을 연결하고 전체적인 사건의 흐름을 아는 상태에서 하나의 스토리를 구성해 다시 글을 쓸 수 있게 되었다.

Ⅳ

사건 연대

본서에 기록된 사건이 발생 된 시기다.
오래된 내용이다 보니 사건을 연도별로 정리하여 알기 쉽게 하였다.
본서의 전체적인 흐름을 파악할 때 활용이 쉽다.

54. 8. 4	주인공 서울 상도동 출생
73. 10. 22	예수 재림하여 자택 방문, 말씀을 받으나 무슨 말인지 해석을 못함
78. 11. 14	경남 울산 현대중공업 엔진사업부 입사
80. 11	존재원리 발견, 자신의 사명을 찾으나 알지 못함
81. 7. 27	벤허 영화를 만든 윌리엄 와일러 영화감독 사망
81. 8. 18	울산 화정교회 방문. 예수 말씀을 문의하나 아무도 해석을 못 함. 현대엔진 기계공장 정광문, 울산 화정교회 김진화 목사
82. 10	울산 언양 반구기도원 박진호 둘째 누이로부터 말씀 문의 금지와 영어성경 학습을 당부 받음.
82. 11. 20	이상한 꿈을 꾸고 사명을 알게 되나 반신반의 함
86. 10	김진화 화정교회 목사로부터 사명임을 확인.
87. 7. 6	현대엔진 노조설립
92. 10. 2	예수 재림에 대한 예수교 장로회 성명서 발표
92. 10. 22	다미선 교회 휴거사태
92. 12. 18	14대 대선 김영삼 후보 당선
94. 10	울산 전하동 몰몬 교회에서 마틴 장로로부터 선지자에 대한 해명을 받음.
97. 7	문화 인류학 책을 통해 본인도 종교 일을 할 수 있음을 확인
00. 2	서울 잠실 노상에서 우연히 부부 노숙자를 만남
01. 1. 15	울산 현대중공업 퇴사 존재원리 실험목적
01. 3.	울산 기능대 평생교육원 문예창작과 입학

01. 9. 11	미국 뉴욕 9.11테러 발생
01. 12. 10	'낙원의 그림자'실화소설 출간
03. 3	부산총회신학연구원 입학
04. 10. 22	부산노회 전도사 고시합격
05. 2. 5	부산신학연구원 신학과 졸업
06. 6	예수께 받은 말씀을 해석하다
07. 2. 10	'예수재림의 실현'출간, 예수 재림사실 증거 및 장래 닥칠 세계적인 대재앙과 이의 예방법을 알림
14. 2. 26	서울 송파 세 모녀 사건
14. 4. 16	세월호 침몰 참사
14. 6. 21	강원 고성 임 병장 사건
14. 7	경기 연천 윤 일병 사건
14. 8	행정수반에 존재원리를 자살예방 대책으로 사용해 줄 것을 서신으로 건의
16. 1	인류를 대표하는 유엔 사무총장에게 예수 전언을 전하고자 서신으로 방문 허락 신청
16. 9. 12	경주 지진발생 진도 5.1 5.8
17. 11. 15	포항 지진발생 진도 5.4
17. 8. 20	대국민보고대회
18. 3	행정수반에 자살예방 대책으로 존재원리를 건의,
18. 7	예수 전언을 전하고자 자국 행정수반에게 방문 허락을 서신으로 신청
19. 12	중국 우한에서 코로나19 발병 세계 확산
20. 8	코로나19 세계 사망누계 칠십만 초과

20. 3. 2	경기도 가평 평화의 궁전에서 이만희 총회장 기자회견
20. 9. 7	'제이 보헤사' 출간
22. 2	우크라 전쟁 발발
22. 7. 8	아베 전 일본 총리 피격 사망
24. 1. 30	'존재원리' 출간
25. 3. 25	일본 법원 통일교 해산 명령 판결
25. 12	'후계자' 출간 예정